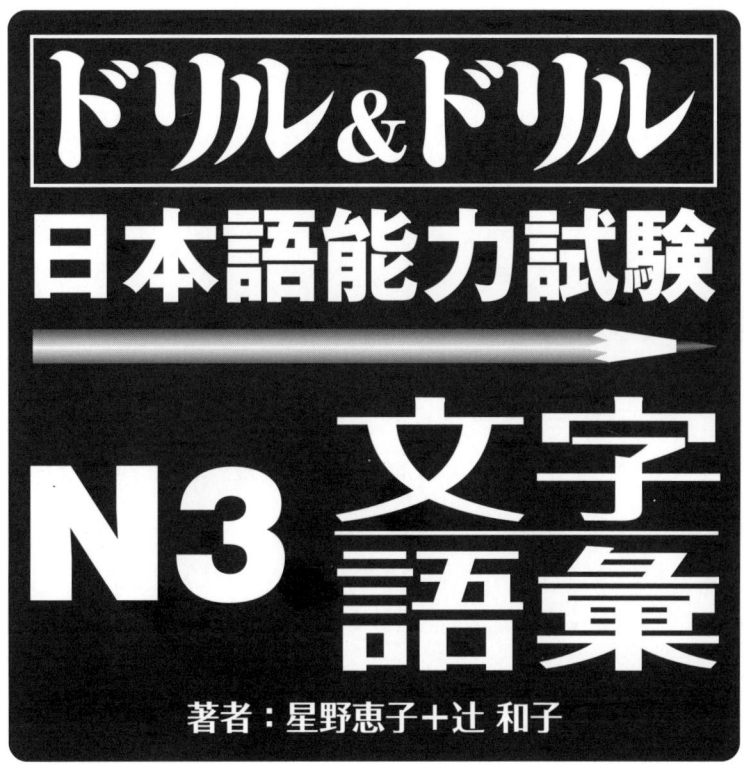

前書き

◇ **この本の構成**

問題（本冊）

  ＜漢字読み＞   80 問：8 問 × 10 回

  ＜表記（漢字）＞   165 問：6 問 × 15 回

  ＜文脈規定＞   110 問：11 問 × 10 回

  ＜言い換え類義＞   75 問：5 問 × 15 回

  ＜用法＞   50 問：5 問 × 10 回

解説（別冊）

◇ **この本の特徴と使い方**

① 問題数が多い。

 新しい「日本語能力試験」を受けるみなさんがＮ３の「文字語彙」をマスターするための練習問題が数多く入っています。Ｎ３レベルの漢字、語彙の中から、試験に出そうな重要なものを選んであります。

 漢字と語彙の知識は日本語の勉強の基礎です。文字語彙の力がつけば、文法や読解の試験の得点も必ず上がるはずです。文字語彙の勉強は少し単調ですが、問題を解きながら覚えれば、ただ暗記をするよりも面白く勉強できるでしょう。合格への近道は、問題をたくさんやってみることです。この本でしっかり勉強して、合格をめざしてください。

② 回ごとに少しずつ進むことができる。

 少しずつ勉強を進めることができるように、5つの問題がそれぞれ 10 回または 15 回に分けてあります。どこから始めても大丈夫ですが、1 回ごとに、ページ上の得点欄に点数を書き入れて、現在の実力を測ってください。全部の回が終わったら、また第 1 回に戻って、もう一度やってみましょう。間違えた問題には印をつけて、二度と間違えないようにすることが大切です。くり返し勉強するために、本には答えを書き込まないようにしましょう。

③ ていねいな解説がついている。

 別冊には、正解と問題の解説（問題文の翻訳、正解語の翻訳、例文、正解でない語の意味や使い方、など）があります。勉強する時間があまりない人は、正解をチェックしてから、間違えた問題だけ、その解説を読んでみればいいでしょう。時間がある人は、正解できても答えに自信がなかった問題は、必ず解説の部分をゆっくりよく読んでください。解説を読むことで、また力をつけることができます。

④ 語句や例文、難しい説明には翻訳がついている。
　別冊の解説では、問題文、正解の語には翻訳（英語、中国語、韓国語）がついています。翻訳を見て解説の内容を確認することができます。

⑤ 正解ではないものについても説明がある。
　選択肢の中の、正解ではないものについても説明があります。答えを間違えたときは、参考にしてください。正解ではない語も、知っておかなければならない重要な語ですから、意味をしっかり確認しましょう。

◇Ｎ３「文字語彙」の勉強のポイント
＜漢字読み＞
　漢字で書かれた言葉の読み方を選びます。ひらがなの表記を選びますから、ひらがなでどのように書くかをきちんと知っていなければなりません。特に、次のような読み方は間違えやすいので、注意しましょう。
1. 長い音と短い音：例（商店）しょうてん／（書店）しょてん　（登場）とうじょう／（登山）とざん　（夫婦）ふうふ／（夫人）ふじん
2. 清音と濁音：例（大金）たいきん／（大学）だいがく　（酒屋）さかや／（居酒屋）いざかや（台風）たいふう／（台所）だいどころ
3. 促音への変化：例（発明）はつめい／（発表）はっぴょう　（特別）とくべつ／（特急）とっきゅう
4. 半濁音への変化：例（発電）はつでん／（出発）しゅっぱつ
5. 読み方がたくさんある漢字：例「日」（日、日曜、休日、二日）
　　　　　　　　　　　　　　　　　「下」（下、地下、上下、下りる、下る、下がる）
6. 例外的な読み方の言葉：例「息子」「上着」「都合」「布団」「木綿」「留守」

＜表記（漢字）＞
　ひらがなで書かれた語を漢字でどのように書くか、正しい漢字を選びます。試験では漢字を選ぶだけですが、漢字の書き方は、いつも紙にペンで書いて覚えるようにしましょう。そうしないと正確に覚えることができません。特に、次のような例は間違えやすいので、注意が必要です。
1. 形が似ている漢字：「若／苦」「何／向」「母／毎」「開／閉」
2. 偏や旁が同じ漢字：「両親／新聞」「深い／探す」「列／例」
3. 同音異義語：「きかい　機会／機械」「じしん　自信／自身／地震」「かてい　家庭／過程／仮定」「しめる　閉める／占める／湿る」「うつす　写す／映す／移す」

＜文脈規定＞
　文の意味を推測して、それに合う言葉を選びます。語彙の問題としては標準的な問題です。（　　）に入る言葉を探すのはクイズ的な面白さもありますが、4つの選択肢には、意味や音や漢字が似ている言葉が並んでいますから、間違えないようによく注意しましょう。

＜言い換え類義＞
　文中の下線で示された言葉と同じ意味、近い意味の言葉を選びます。示された言葉と選択肢の言葉と、両方の意味を知っていれば答えることができます。語彙の勉強では、単語カードや単語ノートを作って言葉を覚える人が多いですが、単語の意味を母語に置き換えるだけでなく、別の日本語で置き換えて覚えるのも良い方法です。こうすれば、一度に2つ、3つの単語が覚えられて、語彙を増やすのに効果的です。

＜用法＞
　下線のついた言葉が適切に使われている文を選びます。語彙の問題ですから、文法的な適切さではなく、意味的に適切かどうかを判断します。この問題は単語の意味を知っているだけではなく、その言葉が文の中でどのように使われるかを知らないと答えられません。ですから、単語の意味を暗記するだけではだめで、文で覚えるのが良い勉強法です。覚えやすい例文を選んで、その文全体を覚えましょう。例えば「手間」なら、「この仕事は手間がかかる」という文を覚えます。カタカナの言葉も出題されますが、外来語でも日本語としての使い方を知っておかなければなりません。

Preface

◇ The makeup of this book
Questions (this book)
〈 Kanji reading 〉 80 questions：8 questions × 10 sets
〈 Writing kanji 〉 165 questions：6 questions × 15 sets
〈 Contextually-defined expressions 〉 110 questions：11 questions × 10 sets
〈 Paraphrases 〉 75 questions：5 questions × 15 sets
〈 Usage 〉 50 questions：5 questions × 10 sets
Explanations (separate booklet)

◇ Features of and how to use this book
(1)A large number of questions are provided.
This book contains a large number of practice tests in the area of "characters and vocabulary" for those who are going to take the new "Japanese-Language Proficiency Test" Level N3. From among the N3 Level kanji and vocabulary, some of the most important ones that are most likely to be asked in the test have been selected. The knowledge of kanji and vocabulary is the most basic for learning Japanese. With the acquisition of characters and vocabulary, you will certainly be able to earn higher scores in grammar or comprehension tests. Learning characters and vocabulary tends to be monotonous and boring, but if you learn them while you answer questions in the tests, you will find it more fun to learn them than simply memorizing them. A shortcut for you to pass the test is to try as many practice questions as possible. We hope you study this book hard and can finally pass the test.

(2)You can proceed gradually by taking one test at a time.
Each of the five sets of practice tests are split into 10 or 15 portions so you can proceed your study little by little. You can begin with whichever portion you want, but make sure you fill in your score each time in the score space at the top of the page so you know your current level. When you have finished all the tests, go back to the first one and try again. Mark the ones in which your answers were wrong, and try not to make the same error again. We advise you not to write the answers on the book so you can try the same questions repeatedly.

(3)It comes with detailed explanations.
In the separate book, you will find the correct answers and explanations (translations of questions and answers, meanings of examples and usages of non-correct alternatives, etc.). If you don't have much time to study, you can read explanations of only the questions you gave wrong answers to, after you checked the correct answers. If you do have time, make sure you read the explanations carefully even if you gave the correct answers but were not confident. You can further improve your skills by reading them.

(4)Phrases, examples, difficult explanations are followed by translations.
In the separate book, the questions and answers are translated into English/Chinese/Korean. You can make sure you understand the explanations by reading the translations.

(5)Non-correct alternatives also come with explanations.
Among the choices, the non-correct alternatives also come with explanations which will be helpful when you chose a wrong answer. You also need to know the meanings of non-correct alternatives which are also important.

◇ How to prepare for N3 "Characters and Vocabulary"
〈 Kanji reading 〉
You are asked to choose the right readings of words written in kanji. You need to choose the right readings written in hiragana, so you must know exactly how to rewrite kanji characters using hiragana. Below are some examples of kanji readings you need to pay special attention to:

1. Long and short sounds：Examples （商店）しょうてん／（書店）しょてん　（登場）とうじょう／（登山）とざん　（夫婦）ふうふ／（夫人）ふじん

2. Voiceless and voiced sounds：Examples（大金）たいきん／（大学）だいがく　（酒屋）さかや／（居酒屋）いざかや　（台風）たいふう／（台所）だいどころ
3. Shift to double consonants：Examples（発明）はつめい／（発表）はっぴょう　（特別）とくべつ／（特急）とっきゅう
4. Shift to semi-voiced sounds：Examples（発電）はつでん／（出発）しゅっぱつ
5. Kanji with multiple readings：Examples「日」（日、日曜、休日、二日）
　　　　　　　　　　　　　　　　　　「下」（下、地下、上下、下りる、下る、下がる）
6. Kanji with special readings：Examples「息子」「上着」「都合」「布団」「木綿」「留守」

< Contextually-defined expressions >

You are asked to choose the right kanji which should represent proper meanings written in hiragana. You are only asked to choose the right kanji among the four choices in the test, but we advise you to actually practicce writing kanji with a pen on a piece of paper. Otherwise, you won't be able to learn then properly. Below are some examples wthich look/sound alike and so you need to pay special attention to.

1. Kanji which look alike：Examples「若／苦」「何／向」「母／毎」「開／閉」
2. Kanji which have the same left and right radicals：Examples「両親／新聞」「深い／探す」「列／例」
3. Homonyms：Examples「きかい　機会／機械」「じしん　自信／自身／地震」「かてい　家庭／過程／仮定」「しめる　閉める／占める／湿る」「うつす　写す／映す／移す」

< Choosing the right kanji >

You are asked to guess the meaning of a sentence and to choose the proper word which matches the sentence. This is a standard type of vocabulary questions. You may find it sort of fun like playing a game to try to find the proper words to fill in the blanks, but you need to be very careful in choosing the right one because the four choices given are very much alike in meaning, sound, or kanji.

< Paraphrases >

You are asked to choose the word which has (about) the same meaning as of the underlined word in a sentence. You can pick the right word if you know the meaning of both the underlined word and of the choices. A lot of people use cards or a notebook for learning vocabulary, but you could also practice rephrasing words using different Japanese words when learning vocabulary rather than simply translating them into your native language. It will be effective in enhancing your vocabulary if you do this, because you can learn two or three words at the same time.

< Usage >

You are asked to choose the right sentence which has the proper usage of the underlined word in the sentence. Because this is a vocabulary question, you need to judge if a word is being properly used in a sentence rather than judging the grammatical accuracy. You cannot pick the right sentence unless you know how a word is used in a sentence besides the original meaning of it. Therefore, it will be no good to just memorize vocabulary mechanically. You need to learn how they are used in sentences. Pick example sentences that are easy to remember, and memorize the whole sentences. For example, when you want to learn the word "*tema*"（手間）, you memorize the sentence "This work takes a lot of work."（この仕事は手間がかかる）. Katakana words are also asked, and although they are foreign words, you need to know the right usage as used in Japanese.

序言

◇这本书的构成

练习题（本册）

<汉字读法> 80题：8题×10回

<书写（汉字书写）> 165题：6题×15回

<上下文的连贯性规则> 110题：11题×10回

<替换近义词> 75题：5题×15回

<用法> 50题：5题×10回

解说（另册）

◇这本书的特征和用法

①练习题多
　　为了使准备应试新"日语能力试验"的学习者掌握 N3"文字词汇"，本书收入了大量的练习题。从 N3 水平的汉字，词汇的范围中，选择了在考试中容易出现的重要的部分。
　　汉字和词汇的知识是日语学习的基础。如果能增强文字词汇的能力，文法，阅读和理解的得分也必定会提高。虽然文字词汇的学习很容易变得单调，但是一边做练习题一边记的话，总比就这样死记硬背学起来有趣得多。及格的近道，就是大量地做习题。请认真学习这本书，向合格的目标挺进。

②每回都能循序渐进地向前发展
　　为了循序渐进地向前发展，5 个问题，各分为 10 回到 15 回。从哪儿开始做都可以，每回都可以在当页上的得分栏中填入分数，测试现在的能力。全部做完后，再回到第 1 回，再挑战一次。做错的练习题请做一下记号，再做的时候不要再错，这很重要。为了重复练习，请不要直接把答案写在书上。

③附有详细的解说
　　在另册里有正确答案和练习题的解说。(也附有练习题的译文，正确答案的译文。例句和非正确答案的词语的意思和用法等。)。没有时间学习的人，只要核对正确答案，然后读一下自己答错了的练习题的解说就可以了。有时间学习的人，即使你答对了，但却觉得还没有自信的练习题，也请一定仔细地读一下解说。通过读解说，会提高你的能力。

④语句，例句和比较难的说明都附有翻译
　　在另册解说中，练习题，正确答案都附有翻译(英语，中文和韩文)。能够看着译文确认解说的内容。

⑤对非正确答案的选项也有说明
　　在选择题中，对非正确答案的选项也作了说明。答错的时候，可作参考。非正确答案的词语，也是必须知道的重要词语，请确认词语的意思。

◇N3"文字词汇"的学习要点

<汉字读法>
　　选择用汉字写的词语的读法。因为是用平假名书写的，必须确切地掌握用平假名是怎么写的。特别是下面的词语的读法容易出错，请注意。

1. 长音和短音：例如 (商店)しょうてん／(書店)しょてん　(登場)とうじょう／(登山)とざん　(夫婦)ふうふ／(夫人)ふじん
2. 清音和浊音：例如 (大金)たいきん／(大学)だいがく　(酒屋)さかや／(居酒屋)いざかや　(台風)たいふう／(台所)だいどころ
3. 促音的变化：例如 (発明)はつめい／(発表)はっぴょう　(特別)とくべつ／(特急)とっきゅう
4. 变成半浊音时：例如 (発電)はつでん／(出発)しゅっぱつ
5. 有很多读法的汉字：例如「日」(日曜／休日／二日)「下」(下、地下、上下、下りる、下る、下がる)
6. 读法例外的词语：例如「息子」「上着」「都合」「布団」「木綿」「留守」

<书写（汉字书写）>
　　用平假名写的词语，怎样用汉字书写，选择正确的汉字。虽然在考试时只是选择汉字，但是请经常在纸上用笔书写，这样才能记住。特别是以下的例子是很容易出错的，请注意。

1. 形状相似的汉字：例如「若／苦」「何／向」「母／毎」「開／閉」
2. 偏旁相同的汉字：例如「両親／新聞」「深い／探す」「列／例」
3. 同音异义词：例如「きかい　機会／機械」「じしん　自信／自身／地震」「かてい　家庭／過程／仮定」「しめる　閉める／占める／湿る」「うつす　写す／映す／移す」

<上下文的连贯性规则>
　　推测文章的意思，选择合适的词语。作为词汇的练习题，是标准的习题。寻找填入(　　　)的词语时，虽然有像猜谜一样有趣的一面，但在 4 个选择项目中，排列着意思，读音和汉字相近的词语，如果不注意的话很容易出错。

< 替換近义词 >
　选择与文中画着下线的词语意思相同或相近的词语。如果同时知道画着下线的词语和被选择的词语的意思，那么就能正确回答。在学习词汇时，很多人制作单词卡，单词本来记住单词。不只是用自己国家的语言来记住单词，而是用其他的日语词语来解释单词也是一种很好的记忆方式。如果这样做的话，一次能记住 2, 3 个单词，有增加词汇量的效果。

< 用法 >
　选择画有下线的词语被正确使用的语句。因为这是词汇的练习题，所以并不是选择文法是否合适，而是判断文的意思是否贴切。在这个练习题中，不只是要知道单词的意思，而且要知道怎样在文中使用，如果不知道，就无法回答。所以，不只是要记住单词的意思，记住整个语句才是好的学习法。选择容易记住的语句，记住整个句子。例如：要记住「手間」这个单词，最好记住「この仕事は手間がかかる」这个句子。也会出片假名的题目，即使是外来语，也须记住在日语中的用法。

머리말

◇ 이 책의 구성
문제 (본책)
< 한자읽기 > 80 문 : 8 문 ×10 회
< 표기 (한자쓰기) > 165 문 : 6 문 ×15 회
< 문맥규정 > 110 문 : 11 문 ×10 회
< 환언유의 > 75 문 : 5 문 ×15 회
< 용법 > 50 문 : 5 문 ×10 회
해설 (별책)

◇ 이 책의 특징과 사용법
①문제수가 많다 .
　새로운 「일본어능력시험」 을 보시게 될 여러분이 N3 의 「문자어휘」 를 마스터할 수 있도록 연습문제를 많이 넣었습니다 . N3 레벨의 한자 , 어휘 중에서 시험에 나올만한 중요한 부분을 선택하였습니다 .
　한자와 어휘에 대한 지식은 일본어 공부의 기본입니다 . 문자어휘의 실력이 쌓이면 문법과 독해 시험의 점수도 반드시 오르게 됩니다 . 문자어휘 공부는 단조로울 수 있지만 문제를 풀면서 외우게 되면 단순히 암기하는 것보다는 재미있게 공부하실 수 있을 것입니다 . 합격의 지름길은 무엇보다도 문제를 많이 풀어보는 것입니다 . 이 책을 착실히 공부하여 , 꼭 합격하시기 바랍니다 .

②회마다 조금씩 진도를 나갈 수 있다 .
　조금씩 공부해 나갈 수 있도록 5 개의 문제가 각각 10 회 ~15 회로 나눠져 있습니다 . 어디서부터 시작해도 괜찮습니다만 , 1 회마다 페이지 상단의 득점란에 점수를 기입하여 현재의 실력을 측정해 보십시오 . 모든 회가 끝나면 다시 제 1 회로 돌아가 다시 한번 도전해 봅시다 . 틀린 문제에는 표시를 하여 두 번 다시 틀리지 않도록 하는 것이 중요합니다 . 반복하여 공부할 수 있도록 책에는 답을 기입하지 않도록 합시다 .

③자세한 해설내용이 있다 .
　별책에는 , 정답과 문제의 해설 (문제 문장의 번역 , 정답어의 번역 , 예문 , 정답이 아닌 단어의 의미와 사용법 등) 이 있습니다 . 공부할 시간이 그다지 없는 사람은 , 정답을 체크한 후 틀린 문제만 그에 관한 해설을 읽어 보는 것이 좋겠지요 .
　공부할 시간이 있는 사람은 정답을 맞추었더라도 대답에 자신이 없는 문제였다면 , 반드시 해설 부분을 자세히 잘 읽어 보시기 바랍니다 . 해설을 읽음으로써 한층 실력이 쌓이게 될 것입니다 .

④어구와 예문 , 어려운 설명에는 번역이 있다 .
　별책의 해설에는 , 문제문장 , 정답어에 번역내용 (영어 , 중국어 , 한국어) 이 있습니다 . 번역을 보고 해설내용을 확인할 수 있습니다 .

⑤정답이 아닌 내용에도 해설이 있다.
　선택지 중, 정답이 아닌 내용에도 설명이 있습니다. 답이 틀렸을 때는 참고해 주세요. 정답이 아닌 단어도 꼭 알아두어야 할 중요한 단어이므로, 의미를 정확히 확인해 둡시다.

◇ N3「문자어휘」공부 포인트
< 한자읽기 >
　한자로 적혀져 있는 단어의 읽는 법을 선택하는 문제입니다. 히라가나의 표기를 선택하게 되므로, 히라가나로 어떻게 쓰는지 정확히 알아둬야만 합니다. 특히 다음과 같은 읽는법은 틀리기 쉬우므로 주의해 주십시오.
1. 장음과 단음：(商店)しょうてん／(書店)しょてん　(登場)とうじょう／(登山)とざん　(夫婦)ふうふ／(夫人)ふじん
2. 청음과 탁음：(大金)たいきん／(大学)だいがく　(酒屋)さかや／(居酒屋)いざかや　(台風)たいふう／(台所)だいどころ
3. 촉음으로의 변화：(発明)はつめい／(発表)はっぴょう　(特別)とくべつ／(特急)とっきゅう
4. 반탁음으로의 변화：(発電)はつでん／(発発)しゅっぱつ
5. 읽는 법이 많은 한자：「日」(日、日曜、休日、二日)「下」(下、地下、上下、下りる、下る、下がる)
6. 읽는 법이 예외적인 단어：「息子」「上着」「都合」「布団」「木綿」「留守」

< 표기 (한자쓰기) >
　히라가나로 적혀져 있는 단어를 한자로 어떻게 써야 하는지, 올바른 한자를 선택하는 문제입니다. 시험에서는 한자를 선택하기만 하면 됩니다만, 한자의 쓰는 방법은 항상 종이에 펜으로 작성하며 외우도록 합시다. 그렇게 하지 않으면 정확하게 암기할 수 없습니다. 특히 다음과 같은 예는 틀리기 쉬우므로 주의가 필요합니다.
1. 형태가 비슷한 한자：「若／苦」「何／向」「母／毎」「開／閉」
2. 변이나 방이 같은 한자：「両親／新聞」「深い／探す」「列／例」
3. 동음이의어：「きかい 機会／機械」「じしん 自信／自身／地震」「かてい 家庭／過程／仮定」「しめる 閉める／占める／湿る」「うつす 写す／映す／移す」

< 문맥규정 >
　문장의 의미를 추측하여, 그에 맞는 단어를 선택하는 문제입니다. 어휘문제로는 표준적인 문제입니다. ( )에 들어갈 단어를 찾는 것은 퀴즈문제와 같이 재미있을 수도 있습니다만, 4 개의 선택지에는 의미나 음이나 한자가 비슷한 단어가 나열되어 있으므로 주의하지 않으면 틀리기 쉽습니다.

< 환언유의 >
　문장 중에 밑줄이 그어져 있는 단어와 같은 의미, 가까운 의미의 단어를 선택하는 문제입니다. 밑줄 그어진 단어와 선택지의 단어, 양쪽의 의미를 알고 있다면 답할 수 있습니다. 어휘를 공부하는 방법으로 단어카드나 단어노트를 만들어 외우는 사람이 많습니다만, 단어의 의미를 모국어로만 옮겨 놓지 말고 다른 일본어로도 옮겨 놓고 외우는 것도 좋은 방법입니다. 그렇게 하면 한번에 2~3 개의 단어를 외울 수 있으므로 어휘력을 늘리기에 효과적입니다.

< 용법 >
　밑줄이 그어진 단어가 적절하게 사용되어져 있는 문장을 선택하는 문제입니다. 어휘 문제이므로 문법적으로 적절한가가 아닌, 의미적으로 적절한가로 판단합니다. 이 문제는 단어의 의미를 알고 있어야 할 뿐만 아니라, 문장 중에서 어떻게 사용되어야 하는가도 알고 있어야만 답할 수 있습니다. 그러므로 단어의 의미만 암기하지 말고, 문장으로 외우는 것이 좋은 공부방법입니다. 외우기 쉬운 예문을 선택하여, 그 문장 전체를 외워봅시다. 예를 들어,「手間 (수고, 노력, 손)」의 경우,「この仕事は手間がかかる (이 일은 손이 간다)」와 같이 문장으로 외워봅시다. 가타카나로 된 단어도 출제되므로, 외래어라도 일본어로써의 사용방법을 알아 두고 있어야 합니다.

目次

前書き -- 2
Preface -- 5
序言 -- 6
머리말 -- 8
目次 -- 10
文字 -- 11
    漢字読み -- 12
    表記（漢字）--- 32
語彙 -- 47
    文脈規定 -- 48
    言い換え類義 -- 68
    用法 -- 84

【別冊】正解・解説
文字   漢字読み -- 2
      表記（漢字）-- 21
語彙   文脈規定 -- 41
      言い換え類義 -- 57
      用法 -- 67

文字

漢字読み　　　　第1回 - 第10回
表記（漢字）　　第1回 - 第15回

第1回 漢字読み

日付	／	／	／
得点	／8	／8	／8

_____ のことばの読み方として最もよいものを、1・2・3・4から一つえらびなさい。

【1】 彼に会社をやめた理由をたずねた。

  1　りっゆう　　2　りよう　　3　りゆ　　4　りゆう

【2】 日本の夏は気温も湿度も高くて過ごしにくい。

  1　しっけ　　2　しつど　　3　しっき　　4　しめど

【3】 これで足りますか。どうですか。

  1　たります　　2　かります　　3　あまります　　4　かわります

【4】 その歌手は離婚のうわさを否定した。

  1　ひて　　2　ふってい　　3　ひてい　　4　ふてい

【5】 彼は小型の飛行機を持っている。

  1　しょうけい　　2　こがた　　3　しょうがた　　4　こけい

【6】 子育てと仕事の両方をちゃんとするのは大変だ。
　　　1　しいくて　　2　こいくて　　3　こそだて　　4　しそたて

【7】 こんな早朝から店の前に人がたくさん並んでいます。
　　　1　さっちょう　2　しゃちゅう　3　はやあさ　　4　そうちょう

【8】 孫ができてから、楽しみが増えました。
　　　1　つま　　　　2　むすめ　　　3　まご　　　　4　むすこ

第2回 漢字読み

日付	/	/	/
得点	/8	/8	/8

_____のことばの読み方として最もよいものを、1・2・3・4から一つえらびなさい。

【9】 クラスの平均点(へいきんてん)は前期(ぜんき)に比べて後期(こうき)のほうが高かった。

1　のべて　　2　ならべて　　3　しらべて　　4　くらべて

【10】 妹が希望の大学に合格(ごうかく)した。

1　しぼう　　2　きぼう　　3　きもう　　4　がんぼう

【11】 目上の人に敬語(けいご)を使うのは当然のことだ。

1　とうぜん　　2　とつぜん　　3　しぜん　　4　かんぜん

【12】 漢字の「にんべん(イ)」は「人」を表している。

1　しめして　　2　ひょうして　　3　あらわして　　4　ためして

【13】 「また必ず会おう」と言って彼(かれ)と別れた。

1　ひつず　　2　かならず　　3　かわらず　　4　こころず

【14】 申し込みの期限まであと３日だ。

　　　1　きかん　　　2　きはん　　　3　きげん　　　4　きけん

【15】 父はお酒を飲みすぎた翌日はいつも頭が痛いと言う。

　　　1　よくひ　　　2　とうじつ　　3　とうにち　　4　よくじつ

【16】 春になると、家の庭に美しい花がたくさん咲く。

　　　1　そと　　　　2　そば　　　　3　まえ　　　　4　にわ

第3回 漢字読み

日付	/	/	/
得点	/8	/8	/8

_____のことばの読み方として最もよいものを、1・2・3・4から一つえらびなさい。

【17】 店内(てんない)には静(しず)かな音楽が流れている。

　　1　かくれて　　2　わかれて　　3　ながれて　　4　はなれて

【18】 書類(しょるい)を郵便で送ります。

　　1　ゆうべん　　2　ようべん　　3　ゆうびん　　4　ようびん

【19】 毎年、約(やく)40億冊(おくさつ)の本や雑誌(ざっし)が出版されている。

　　1　しゅつばん　　2　しゅつはん　　3　しゅつぱん　　4　しゅっぱん

【20】 あのビルの屋上(おくじょう)から星がきれいに見えますよ。

　　1　ほし　　2　そら　　3　せい　　4　つき

【21】 中村(なかむら)さんは、10年前に交通事故(こうつうじこ)で息子を亡(な)くした。

　　1　そくし　　2　むすこ　　3　いきし　　4　むすめ

【22】 ケンさんは大学で日本文学の研究をしています。

1 けんさ　　　2 はっぴょう　　3 せつめい　　4 けんきゅう

【23】 となりの家の庭に珍しい花が咲いている。

1 やさしい　　2 おかしい　　3 あやしい　　4 めずらしい

【24】 学校では禁止されていることがたくさんある。

1 きんし　　　2 しんし　　　3 りんし　　　4 ちんし

第4回 漢字読み

_____のことばの読み方として最もよいものを、1・2・3・4から一つえらびなさい。

【25】 そのビルは周囲の環境のことも考えて建てられた。

1　じゅい　　2　しゅい　　3　じゅうい　　4　しゅうい

【26】 この町は江戸時代に栄えた。

1　つたえた　　2　さかえた　　3　まじえた　　4　ととのえた

【27】 彼女はお酒を飲んで顔が真っ赤になった。

1　まっあか　　2　まっか　　3　まっさお　　4　まっくろ

【28】 火災の際は、係員の指示に従ってください。

1　しし　　2　ゆびし　　3　しじ　　4　ゆびさし

【29】 犯人は窓ガラスを破って、逃げたようだ。

1　やぶって　　2　わって　　3　こわって　　4　はって

【30】では、明後日あらためてご連絡いたします。

1 めいごにち　　　　　2 めいごじつ

3 みょうごにち　　　　4 みょうごじつ

【31】昔の人は床にすわってご飯を食べていた。

1 いす　　2 しょう　　3 ゆか　　4 たたみ

【32】父は血圧が高いので、薬を飲んでいる。

1 けつあつ　　2 きあつ　　3 ちあつ　　4 さらあつ

第5回 漢字読み

日付	／	／	／
得点	／8	／8	／8

_____のことばの読み方として最もよいものを、1・2・3・4から一つえらびなさい。

【33】 長男(ちょうなん)は大学で経済を勉強している。
　　　1　けざい　　2　けいざい　　3　けっさい　　4　けいさい

【34】 父は小さい工場を営んでいる。
　　　1　なやんで　　2　はさんで　　3　はげんで　　4　いとなんで

【35】 今月は支出が多くて、生活(せいかつ)が大変だ。
　　　1　しで　　2　しっしゅつ　　3　ししつ　　4　ししゅつ

【36】 この棒(ぼう)は先が鋭いので、注意してください。
　　　1　するどい　　2　まるい　　3　みじかい　　4　ほそい

【37】 母は苦労して私を育(そだ)ててくれた。
　　　1　くるろう　　2　くろう　　3　くろ　　4　くろ

【38】やけどは外科で診てもらってください。

　　　1　げりょう　　2　げか　　　　3　がいか　　　4　ほか

【39】忘れ物がないか、もう一度チェックしましょう。

　　　1　こわれもの　2　たおれもの　3　かくれもの　4　わすれもの

【40】私の夫は銀行員です。

　　　1　おと　　　2　おとうと　　3　おっと　　　4　おっとう

第6回 漢字読み

___のことばの読み方として最もよいものを、1・2・3・4から一つえらびなさい。

【41】 T選手は今年限りで引退することを発表した。
1　ひきたい　　2　ひたい　　3　いんたい　　4　びきたい

【42】 さあ、涙をふきなさい。
1　なみだ　　2　よごれ　　3　なみ　　4　あせ

【43】 京都で古い旅館に泊まった。
1　こまった　　2　たまった　　3　かまった　　4　とまった

【44】 英子はクラスを代表して、立派なスピーチをした。
1　りぱ　　2　りっぱ　　3　りつは　　4　りっは

【45】 父はがんの検査のために入院した。
1　げんそう　　2　げんさく　　3　けんさく　　4　けんさ

【46】 ここに氏名を書いてください。
　　　1　しみょう　　2　しめ　　　3　しな　　　4　しめい

【47】 木村さんに3時ごろ電話すると伝えてください。
　　　1　つとめて　　2　つたえて　　3　あたえて　　4　とらえて

【48】 その医者は患者に人気がある。
　　　1　かんしゃ　　2　かじゃ　　3　かんじゃ　　4　かしゃ

第7回 漢字読み

_____のことばの読み方として最もよいものを、1・2・3・4から一つえらびなさい。

【49】山の向こうに夕日が沈んだ。
　　1　えらんだ　　2　しずんだ　　3　つかんだ　　4　からんだ

【50】個人の情報が守られないこともある。
　　1　こにん　　2　こうにん　　3　こじん　　4　こうじん

【51】面接試験の結果は一週間後にお知らせします。
　　1　けつまつ　　2　けつろん　　3　けっか　　4　けってい

【52】あの髪の短い人が田中さんですよ。
　　1　ふく　　2　け　　3　はつ　　4　かみ

【53】私もいっしょに連れていってください。
　　1　つれて　　2　はれて　　3　なれて　　4　ぬれて

【54】実力は<u>相手</u>のチームのほうが上だ。
　　　1　そうしゅ　　2　そうて　　3　あいて　　4　あいしゅ

【55】次回の会議は12月5日に<u>決定</u>しました。
　　　1　けてい　　2　けってい　　3　けつじょう　　4　けつてい

【56】この店にはいろいろな種類の<u>道具</u>がそろっている。
　　　1　どうく　　2　みちぐ　　3　どうぐ　　4　みちく

第8回 漢字読み

日付	／	／	／
得点	／8	／8	／8

_____のことばの読み方として最もよいものを、1・2・3・4から一つえらびなさい。

【57】 ここの水には、鉄分(てつぶん)が多く含まれている。

　　　1　たのまれて　　2　つつまれて　　3　ふくまれて　　4　にくまれて

【58】 風邪(かぜ)の予防には、うがいがいちばんいい。

　　　1　よほう　　　　2　よぼう　　　　3　ようほう　　　4　ようぼう

【59】 前の会社では主に会計の仕事をしていました。

　　　1　しゅに　　　　2　とくに　　　　3　ともに　　　　4　おもに

【60】 国籍はどちらですか。

　　　1　こくせき　　　2　こっせき　　　3　くにせき　　　4　くにせっき

【61】 いつか富士山(ふじさん)に登ってみたい。

　　　1　とおって　　　2　あがって　　　3　のぼって　　　4　とって

【62】 この会社は、社員の人間関係がとてもいい。

　　　1　がんけい　　　2　かんけ　　　3　かんけい　　　4　がんけ

【63】 机をきちんと並べてください。

　　　1　ふく　　　　　2　つくえ　　　3　くつ　　　　　4　いす

【64】 ここは芸術家たちが集まる店だ。

　　　1　ぎじゅつか　　　　　　2　げじつか
　　　3　げんじつか　　　　　　4　げいじゅつか

第9回 漢字読み

日付	/	/	/
得点	/8	/8	/8

_____のことばの読み方として最もよいものを、1・2・3・4から一つえらびなさい。

【65】 野菜を切るとき、指をけがしてしまった。

  1　て　　　　2　うで　　　　3　ゆび　　　　4　かた

【66】 今回(こんかい)の調査(ちょうさ)では満足できる結果(けっか)が得(え)られなかった。

  1　まんそく　　2　まんぞく　　3　みちそく　　4　みちぞく

【67】 ネクタイが曲がっていますよ。

  1　さがって　　2　あがって　　3　とがって　　4　まがって

【68】 領収書は捨(す)てないでとっておいてください。

  1　りょうしゅうしょ　　　　2　りょしゅうしょ
  3　りょうしゅしょ　　　　　4　りょしゅしょ

【69】 うちは毎年一月一日に家族で神社に出かける。

  1　じんじゃ　　2　じんしゃ　　3　しんじゃ　　4　しんしゃ

【70】 来週は涼しくなるそうだ。

　　1　はげしく　　2　すずしく　　3　くるしく　　4　さびしく

【71】 こちらの商品（しょうひん）はあちらのレジでお支払いください。

　　1　おはらい　　　　　　2　おしあらい
　　3　おしばらい　　　　　4　おしはらい

【72】 ここから東京まで特急に乗れば1時間で行ける。

　　1　とくきゅ　　2　とくきゅう　　3　とっきゅ　　4　とっきゅう

第10回 漢字読み

日付	／	／	／
得点	／8	／8	／8

＿＿＿のことばの読み方として最もよいものを、1・2・3・4から一つえらびなさい。

【73】 何か困ることがあったら、言ってください。

　　1　つまる　　　2　こまる　　　3　もどる　　　4　うつる

【74】 紙を使わない電子書籍(でんししょせき)が注目を集めている。

　　1　ちゅもく　　2　ちゅめ　　　3　ちゅうもく　　4　ちゅうめ

【75】 彼(かれ)は去年、独立して店を開いた。

　　1　どくだち　　2　じりつ　　　3　どくたち　　　4　どくりつ

【76】 最近、育児を手伝(てつだ)う男性(だんせい)が増(ふ)えている。

　　1　いくに　　　2　いくじ　　　3　しいく　　　　4　こそだて

【77】 今から解答用紙(ようし)を配ります。答えはこの用紙に書いてください。

　　1　がいとう　　2　がいどう　　3　かいどう　　　4　かいとう

【78】彼は細かいことは気にしない人だ。

　　　1　あたたかい　　2　こまかい　　3　みじかい　　4　やわらかい

【79】空港へ行くなら、バスが便利ですよ。

　　　1　くごう　　　2　くうこ　　　3　くうこう　　4　くうごう

【80】ばらの花はいい香りがする。

　　　1　かおり　　　2　こうり　　　3　かり　　　　4　おとり

第1回 表記（漢字）

_____のことばを漢字で書くとき、最もよいものを、1・2・3・4から一つえらびなさい。

【1】 会議は予定より10分おくれて始まった。

　　　1　送れて　　　2　辺れて　　　3　遅れて　　　4　遠れて

【2】 どんなに難しくても、せいこうするまでがんばろう。

　　　1　正功　　　2　正効　　　3　成効　　　4　成功

【3】 あ、それ、あついですよ。さわらないで。

　　　1　暑い　　　2　温い　　　3　厚い　　　4　熱い

【4】 たいふうで木が何本も倒れた。

　　　1　台風　　　2　太風　　　3　大風　　　4　対風

【5】 母が作る料理の味はむかしも今も変わらない。

　　　1　惜　　　2　音　　　3　昔　　　4　借

【6】 私のふるさとの町は、ぎょぎょうがさかんです。

　　　1　漁業　　　2　魚業　　　3　漁行　　　4　魚行

第2回 表記（漢字）

___のことばを漢字で書くとき、最もよいものを、1・2・3・4から一つえらびなさい。

【7】 今日は父の<u>だいり</u>で出席いたしました。

 1　代利　　　2　大理　　　3　代理　　　4　大利

【8】 彼は、子どものころから体が<u>よわかった</u>。

 1　弱かった　　2　張かった　　3　強かった　　4　引かった

【9】 この地方の<u>めいぶつ</u>はおいしいお米と日本酒だ。

 1　明物　　　2　名物　　　3　命物　　　4　迷物

【10】 その計画の実現は<u>かのう</u>でしょうか。

 1　何納　　　2　向納　　　3　可能　　　4　河能

【11】 すみませんが、ちょっと<u>てつだって</u>いただけませんか。

 1　手便って　　2　手伝って　　3　手作って　　4　手使って

【12】 これは父のお気に入りの<u>さら</u>です。

 1　冊　　　2　曲　　　3　皿　　　4　血

第3回 表記（漢字）

_____のことばを漢字で書くとき、最もよいものを、1・2・3・4から一つえらびなさい。

【13】 新聞にとうしょをした。

　　1　当初　　　2　投少　　　3　当所　　　4　投書

【14】 運動会ではやく走れるように練習をしている。

　　1　早く　　　2　速く　　　3　遅く　　　4　近く

【15】 公園のちゅうおうに大きな池がある。

　　1　中央　　　2　仲央　　　3　中史　　　4　仲史

【16】 荷物は明日とどくはずです。

　　1　由く　　　2　屋く　　　3　届く　　　4　着く

【17】 警察がじこの原因を調べている。

　　1　事故　　　2　事己　　　3　自故　　　4　自子

【18】 この箱にはりと糸が入っています。

　　1　鉢　　　2　釘　　　3　針　　　4　釣

第4回 表記（漢字）

日付	／	／	／
得点	／6	／6	／6

_____のことばを漢字で書くとき、最もよいものを、1・2・3・4から一つえらびなさい。

【19】課長は部下に「この仕事をすぐやれ。」とめいれいした。

　　1　命令　　　2　明例　　　3　明令　　　4　命例

【20】ご結婚おめでとうございます。どうかしあわせになってください。

　　1　辛せ　　　2　軍せ　　　3　孝せ　　　4　幸せ

【21】親しい友だち同士でもお金のかしかりはしないほうがいい。

　　1　貸し借り　2　借し貸り　3　貨し借り　4　借し貨り

【22】この文のいみがよくわからない。

　　1　意知　　　2　意味　　　3　意見　　　4　意未

【23】毎晩にっきを書いている。

　　1　自紀　　　2　白記　　　3　目紀　　　4　日記

【24】落とし物をひろったので、警察へ届けた。

　　1　拾った　　2　捨った　　3　払った　　4　折った

第5回 表記（漢字）

_____のことばを漢字で書くとき、最もよいものを、1・2・3・4から一つえらびなさい。

【25】 学校をそつぎょうしたら、国へ帰るつもりだ。
　　1　卒業　　　2　率業　　　3　卒行　　　4　率行

【26】 このみずうみの水はとてもきれいだ。
　　1　湖　　　　2　池　　　　3　河　　　　4　泳

【27】 このズボンにはふといベルトが合う。
　　1　夫い　　　2　大い　　　3　犬い　　　4　太い

【28】 両親がるすの間は、私が家事（かじ）をしなければならない。
　　1　留守　　　2　留待　　　3　留家　　　4　留巣

【29】 ここから見る町のけしきはとてもきれいですよ。
　　1　風景　　　2　形式　　　3　景色　　　4　毛色

【30】 母にあげるプレゼントを店でえらんだ。
　　1　運んだ　　2　選んだ　　3　過んだ　　4　起んだ

第6回 表記（漢字）

___のことばを漢字で書くとき、最もよいものを、1・2・3・4から一つえらびなさい。

【31】 弟がT大学に合格する<u>かくりつ</u>はかなり低い。

　　1　各率　　　2　角立　　　3　確率　　　4　格立

【32】 この服は<u>ふるく</u>なってしまったので、捨てようか。

　　1　古く　　　2　若く　　　3　苦く　　　4　占く

【33】 昨日の事故の<u>げんいん</u>を警察が調べています。

　　1　元印　　　2　現院　　　3　原因　　　4　言引

【34】 3歳<u>いか</u>の子どもは無料でバスに乗ることができる。

　　1　以降　　　2　以下　　　3　意降　　　4　意下

【35】 あの人の料理の<u>うで</u>は大したものだ。

　　1　腹　　　　2　腕　　　　3　腰　　　　4　胸

【36】 お正月に神社で一年の無事を<u>いのった</u>。

　　1　所った　　2　近った　　3　祈った　　4　折った

第7回
表記（漢字）

_____のことばを漢字で書くとき、最もよいものを、1・2・3・4から一つえらびなさい。

【37】毎日ふくしゅうをしていますか。

　　1　腹習　　　2　複習　　　3　復習　　　4　服習

【38】アフリカの動物は水と食べ物をもとめて移動（いどう）する。

　　1　主めて　　2　光めて　　3　元めて　　4　求めて

【39】このものがたりの最後はどうなるのだろうか。

　　1　物話　　　2　者話　　　3　者語　　　4　物語

【40】親には子どもを育（そだ）てるせきにんがあります。

　　1　席任　　　2　責任　　　3　績任　　　4　積任

【41】山の上からへいやが見えた。

　　1　平野　　　2　大家　　　3　部屋　　　4　広野

【42】私はみなとの見えるところに住んでいます。

　　1　渡　　　　2　洗　　　　3　港　　　　4　湯

第8回 表記（漢字）

_____のことばを漢字で書くとき、最もよいものを、1・2・3・4から一つえらびなさい。

【43】 私の友人を<u>しょうかい</u>します。
　　　1　待招　　　2　招待　　　3　紹介　　　4　介招

【44】 <u>でんし</u>メールに写真をつけて送ります。
　　　1　伝子　　　2　電支　　　3　伝士　　　4　電子

【45】 その人の名前は知っているけれど、<u>かお</u>は知りません。
　　　1　顔　　　2　題　　　3　頭　　　4　額

【46】 この物語は百年後の<u>みらい</u>の世界を描(えが)いたものだ。
　　　1　末来　　　2　未来　　　3　味来　　　4　示来

【47】 去年、祖父(そふ)が病気で<u>なくなった</u>。
　　　1　失くなった　　　2　無くなった
　　　3　死くなった　　　4　亡くなった

【48】 サッカーの<u>しあい</u>を見に行った。
　　　1　式会　　　2　式合　　　3　試会　　　4　試合

第9回 表記（漢字）

_____のことばを漢字で書くとき、最もよいものを、1・2・3・4から一つえらびなさい。

【49】 学生たちはおしゃべりにむちゅうだ。

1　無中　　　2　夢注　　　3　無注　　　4　夢中

【50】 えきたいの洗剤は水に溶けやすい。

1　夜体　　　2　液体　　　3　液態　　　4　夜態

【51】 長年の努力がみのって、彼の研究は世界的に認められるようになった。

1　実って　　2　定って　　3　受って　　4　字って

【52】 彼女のようすはその後どうですか。

1　容子　　　2　様子　　　3　要旨　　　4　要子

【53】 明日はくもの多い一日になるでしょう。

1　雲　　　　2　電　　　　3　雷　　　　4　雪

【54】 どんな社会にも守るべききそくがある。

1　基則　　　2　期測　　　3　規則　　　4　記測

第10回 表記（漢字）

_____のことばを漢字で書くとき、最もよいものを、1・2・3・4から一つえらびなさい。

【55】お先にしつれいします。
1　矢礼　　2　失礼　　3　矢祝　　4　失祝

【56】4時ごろ友人と駅でわかれた。
1　分かれた　　2　若れた　　3　判れた　　4　別れた

【57】S県でちじの選挙が行われた。
1　地事　　2　地治　　3　知事　　4　知治

【58】その車は海岸のほうこうへ走り去った。
1　方何　　2　方交　　3　方向　　4　方角

【59】相手が弱いチームだからといって、ゆだんはできない。
1　油断　　2　由談　　3　由断　　4　油談

【60】さくらのえだを折らないでください。
1　枝　　2　材　　3　技　　4　抜

第11回 表記（漢字）

_____のことばを漢字で書くとき、最もよいものを、1・2・3・4から一つえらびなさい。

【61】 パスポートをとるのにひつような書類（しょるい）を集めた。

　　　1　心用　　　2　必要　　　3　心要　　　4　必用

【62】 ここはくうきがきれいで、いい所ですね。

　　　1　究気　　　2　究記　　　3　空気　　　4　空記

【63】 この動物は季節（きせつ）によって体の色がかわる。

　　　1　変わる　　2　加わる　　3　化わる　　4　可わる

【64】 今回（こんかい）のオリンピックでは世界新きろくがたくさん出た。

　　　1　規則　　　2　議論　　　3　希望　　　4　記録

【65】 彼（かれ）にはじめて会ったときのいんしょうは、あまりよくなかった。

　　　1　引像　　　2　引象　　　3　印象　　　4　印像

【66】 くびがいたくて、後ろを見ることができない。

　　　1　首　　　　2　道　　　　3　着　　　　4　自

第12回 表記（漢字）

_____のことばを漢字で書くとき、最もよいものを、1・2・3・4から一つえらびなさい。

【67】 セール中は今のかかくから40％割引(わりびき)いたします。

1 価格　　2 可格　　3 加各　　4 化各

【68】 入学のおいわいに、あなたに時計をあげよう。

1 お礼い　　2 お祈い　　3 お祝い　　4 お社い

【69】 今日は寒くなるから、うわぎを持っていったほうがいいよ。

1 浮衣　　2 上着　　3 上服　　4 外着

【70】 世界にはさまざまなつうかがある。

1 通過　　2 痛貨　　3 痛過　　4 通貨

【71】 妹は子どものころからピアノをならっている。

1 替って　　2 習って　　3 翌って　　4 羽って

【72】 天気よほうでは、明日は雨が降(ふ)るそうだ。

1 預報　　2 予報　　3 預放　　4 予放

第13回 表記（漢字）

_____のことばを漢字で書くとき、最もよいものを、1・2・3・4から一つえらびなさい。

【73】 叔母（おば）の家は、とてもふべんなところにある。

1　非便　　　2　非勉　　　3　不便　　　4　不勉

【74】 ことりが庭（にわ）の木の実（み）を食べに来る。

1　子島　　　2　小島　　　3　子鳥　　　4　小鳥

【75】 友だちが空港までむかえに来てくれた。

1　通え　　　2　送え　　　3　追え　　　4　迎え

【76】 この部屋はてんじょうが高い。

1　天状　　　2　天井　　　3　天場　　　4　天丈

【77】 自分の将来（しょうらい）についてかんがえておきなさい。

1　孝えて　　2　考えて　　3　号えて　　4　与えて

【78】 この国には、春、夏、秋、冬の四つのきせつがある。

1　季節　　　2　期説　　　3　気節　　　4　委説

第14回 表記（漢字）

_____のことばを漢字で書くとき、最もよいものを、1・2・3・4から一つえらびなさい。

【79】 じっけんは、3回目でやっと成功した。

1 事験　　2 事検　　3 実件　　4 実験

【80】 私の会社の給料日は毎月はつかです。

1 四日　　2 八日　　3 六日　　4 二十日

【81】 子どものさいのうはできるだけ伸ばしてやりたい。

1 才能　　2 才脳　　3 最能　　4 最脳

【82】 白いくつはよごれやすい。

1 沈れ　　2 洗れ　　3 汚れ　　4 活れ

【83】 日本語は3種類のもじで表される。

1 交辞　　2 文字　　3 交字　　4 文辞

【84】 この道路は山のむこうまでずっと続いている。

1 何こう　　2 荷こう　　3 向こう　　4 可こう

第15回 表記（漢字）

日付	／	／	／
得点	／6	／6	／6

_____のことばを漢字で書くとき、最もよいものを、1・2・3・4から一つえらびなさい。

【85】 てんねんのダイヤモンドはとても高価だ。

　　1　夫念　　　2　点念　　　3　自然　　　4　天然

【86】 おたくはどちらですか。

　　1　お宅　　　2　お宿　　　3　お家　　　4　お察

【87】 生ものなので、冷蔵庫にほぞんしてください。

　　1　補損　　　2　補存　　　3　保在　　　4　保存

【88】 このいすをとなりの部屋へはこんでください。

　　1　連んで　　2　運んで　　3　遅んで　　4　送んで

【89】 かこ30年間の気温の変化を調べてみた。

　　1　過故　　　2　過古　　　3　過去　　　4　過固

【90】 このプールは、わりあいにあさい。

　　1　泳い　　　2　洗い　　　3　浅い　　　4　深い

語彙

文脈規定　　　　第1回 - 第10回
言い換え類義　　第1回 - 第15回
用法　　　　　　第1回 - 第10回

第1回 文脈規定

日付	/	/	/
得点	/11	/11	/11

（　　）に入れるのに最もよいものを、1・2・3・4から一つえらびなさい。

【1】 大学時代はテニスの（　　）に入っていた。
　　　1　ステージ　　　2　コート　　　3　サービス　　　4　サークル

【2】 何かあったのかな。どうも彼女の様子が（　　）だよ。
　　　1　気の毒　　　2　変　　　3　地味　　　4　重大

【3】 進学するか、就職するか、どうしようか（　　）。
　　　1　くやんでいる　　　　　　2　まよっている
　　　3　はぶいている　　　　　　4　にらんでいる

【4】 東京の中心部は家賃が高いから、少し離れた（　　）に家を買った。
　　　1　郊外　　　2　住宅　　　3　都会　　　4　町中

【5】 （　　）時間ですから、行きましょうか。
　　　1　ぐずぐず　　　2　まあまあ　　　3　まだまだ　　　4　そろそろ

【6】 大雨で川の水が（　　）、家が流された。
　　　1　別れて　　　2　こぼれて　　　3　あふれて　　　4　逃げて

【7】 彼は、有名なレストランで料理長を務める（　　　）の料理人だ。
　　　1　一般　　　　2　一等　　　　3　一位　　　　4　一流

【8】 （　　　）がわいたら、お茶を入れましょう。
　　　1　飲み物　　　2　お湯　　　　3　お菓子　　　4　水

【9】 お年寄りを（　　　）金を取る犯罪が増えています。気をつけてください。
　　　1　ごまかして　2　うらんで　　3　じゃまして　4　だまして

【10】 明るい（　　　）の彼女はクラスの人気者だ。
　　　1　心理　　　　2　精神　　　　3　性格　　　　4　人類

【11】 健康のために（　　　）毎日運動をするようにしています。
　　　1　なるべく　　　　　　　　　2　それほど
　　　3　かならずしも　　　　　　　4　なるほど

第2回 文脈規定

（　　　）に入れるのに最もよいものを、1・2・3・4から一つえらびなさい。

【12】 人気歌手が出るコンサートのホールは（　　　）だった。
　　1　満員　　　2　満足　　　3　満室　　　4　満開

【13】 とつぜん電気が消えて、部屋の中が（　　　）になった。
　　1　まっくろ　　2　まっくら　　3　まっすぐ　　4　まっさお

【14】 人の（　　　）を言うのは、やめたほうがいいよ。
　　1　意地悪　　2　苦情　　3　悪口　　4　文句

【15】 昨日は寒かったが、今日は昨日より（　　　）暖かい。
　　1　すっかり　　2　つねに　　3　だいぶ　　4　とにかく

【16】 これはごみ箱ではありません。ここにごみを（　　　）ください。
　　1　投げないで　2　拾わないで　3　使わないで　4　捨てないで

【17】 デザイナーを目指している彼は、やはり服装の（　　　）がいい。
　　1　ファッション　　　　2　センス
　　3　スーツ　　　　　　　4　カラー

【18】新しい生活には、もう（　　　）か。
1　なれました　　　　　　2　はなれました
3　なりました　　　　　　4　ならいました

【19】（　　　）がきびしい家庭で育った彼女は、いつも礼儀正しい。
1　規則　　　2　しつけ　　　3　約束　　　4　学習

【20】お忙しいところ（　　　）来ていただいて、申しわけありません。
1　たびたび　　2　たえず　　3　すでに　　4　または

【21】（　　　）が不足して、弟は大学を卒業することができなかった。
1　講義　　　2　課題　　　3　論文　　　4　単位

【22】本屋を何軒も回って、やっと（　　　）本を見つけた。
1　迷っていた　2　選んでいた　3　探していた　4　消していた

第3回 文脈規定

日付	/	/	/
得点	/11	/11	/11

（　　　）に入れるのに最もよいものを、1・2・3・4から一つえらびなさい。

【23】 3月になった。（　　　）だんだん暖かくなる。

1　あとで　　　2　これから　　　3　ただちに　　　4　さっき

【24】 暑い日が続いたせいで、庭の植物が（　　　）しまった。

1　死んで　　　2　あきて　　　3　かれて　　　4　つれて

【25】 急にアルバイトを休んで、仕事の仲間に（　　　）をかけてしまった。

1　苦しみ　　　2　失礼　　　3　めいわく　　　4　痛み

【26】 サルは、知能が高くて（　　　）な動物です。

1　ふくざつ　　　2　ていねい　　　3　りこう　　　4　ねっしん

【27】 （　　　）がよくなれば、給料も上がるだろう。

1　景気　　　2　物価　　　3　活気　　　4　費用

【28】 母は結婚以来30年間、父をしっかり（　　　）きた。

1　運んで　　　2　広げて　　　3　持って　　　4　支えて

【29】 A 「あの選手はこの５年間、一度も負けたことがないんだって。」
　　　 B 「へえ、それは（　　　）ね。」
　　　 1　すごい　　　2　ひどい　　　3　うすい　　　4　うまい

【30】 太陽の（　　　）を利用して電気を作るシステムが注目されている。
　　　 1　ステージ　　2　プログラム　3　プラス　　　4　エネルギー

【31】 将来は（　　　）になって、病院で働きたいと思います。
　　　 1　教師　　　　2　看護師　　　3　消防士　　　4　警察官

【32】 一度（　　　）私の家に遊びに来てください。
　　　 1　さっさと　　2　ぜひ　　　　3　けっこう　　4　たまに

【33】 最近、日本人のサッカー選手が海外で（　　　）している。
　　　 1　営業　　　　2　労働　　　　3　転勤　　　　4　活躍

第4回 文脈規定

日付	/	/	/
得点	/11	/11	/11

（　　）に入れるのに最もよいものを、1・2・3・4から一つえらびなさい。

【34】 晩ごはんの（　　）は何にしようか。
　　　1　計画　　　2　献立　　　3　種類　　　4　予定

【35】 お金は（　　）払いました。領収書はここにありますよ。
　　　1　さっぱり　　2　しだいに　　3　がっかり　　4　とっくに

【36】 ここから東京駅まで片道150円だから、（　　）で300円だ。
　　　1　日帰り　　2　通り道　　3　往復　　4　寄り道

【37】 課長が課のみんなの意見を（　　）、部長に報告した。
　　　1　ねらって　　2　たたんで　　3　ちぢめて　　4　まとめて

【38】 私は（　　）をして学費と生活費をかせいでいる。
　　　1　アルバイト　　2　クラス　　3　サークル　　4　スポーツ

【39】 夜遅い時間に帰ってくる娘を駅まで（　　）行った。
　　　1　運びに　　2　むかえに　　3　送りに　　4　とどけに

【40】この辺で（　　　　）人を見たら、すぐ警察に知らせてください。

1　はげしい　　　2　けわしい　　　3　ひとしい　　　4　あやしい

【41】A「ご（　　　　）は、どちらですか。」
　　　B「大阪です。」

1　出場　　　　　2　出身　　　　　3　出勤　　　　　4　出席

【42】試験が終わったら、（　　　　）遊ぼう。

1　思わず　　　　2　ちょうど　　　3　思いっきり　　4　少なくとも

【43】私の（　　　　）はゲームとダンスです。

1　夢中　　　　　2　関心　　　　　3　熱中　　　　　4　趣味

【44】X市は外国人が多く住む（　　　　）な都市だ。

1　国際的　　　　2　国民的　　　　3　個人的　　　　4　社会的

第5回 文脈規定

（　　）に入れるのに最もよいものを、1・2・3・4から一つえらびなさい。

【45】 夫は家族に相談しないで（　　　）に会社をやめてしまった。
　　　1　勝手　　　2　慎重　　　3　奇妙　　　4　真剣

【46】 健康のために、栄養の（　　　）に気をつけています。
　　　1　プラン　　2　エネルギー　3　バランス　4　メニュー

【47】 台風による大雨で、予定されていた花火大会は（　　　）になった。
　　　1　停止　　　2　中止　　　3　休息　　　4　休憩

【48】 会議が始まりますから、みなさん、（　　　）会議室にお集まりください。
　　　1　きちんと　2　しきゅう　3　さきほど　4　とつぜん

【49】 この店には、子ども用品がなんでも（　　　）。
　　　1　まとまっている　　　　2　たまっている
　　　3　集中している　　　　　4　そろっている

【50】 小さいことでも、「ありがとう」と（　　　）を言われると、気持ちがいい。
　　　1　お辞儀　　2　お世話　　3　お祝い　　4　お礼

【51】今日は天気がいいし、風もあるので、洗ったものがよく（　　　）だろう。

1　かくす　　　2　かわく　　　3　ぬれる　　　4　むすぶ

【52】お風呂のお湯は、熱いのが好きですか、それとも（　　　）ほうがいいですか。

1　くどい　　　2　つらい　　　3　ぬるい　　　4　のろい

【53】起きる時間や寝る時間など、（　　　）の習慣をちょっと変えてみませんか。

1　日常　　　2　平日　　　3　翌日　　　4　日程

【54】英語の聴解試験はとても難しくて、（　　　）わからなかった。

1　めったに　　　2　おもに　　　3　ぴったり　　　4　ほとんど

【55】あの二人は（　　　）がいい。いつもいっしょに行動している。

1　仲　　　2　友　　　3　愛　　　4　心

第6回 文脈規定

日付	/	/	/
得点	/11	/11	/11

（　　　）に入れるのに最もよいものを、1・2・3・4から一つえらびなさい。

【56】試験の前に英語の単語(たんご)をいっしょうけんめいに（　　　）。
1　暗記(あんき)した　　2　記録(きろく)した　　3　清書(せいしょ)した　　4　記入(きにゅう)した

【57】親は子どもの（　　　）を楽しみにしたり、心配したりする。
1　過去(かこ)　　2　将来(しょうらい)　　3　現実(げんじつ)　　4　来日(らいにち)

【58】その知らせはほんとうですか。（　　　）な情報ですか。
1　けち　　2　むり　　3　たしか　　4　わずか

【59】赤ちゃんが（　　　）笑(わら)った顔は、とてもかわいい。
1　しっかり　　2　はっきり　　3　ぴったり　　4　にっこり

【60】その自転車はじゃまですから、（　　　）ください。
1　やめて　　2　とけて　　3　どけて　　4　はめて

【61】それは（　　　）の出来事(できごと)だったから、何が起きたかわからなかった。
1　一回(いっかい)　　2　一日(いちにち)　　3　一度(いちど)　　4　一瞬(いっしゅん)

【62】暑いですね。(　　　) を入れましょうか。

　　1　ガソリン　　　2　チェック　　　3　スピード　　　4　エアコン

【63】何が入っているかと箱を開けてみたら、(　　　) だった。

　　1　無　　　　　　2　空気　　　　　3　空　　　　　　4　無し

【64】私は学生のころ、(　　　) 外国に住んでいました。

　　1　しばらく　　　2　今後　　　　　3　しだいに　　　4　およそ

【65】この国は島国なので、四方を海に (　　　) いる。

　　1　近づいて　　　2　囲まれて　　　3　回って　　　　4　包まれて

【66】山や川のきれいな (　　　) で暮らしたいと思っています。

　　1　住所　　　　　2　会場　　　　　3　田舎　　　　　4　社会

第7回 文脈規定

（　　）に入れるのに最もよいものを、1・2・3・4から一つえらびなさい。

【67】 その仕事をするのに（　　　）な人はだれだろう。
1　正直（しょうじき）　　2　適当（てきとう）　　3　正確（せいかく）　　4　的確（てきかく）

【68】 このシャツの（　　　）は好きだが、色はあまりよくない。
1　絵画（かいが）　　2　図（ず）　　3　柄（がら）　　4　サイズ

【69】 あなたが来るのを、朝から（　　　）待っていましたよ。
1　ずっと　　2　やっと　　3　さっと　　4　もっと

【70】 甘（あま）いものは（　　　）が高いから、食べすぎないように気をつけよう。
1　マナー　　2　レジャー　　3　メンバー　　4　カロリー

【71】 会議（かいぎ）の準備（じゅんび）が（　　　）ので、みなさん、会議室に集まってください。
1　とどまった　　　　2　ととのった
3　かがやいた　　　　4　よみがえった

【72】 あの人はやせているけど、（　　　）力が強い。
1　それに　　2　案外（あんがい）　　3　ただし　　4　結局（けっきょく）

【73】うちの息子(むすこ)は中学に入ってから、サッカーに(　　　)しています。
　　1　熱中(ねっちゅう)　　2　関心(かんしん)　　3　熱心(ねっしん)　　4　夢中(むちゅう)

【74】急に用事ができたので、今日の美容院(びよういん)の予約(よやく)を(　　　)。
　　1　取(と)り替(か)えた　　2　張(は)り切(き)った　　3　取(と)り消(け)した　　4　落(お)ち着(つ)いた

【75】他人(たにん)のアイディアを自分のものだと言って発表するなんて、彼(かれ)は(　　　)人だ。
　　1　うるさい　　2　きびしい　　3　しつこい　　4　ずるい

【76】この店の(　　　)は水曜日です。
　　1　休日(きゅうじつ)　　2　祝日(しゅくじつ)　　3　定休日(ていきゅうび)　　4　休暇(きゅうか)

【77】毎晩(まいばん)寝(ね)る前にお酒(さけ)を一杯(いっぱい)飲むのが祖父(そふ)の(　　　)だ。
　　1　普通(ふつう)　　2　実行(じっこう)　　3　一般(いっぱん)　　4　習慣(しゅうかん)

第8回 文脈規定

（　　）に入れるのに最もよいものを、1・2・3・4から一つえらびなさい。

【78】坂を走って上ったら、（　　）が苦しくなった。

1　声　　　2　息　　　3　ことば　　　4　話

【79】私は、休みの日は（　　）朝寝坊をする。

1　こっそり　　2　ぐっすり　　3　たいてい　　4　ちゃんと

【80】次の会議の日時が決まったら、メールで（　　）をします。

1　連絡　　　2　予報　　　3　命令　　　4　投書

【81】結婚して子どもが（　　）。出産は10月の予定だ。

1　できた　　2　生まれた　　3　来た　　4　現れた

【82】練習を始めたころより（　　）上手になりましたね。

1　もともと　　2　ずいぶん　　3　きっと　　4　かならず

【83】あの人の批評はいつも（　　）的確だ。

1　するどくて　　　　2　さわがしくて
3　だらしなくて　　　4　かゆくて

【84】 両親が忙しいので、子どもたちが（　　　　）を手伝っている。
　　　1　行事　　　　2　食事　　　　3　事故　　　　4　家事

【85】 高校の野球部で活躍した兄は、卒業してから（　　　　）の選手になった。
　　　1　ベテラン　　2　プロ　　　　3　スター　　　4　トップ

【86】 クリスマスも終わって、今年も残りは（　　　　）です。
　　　1　あらた　　　2　余分　　　　3　にわか　　　4　わずか

【87】 会場には（　　　　）がありません。バスか電車でお越しください。
　　　1　道路　　　　2　車庫　　　　3　停留所　　　4　駐車場

【88】 人から頼まれたことは、（　　　　）やろうと思っている。
　　　1　許さないで　　　　　　　　　2　やめないで
　　　3　断らないで　　　　　　　　　4　引き止めないで

第9回
文脈規定

（　　）に入れるのに最もよいものを、1・2・3・4から一つえらびなさい。

【89】「すぐに来て」と（　　）母に呼ばれたので、どうしたのかと心配になった。
1　突然　　　2　至急　　　3　ときどき　　　4　さっそく

【90】青の信号は「通ってもいい」という（　　）です。
1　合図　　　2　予報　　　3　案内　　　4　報告

【91】北の地方では雪が2メートルも（　　）。
1　つどっている　　　2　かさなっている
3　たまっている　　　4　つもっている

【92】初めて買う車は新車でなくてもいい。（　　）の車で十分だ。
1　古風　　　2　稽古　　　3　古典　　　4　中古

【93】最近、主婦の間でボランティア活動が（　　）です。
1　主要　　　2　さかん　　　3　にぎやか　　　4　熱心

【94】郵便で現金を送る場合は、（　　）で送ってください。
1　特急　　　2　配達　　　3　書留　　　4　小包

【95】よく勉強しているのに、（　　　）成績が上がらない。どうしてだろう。
　　　1　ちっとも　　　2　ざっと　　　3　さらに　　　4　おそらく

【96】庭の草は、取ってもまたすぐに（　　　）。
　　　1　みのる　　　2　さく　　　3　はえる　　　4　うえる

【97】電子辞書の（　　　）が切れてしまった。
　　　1　電池　　　2　発電　　　3　電力　　　4　運転

【98】母は毎朝8時からのテレビ（　　　）を見るのを楽しみにしている。
　　　1　マスコミ　　　2　ゲーム　　　3　リズム　　　4　ドラマ

【99】弟は国立大学の合格を（　　　）勉強している。
　　　1　ささえて　　　2　かせいで　　　3　めだって　　　4　めざして

第10回 文脈規定

日付	／	／	／
得点	／11	／11	／11

（　　）に入れるのに最もよいものを、1・2・3・4から一つえらびなさい。

【100】姉の声は母の声によく（　　）ので、電話だと間違えやすい。
1　にている　　2　あっている　　3　よっている　　4　はっている

【101】新聞の（　　）を見れば、記事のだいたいの内容がわかる。
1　見出し　　2　宛名　　3　題　　4　日記

【102】お金がないから、（　　）な生活はできません。
1　豊富　　2　見事　　3　有利　　4　ぜいたく

【103】この車、（　　）ですね。新車でしょう？
1　ぴかぴか　　2　ほかほか　　3　ぎりぎり　　4　ぽかぽか

【104】友だちに手伝ってもらって、とても（　　）。
1　喜んだ　　2　助かった　　3　敬った　　4　頼った

【105】この書類のここに判子か（　　）をお願いします。
1　タイプ　　2　ページ　　3　サイン　　4　センス

【106】（　　　）からずっと雨が降り続いている。
　　　1　翌日　　　2　あさって　　　3　おととい　　　4　今日

【107】暖かくなって、庭の花が（　　　）咲き始めた。
　　　1　自由に　　　2　いっぱいに　　　3　合わせて　　　4　いっせいに

【108】今度の日曜日に（　　　）で温泉に行きませんか。
　　　1　往復　　　2　日帰り　　　3　宿泊　　　4　行き帰り

【109】野菜や果物はビタミンを多く（　　　）。
　　　1　ふくんでいる　　　　　　2　はさんでいる
　　　3　のべている　　　　　　　4　しまっている

【110】私の学校では、週に1回掃除（　　　）がまわってくる。
　　　1　担任　　　2　受け持ち　　　3　順番　　　4　当番

第1回 言い換え類義

日付	/	/	/
得点	/5	/5	/5

_____ に意味が最も近いものを、1・2・3・4から一つえらびなさい。

【1】 新しいスケジュールを会のメンバーに知らせた。

1　会員　　　2　会長　　　3　新会員　　　4　リーダー

【2】 もうちょっとだったのに。おしかったね。

1　びっくりした　　　　2　あぶなかった
3　残念だ　　　　　　　4　だめだ

【3】 今日の仕事は残らず片付けた。

1　全部　　　2　大部分　　　3　だいたい　　　4　一部

【4】 彼は公務員になりたいそうだ。

1　教師　　　2　政治家　　　3　役人　　　4　学者

【5】 来年はピンクがはやるらしい。

1　売れる　　　2　流行する　　　3　増える　　　4　注目される

第2回 言い換え類義

_____に意味が最も近いものを、1・2・3・4から一つえらびなさい。

【6】 今なら、まだキャンセルすることができる。
　　1 追加する　　2 予約する　　3 取り消す　　4 申し込む

【7】 彼女が先日言ったことはうそだった。
　　1 翌日　　2 さっき　　3 この間　　4 最近

【8】 人をおどかすのはやめてください。
　　1 いじめる　　　　　2 泣かせる
　　3 困らせる　　　　　4 びっくりさせる

【9】 熱があるの？ それはいけないね。
　　1 大変だ　　2 変だ　　3 残念だ　　4 よくない

【10】 早く用意をしないと遅れますよ。
　　1 準備　　2 外出　　3 出発　　4 出席

第3回 言い換え類義

_____ に意味が最も近いものを、1・2・3・4から一つえらびなさい。

【11】 政治家のK氏は、その事件で国民の人気を<u>うしなった</u>。

　　1　手に入れた　　2　なくした　　3　減らした　　4　増やした

【12】 部屋の外が<u>さわがしい</u>から、見てきてください。

　　1　明るい　　2　静かだ　　3　うるさい　　4　変だ

【13】 将来は<u>海外</u>で仕事をしたいと思っています。

　　1　世界中　　2　都会　　3　大企業　　4　外国

【14】 A「<u>このごろ</u>鈴木さんを見かけないね。」
　　　B「そうだね。元気なのかな。」

　　1　今ごろ　　2　日ごろ　　3　最近　　4　付近

【15】 会のメンバーに彼女を<u>加える</u>ことになった。

　　1　誘う　　2　入れる　　3　除く　　4　選ぶ

第4回 言い換え類義

___ に意味が最も近いものを、1・2・3・4から一つえらびなさい。

【16】 あの人は年中怒っている。

1　ときどき　　2　たまに　　3　一年間　　4　いつも

【17】 欠点のない人なんていません。

1　不安　　2　苦労　　3　短所　　4　苦手

【18】 これを全部その容器につめてください。

1　入れて　　2　おいて　　3　ならべて　　4　つんで

【19】 宿題は、このプリントでおしまいだ。

1　始め　　2　終わり　　3　途中　　4　全部

【20】 今日はみなさまにお目にかかれて本当にうれしいです。

1　お世話になって　　　　2　見てもらって
3　聞けて　　　　　　　　4　会えて

第5回 言い換え類義

日付	/	/	/
得点	/5	/5	/5

_____に意味が最も近いものを、1・2・3・4から一つえらびなさい。

【21】 最近テレビの調子がおかしい。

  1　おもしろい　 2　いい　 3　心配だ　 4　変だ

【22】 男は女性のかばんをうばった。

  1　もらった　 2　つかまえた　3　取った　 4　持った

【23】 環境を守る活動を行う企業が増えている。

  1　大学　 2　グループ　 3　会社　 4　商店

【24】 彼はしばしば私の家に遊びに来る。

  1　ときどき　 2　たびたび　 3　たまに　 4　もうじき

【25】 ああ、くたびれた。さあ、帰ろう。

  1　疲れた　 2　がんばった　3　楽しかった　4　働いた

第6回 言い換え類義

_____に意味が最も近いものを、1・2・3・4から一つえらびなさい。

【26】 先のことはだれにもわからない。
　　1　過去　　　2　将来　　　3　予定　　　4　直前

【27】 前回に比べると、ずいぶんうまくなりましたね。
　　1　きれいに　2　やさしく　3　上手に　　4　りっぱに

【28】 雨がしだいに強くなってきた。
　　1　そろそろ　2　ますます　3　どんどん　4　だんだん

【29】 使ったものはちゃんと片付けること。
　　1　元の所に戻す　　　　2　洗ってきれいにする
　　3　捨てる　　　　　　　4　修理する

【30】 健康には十分気をつけてください。
　　1　元気　　　2　病気　　　3　体力　　　4　体の調子

第7回 言い換え類義

日付	/	/	/
得点	/5	/5	/5

_____に意味が最も近いものを、1・2・3・4から一つえらびなさい。

【31】 その話をここでするのは、ちょっとまずいよ。

　　1　よくない　　2　聞こえない　　3　心配だ　　4　うるさい

【32】 彼の演説は見事だった。

　　1　説明　　2　論文　　3　スピーチ　　4　授業

【33】 明日の会議の準備はほぼ終わった。

　　1　だいたい　　2　全部　　3　やっと　　4　すぐに

【34】 あなたは何をめざしてこの仕事を始めたのですか。

　　1　目標にして　　2　参考にして　　3　期待して　　4　選択して

【35】 A「すみません。この先に郵便局があると聞いたのですが……。」
　　　 B「逆ですよ。郵便局はあっちです。」

　　1　向かい　　2　反対　　3　さかさま　　4　裏

第8回 言い換え類義

日付	/	/	/
得点	/5	/5	/5

_____ に意味が最も近いものを、1・2・3・4から一つえらびなさい。

【36】 こんなよい<u>機会</u>はめったにない。
　　　1　状況　　　2　チャンス　　　3　出来事　　　4　チーム

【37】 妹は<u>おとなしい</u>性格だ。
　　　1　明るい　　　2　うるさい　　　3　静かな　　　4　活発な

【38】 ことばの使い方には<u>規則</u>がある。
　　　1　例外　　　2　意味　　　3　変わり　　　4　決まり

【39】 田中教授の講義は<u>案外</u>おもしろかった。
　　　1　思った通り　　　2　思ったより　　　3　非常に　　　4　かなり

【40】 父に車を<u>修理</u>してもらった。
　　　1　貸して　　　2　買って　　　3　運転して　　　4　直して

第9回 言い換え類義

日付	/	/	/
得点	/5	/5	/5

_____ に意味が最も近いものを、1・2・3・4から一つえらびなさい。

【41】 この服はだぶだぶだ。
　　　1　短すぎる　　2　長すぎる　　3　小さすぎる　　4　大きすぎる

【42】 お父様のお加減はいかがですか。
　　　1　病気　　　　2　具合　　　　3　けが　　　　　4　様子

【43】 今日は朝からはげしい雨が降っている。
　　　1　細かい　　　2　弱い　　　　3　強い　　　　　4　冷たい

【44】 子どもが小さい間は、母親はなるべくいっしょにいるべきだ。
　　　1　絶対に　　　2　できるだけ　3　必ず　　　　　4　いつも

【45】 彼は電話を切ったあと、あわてて部屋を出ていった。
　　　1　ゆっくり　　2　だまって　　3　急いで　　　　4　静かに

第10回 言い換え類義

日付	／	／	／
得点	／5	／5	／5

_____ に意味が最も近いものを、1・2・3・4から一つえらびなさい。

【46】 新しい首相が決まった。

　　1　大統領　　2　総理大臣　　3　議長　　4　委員

【47】 用事が済んだら、連絡してください。

　　1　あったら　　　　　　2　決まったら
　　3　終わったら　　　　　4　始まったら

【48】 今回のテストの結果はひどかった。

　　1　とてもよかった　　　2　少しよかった
　　3　とても悪かった　　　4　少し悪かった

【49】 昨日勉強したことをすっかり忘れてしまった。

　　1　全部　　2　ほとんど　　3　半分ぐらい　　4　少し

【50】 ゆうべは友だちと一晩中しゃべっていた。

　　1　楽しんでいた　　　　2　起きていた
　　3　飲んでいた　　　　　4　話していた

第11回 言い換え類義

_____に意味が最も近いものを、1・2・3・4から一つえらびなさい。

【51】 このシーツは柔らかい生地でできている。

1 布　　　2 色　　　3 糸　　　4 形

【52】 今日はあわただしい一日だった。

1 楽しい　　2 忙しい　　3 静かな　　4 ひまな

【53】 ここからのながめはすばらしい。

1 見かけ　　2 方角　　3 景色　　4 雰囲気

【54】 次の社長になるのはおそらく本田さんだろう。

1 やはり　　　　　　2 もしかしたら
3 ぜったい　　　　　4 たぶん

【55】 規則を破ったのは、あの人です。

1 守らなかった　　　2 間違えた
3 作った　　　　　　4 変えた

第12回 言い換え類義

_____に意味が最も近いものを、1・2・3・4から一つえらびなさい。

【56】 今日は午後になると雨が<u>あがる</u>でしょう。

1　休む　　　2　やむ　　　3　降る　　　4　始まる

【57】 残った料理はその<u>入れ物</u>に入れておいてください。

1　箱　　　2　皿　　　3　容器　　　4　鍋

【58】 これが必要なときは、<u>勝手に</u>使っていいですよ。

1　自由に　　　　　　2　持っていって
3　すぐに　　　　　　4　取って

【59】 この新製品の使い方について、<u>あらためて</u>ご説明いたします。

1　明日　　　2　先に　　　3　新しく　　　4　もう一度

【60】 このプリント、裏と表が<u>さかさまに</u>コピーされているよ。

1　順番に　　　2　正確に　　　3　反対に　　　4　一緒に

第13回 言い換え類義

日付	／	／	／
得点	／5	／5	／5

_____ に意味が最も近いものを、1・2・3・4から一つえらびなさい。

【61】 かさを<u>さして</u>自転車に乗ってはいけません。

　　1　下げながら　　　　　　2　開いて使いながら
　　3　抱えながら　　　　　　4　上げながら

【62】 今日はすっきりと晴れて、<u>おでかけ</u>にぴったりですね。

　　1　散歩　　2　外出　　3　買い物　　4　旅行

【63】 あの男が犯人だということは<u>あきらかだ</u>。

　　1　はっきりしている　　　2　信じられない
　　3　わかっていない　　　　4　ほんとうではない

【64】 新宿まで、<u>往復</u>で3時間かかった。

　　1　行きと帰り　　2　行き　　3　帰り　　4　片道

【65】 課長には<u>さきほど</u>連絡しました。

　　1　先日　　2　この間　　3　先に　　4　少し前に

第14回 言い換え類義

日付	/	/	/
得点	/5	/5	/5

_____ に意味が最も近いものを、1・2・3・4から一つえらびなさい。

【66】 支度はもうできましたか。
　　　1　修理　　　2　準備　　　3　片付け　　　4　予約

【67】 運動は、やり方に気をつけないと、かえって体をこわします。
　　　1　反対に　　2　たぶん　　3　わりあいに　　4　案外

【68】 今日は海がおだやかだ。
　　　1　静かだ　　2　美しい　　3　はげしい　　4　危険だ

【69】 その人はどんなかっこうをしていましたか。
　　　1　髪の色　　2　表情　　　3　声　　　　4　服装

【70】 これ、配達していただきたいんですが。
　　　1　取り寄せて　　　　　　2　別のと取り換えて
　　　3　みんなに配って　　　　4　家まで届けて

第15回 言い換え類義

日付	/	/	/
得点	/5	/5	/5

_____に意味が最も近いものを、1・2・3・4から一つえらびなさい。

【71】 この店ではコーヒーがただで飲める。

　　　1　割引（わりびき）　　2　無料（むりょう）　　3　一人　　4　自動

【72】 勇気（ゆうき）ある彼（かれ）の行動が世界を救（すく）った。

　　　1　驚（おどろ）かせた　　2　喜（よろこ）ばせた　　3　楽しませた　　4　助けた

【73】 もっと確実（かくじつ）な方法を選（えら）んだほうがいい。

　　　1　可能（かのう）な　　2　やりやすい　　3　間違（まちが）いない　　4　難（むずか）しくない

【74】 私はそこにいた犬にそっと近づいた。

　　　1　すぐに　　2　いきなり　　3　ゆっくり　　4　静（しず）かに

【75】 あそこでこしかけている人が、田中（たなか）さんです。

　　　1　立っている　　　　　　2　座（すわ）っている
　　　3　休んでいる　　　　　　4　待（ま）っている

第1回 用法

日付	/	/	/
得点	/5	/5	/5

つぎのことばの使い方として最もよいものを、1・2・3・4から一つえらびなさい。

【1】 枯れる

1　今日は天気がよくて、洗濯物がよく枯れた。
2　雨がぜんぜん降らないので、畑の野菜が枯れてしまった。
3　パーティーでもらった風船は、すぐに枯れてしまった。
4　最近急に枯れた祖父の健康が心配だ。

【2】 期限

1　この銀行の機械で1回に引き出せるお金の期限は50万円です。
2　新幹線は期限通りに東京駅に着いた。
3　雨が降り続く期限を「梅雨」という。
4　入学金の支払いの期限が近づいている。

【3】 うんと

1　毎日うんと12時に教会の鐘が鳴る。
2　もう授業が始まっていたのでうんと教室に入った。
3　あの木はうんと倒れそうだ。危ない。
4　さあ、遠慮しないでうんと食べてね。

【4】 レジャー

1 冬のレジャーといえば、やっぱりスキーですね。

2 お湯をレジャーに入れておけば、冷めませんよ。

3 店に入って、レジャーを見ながら何を注文しようかと考えるのは楽しい。

4 店のレジでもらったレジャーは捨てないでとっておこう。

【5】 もったいない

1 え？ それ、捨てるの？ まだ使えるのに、もったいない。

2 電車が遅れたんですか。それなら、遅刻したのも、もったいないですね。

3 駅前に宇宙人がいた？ そんなことはもったいないよ。

4 もったいないのですが、お借りした本をなくしてしまったんです。

第2回 用法

日付	/	/	/
得点	/5	/5	/5

つぎのことばの使い方として最もよいものを、1・2・3・4から一つえらびなさい。

【6】 多少

1 そんな失礼なことは多少言ってはいけない。
2 席は多少あるから、急いで行かなくても座れる。
3 まちがいが多少あるが、これはなかなか上手な作文だ。
4 大学に行くためには、かなり多少お金が必要だ。

【7】 居眠り

1 講義を聞きながら居眠りをしてしまった。
2 私の居眠り時間は6時間ぐらいだ。
3 今朝、目覚まし時計が鳴らなくて居眠りをしてしまった。
4 試験のために朝まで居眠りをして準備した。

【8】 傾く

1 車が通ります。もう少し道路の右に傾いて歩いてください。
2 食事の栄養バランスが傾かないように注意しましょう。
3 この坂を傾いたところに学校があります。
4 地震で家が傾いてしまった。

【9】 おしまい

1 レポートのおしまいは今週の金曜日です。
2 今日の作業はそろそろおしまいにしよう。
3 今月のおしまいごろ、アメリカの有名な女優が日本に来るらしい。
4 この電車のおしまいは、山本駅です。

【10】 きつい

1 遅刻したことがない人が遅れて来るなんて、きついことだ。
2 人が大切にしているものをほしがるなんて、彼はきつい人だ。
3 え？ 合格したの？ それはきついね。
4 楽な仕事ならいいですが、きつい仕事はいやです。

第3回 用法

つぎのことばの使い方として最もよいものを、1・2・3・4から一つえらびなさい。

【11】豊富(ほうふ)

1 この問題はとても豊富で、なかなか解けない。
2 このカメラは軽くて丈夫なので、人気が豊富だ。
3 私はスポーツが豊富です。たいていのスポーツに自信があります。
4 あの人は知識が豊富で、いろいろなことをよく知っている。

【12】ながめ

1 最近ながめが悪くなって、めがねが必要になった。
2 よし子は足が長くて、ながめがいい。
3 このりんごはながめは悪いが、味はとてもいい。
4 どこかながめのいいところで写真を撮りましょう。

【13】感心(かんしん)する

1 失敗したことをいつまでも感心して悩むのはよくない。
2 そのピアニストのすばらしい演奏に観客は感心して涙を流した。
3 この学校の生徒のマナーの良さには感心する。
4 最近うちの娘は環境問題に感心するようになった。

【14】 ずつ

1 このみかん、一人2個ずつ食べていいよ。

2 1日4回、6時間ずつ薬を飲む。

3 夏休み、家族が旅行に行ってしまったので、私は一人ずつで過ごした。

4 彼は日曜日ずつ野球を見に出かける。

【15】 めざす

1 この会社では、長い期間働ける社員をめざしている。

2 彼は大学合格をめざして勉強している。

3 どっちにしようかずいぶんめざして、こっちを買うことにした。

4 ピアノをめざしているんでしょう？ 上手になりましたか。

第4回 用法

日付	/	/	/
得点	/5	/5	/5

つぎのことばの使い方として最もよいものを、1・2・3・4から一つえらびなさい。

【16】 思いつく

1 用事を思いついたので、すみませんが帰ります。
2 新しい商品の良いアイデアを思いついた。
3 試験は来週だと思いついていたが、今週だった。
4 駅で思いつかない人に会って、びっくりした。

【17】 留守

1 兄はアメリカの大学への留守を希望している。
2 友人の結婚式への留守を受けた。
3 週末、両親は旅行に行ったが、私は家で留守をしていた。
4 友人の家を訪ねたが、留守だった。

【18】 ラッシュアワー

1 来月は3日間のラッシュアワーがあるので、旅行に行こうか。
2 ラッシュアワーには、会社で弁当を食べる人が多い。
3 ラッシュアワーなので、電車がこんでいる。
4 ホテルのラッシュアワーは午後3時からですから、もう入れます。

【19】 きびしい

1 　私の父はきびしい人で、姉も私も怒られてばかりいる。

2 　風邪をひいて、きびしいせきが出る。

3 　この町は電車もバスも 1 時間に 1 本しかなくて、生活にきびしい。

4 　入学したばかりで、まだ友だちがいないので、ちょっときびしい。

【20】 たえず

1 　地震が起きたらたえず火を消しなさい。

2 　牛や羊はたえず草を食べています。

3 　おなかがすいていたので、二人分の料理をたえず食べてしまった。

4 　80歳になる祖母は以前とたえず元気だ。

第5回 用法

日付	/	/	/
得点	/5	/5	/5

つぎのことばの使い方として最もよいものを、1・2・3・4から一つえらびなさい。

【21】 面倒

1　この小説は登場人物が多いし、ストーリーが面倒でわかりにくい。

2　面倒だが、祖母の病気は治らないと医者に言われた。

3　このクラブに入る手続きは非常に面倒だ。

4　道の真ん中においてあるあの自転車、面倒だから、どけよう。

【22】 ほぼ

1　8時に家を出れば、ほぼ間に合うでしょう。

2　ケーキを6個もらった。ほぼ6人いたので、1個ずつ食べた。

3　今度の試験、ほぼ70点は取りたいけど、取れるかなあ。

4　スピーチの原稿はほぼ完成した。あとは題を決めるだけだ。

【23】 リードする

1　商品の売り上げの額では、A社が他社をリードしている。

2　犬をリードして散歩に出かけた。

3　この電車は、途中の駅で後から来た急行電車にリードされる。

4　夫は忙しくて家事をリードしてくれない。

【24】 道順（みちじゅん）

1 道順（みちじゅん）に並（なら）んでお待ちください。

2 今日、学校から帰る道順（みちじゅん）に友だちに会った。

3 駅からホテルまでの道順（みちじゅん）は、この地図をごらんください。

4 このケーキはどういう道順（みちじゅん）で作るのですか。

【25】 気になる

1 父は、私がプレゼントしたセーターが気になってくれたようだ。

2 ゆうべは、となりの部屋（へや）の話し声が気になって眠（ねむ）れなかった。

3 あの二人は仲（なか）がいい。とても気になるらしい。

4 A「何か飲み物はいかがですか。」

  B「あ、どうぞ気にならないでください。」

第6回
用　法

つぎのことばの使い方として最もよいものを、1・2・3・4から一つえらびなさい。

【26】 講演

1　店の人に商品について講演をしてもらった。
2　はじめて会う人にはこちらから講演をしたほうがいい。
3　新発見をしたA教授の講演に世界中が注目している。
4　彼女は女優になるために毎日歌とダンスの講演をしている。

【27】 わざと

1　子どもとゲームをするときは、わざと負けてやることが多い。
2　雨の中をわざと荷物を届けてくれて、ありがとう。
3　新しい住宅地には池や林がわざと作られている。
4　お忙しいでしょうが、わざと来てください。

【28】 見事な

1　台風が近づいていて、見事な雨が降っている。
2　彼の見事なスピーチは人々を感動させた。
3　あなたはまだ小さいのにお母さんのお手伝いをして、見事だね。
4　会社の面接試験に赤いシャツなど見事な服を着て行ってはいけません。

【29】 きっかけ

1 この先で起こった事故がきっかけで、ここは今通ることができません。

2 この英会話教室は授業のきっかけに、まず発音練習をする。

3 子どもができたのをきっかけに、たばこをやめることにした。

4 昨日授業を欠席したきっかけを話してください。

【30】 出会う

1 私はオリンピックに出会うことを目標にがんばっている。

2 私が彼と出会ったのは、高校生のときだった。

3 入院した先生を出会うために、病院へ行った。

4 6時に駅の前で出会う約束をした。

第7回 用法

日付	/	/	/
得点	/5	/5	/5

つぎのことばの使い方として最もよいものを、1・2・3・4から一つえらびなさい。

【31】 すっかり

1 中学生になったら、すっかり勉強しなきゃだめだよ。

2 めがねをかけないと、そこにある物もすっかりして、よく見えない。

3 友だちと話しているうちに、外はすっかり暗くなっていた。

4 食べ物も飲み物もすっかりありますから、どんどんめしあがってください。

【32】 お嬢さん

1 今度お嬢さんがご結婚なさるそうですね。おめでとうございます。

2 私のお嬢さんは妻に似て目が大きい。

3 このクラスはお嬢さん学生より男子学生のほうが多い。

4 娘はデパートのお嬢さん服売り場で働いている。

【33】 渋滞する

1 朝の通勤ラッシュの時間は駅が渋滞して、歩くのも大変だ。

2 大雨で川の水が渋滞してしまった。

3 駅の前には客を待つタクシーが渋滞している。

4 連休の間は高速道路が渋滞する。

【34】無事(ぶじ)

1　この辺(へん)は無事なので、女性(じょせい)が夜一人で歩いていても大丈夫(だいじょうぶ)だ。

2　戦争(せんそう)がなくなって、無事な世界になってほしい。

3　毎日運動したり食事に気をつけたりしているので、祖父(そふ)はとても無事だ。

4　一人で旅行していた妹が無事に帰ってきた。

【35】ぬる

1　虫(むし)にさされてかゆいので、薬をぬった。

2　美容院(びよういん)で髪(かみ)を茶色にぬった。

3　汚(よご)れていた革靴(かわぐつ)をピカピカにぬった。

4　スポーツ大会のポスターを壁(かべ)にぬった。

第8回
用　法

日付	/	/	/
得点	/5	/5	/5

つぎのことばの使い方として最もよいものを、1・2・3・4から一つえらびなさい。

【36】 過ごす

1　夏は夕方6時を過ごしても、まだ外が明るい。

2　左右をよく見てから、横断歩道を過ごしてください。

3　夏休みには、いなかの祖父の家でのんびり過ごした。

4　この道は車がたくさん過ごすので、気をつけよう。

【37】 テーマ

1　私はそのテーマに出ている俳優が好きです。

2　この二つの小説のテーマは同じです。

3　電車の中で携帯電話を使うなんて、テーマを知らない人だ。

4　駅のテーマではたくさんの人が電車を待っている。

【38】 おおざっぱ

1　旅行の費用はおおざっぱに計算して、5万円です。

2　試験の朝、寝坊した妹はおおざっぱに家を出ていった。

3　この寺の建物は天井が高く、柱が太くて、とてもおおざっぱだ。

4　あんなに大きな失敗をした社員を許すなんて、社長は心がおおざっぱだ。

【39】 いきいき

1　ゲームをしているとき、彼(かれ)はいきいきして、すごく楽しそうだ。

2　道が渋滞(じゅうたい)していて、車がいきいき動いている。

3　いきいきしないで、早く準備(じゅんび)をしなさい。

4　新しく発売(はつばい)された車はいきいき売れて、あっという間(ま)に売り切れた。

【40】 手間(てま)

1　手間(てま)のカーテンとソファーを新しくした。

2　今日の宿題(しゅくだい)は難(むずか)しくて、長い手間(てま)がかかった。

3　この仕事は私一人では無理(むり)だ。だれかの手間(てま)がないとできない。

4　いつも忙(いそが)しいので、手間(てま)のかかる料理は作らない。

第9回 用法

日付	/	/	/
得点	/5	/5	/5

つぎのことばの使い方として最もよいものを、1・2・3・4から一つえらびなさい。

【41】 ひどい

1 ボクシングをはじめてまだ1年なのに、オリンピックに出るなんてひどいね。
2 今度の試験の成績はひどかった。すっかり自信がなくなってしまった。
3 彼女は遅刻ばかりしていて、職場ではひどい人だと思われている。
4 動物の世界ではひどい者がリーダーになる。

【42】 申し込む

1 レストランで一番高い料理を申し込んだ。
2 会議で自分の意見を申し込んだ。
3 先生にお礼を申し込みたいと思っています。
4 テニスクラブに入会を申し込んだ。

【43】 少なくとも

1 休みの日は少なくともうちにいますが、昨日は出かけました。
2 酒に弱い彼女は、ビールを少なくとも飲むと顔が赤くなる。
3 あ、そんなにいりません。少なくともけっこうです。
4 そのテストに合格するためには少なくとも70点必要だ。

【44】 油断

1 一瞬の油断で試合に負けてしまった。

2 午後から雨と風が強くなるので、油断が必要です。

3 熱が下がったから、もう油断だ。

4 どうしたらいいのか、私一人では油断ができなかった。

【45】 ゆずる

1 地震で建物が激しくゆずった。

2 となりのご主人は会うといつも「こんにちは」と声をゆずってくれる。

3 電車の中でお年寄りに席をゆずった。

4 友だちが車で駅までゆずってくれた。

第10回 用法

日付	/	/	/
得点	/5	/5	/5

つぎのことばの使い方として最もよいものを、1・2・3・4から一つえらびなさい。

【46】 ひとりでに

1　だれも乗っていないのに、ひとりでに車が動き出した。

2　「スタート」の声と同時に、選手全員がひとりでに走り出した。

3　課長が病気で休みなので、ひとりでに私が会議に出た。

4　許可なしに、ひとりでに中に入らないでください。

【47】 明け方

1　明け方になると、商店街には晩御飯のための買い物をする人がやってくる。

2　明け方の新聞によると、今日台風が関東地方に近づくそうだ。

3　受験生の姉は毎日明け方まで勉強している。

4　明け方と夕方、1日に2回、食事の後に薬を飲んでいる。

【48】 ゆでる

1　やかんでお湯をゆでた。

2　さとうとしょうゆで魚をゆでて食べた。

3　えびと野菜を180度の油でゆでて、てんぷらを作った。

4　野菜を、やわらかくなるまでゆでてください。

【49】 そっくり

1 もっと大きな声でそっくり答えなさい。

2 兄は父と顔がそっくりだ。

3 彼(かれ)はまじめだから、クラスの代表にそっくりだ。

4 運動した後でシャワーを浴(あ)びると、そっくりします。

【50】 預(あず)かる

1 辞書(じしょ)を忘(わす)れたので、友だちから預(あず)かった。

2 しばらくの間、この荷物(にもつ)を預(あず)かってもらえませんか。

3 ボーナスをもらったら、半分は使わずに預(あず)かろうと思います。

4 祖父(そふ)の趣味(しゅみ)は世界中の切手を預(あず)かることです。

著者紹介

問題作成＋解説：
　　星野 恵子（ほしの けいこ）：元 拓殖大学日本語教育研究所 日本語教師養成講座 講師
　　辻 和子（つじ かずこ）：ヒューマンアカデミー日本語学校東京校 顧問

問題作成：　青柳 恵（あおやぎ めぐみ）
　　　　　　小座間 亜依（おざま あい）
　　　　　　桂 美穂（かつら みほ）
　　　　　　高田 薫（たかだ かおる）
　　　　　　高橋 郁（たかはし かおる）
　　　　　　横山 妙子（よこやま たえこ）

翻　訳：　英語　山上 富美子（やまがみ ふみこ）
　　　　　中国語　張 一紅（チョウ・イイコ）
　　　　　韓国語　徐 希姃（ソ・ヒジョン）

カバーデザイン：　木村 凜（きむら りん）

編集協力：　りんがる舎（しゃ）

ドリル＆ドリル 日本語能力試験（にほんごのうりょくしけん）N3 文字（もじ）・語彙（ごい）

2013年2月20日 初版発行　　　2025年7月20日 第9刷発行

［監修］　星野恵子（ほしの けいこ）
［著者］　星野恵子・辻和子（ほしの けいこ・つじ かずこ）　2013©
［発行者］　片岡 研
［印刷所］　シナノ書籍印刷株式会社
［発行所］　株式会社ユニコム
　　　　　　Tel.042-796-6367　Fax.042-850-5675
　　　　　　〒194-0002 東京都町田市南つくし野2-13-25
　　　　　　http://www.unicom-lra.co.jp

ISBN 978-4-89689-487-5

■本文等の無断転載複製を禁じます

ドリル&ドリル
日本語能力試験 N3 文字語彙

著者：星野恵子＋辻 和子

強く引っぱるとはずせます

UNICOM Inc.

漢字読み

第1回

【1】 正解4

理由「りゆう」 reason 理由 이유
彼に会社をやめた理由をたずねた。I asked him why he resigned from the company. 问了他从公司辞职的理由。 그는 회사를 그만둔 이유를 물었다.

漢字

理 リ
　[理科（りか）] science〔school subject〕 理科 이과
　[理解（りかい）] understanding 理解 이해
　[理想（りそう）] ideal 理想 이상
　[管理（かんり）] management 管理 관리
　[義理（ぎり）] obligation 情义, 情面, 礼节 의리
　[原理（げんり）] principle, theory 原理 원리
　[合理的（な）（ごうりてき（な））] rational, reasonable, logical 合理的 합리적（인）
　[修理（しゅうり）] repair 修理 수리
　[処理（しょり）] disposal 处理 처리
　[心理（しんり）] psychology 心理 심리
　[整理（せいり）] organizing 整理 정리
　[総理大臣（そうりだいじん）] prime minister 总理大臣 총리대신
　[代理（だいり）] representative, substitute 代理 대리
　[地理（ちり）] geography 地理 지리
　[物理（ぶつり）] physics 物理 물리
　[無理（な）（むり（な））] impossible 无理（的）, 不合理（的）, 难以到（的）, 强制（的）, 强迫（的） 무리（한）
　[料理（りょうり）] cooking 烹调, 做菜, 菜 요리

由 ①ユ
　[経由（けいゆ）] by way of, via 经由 경유 例：「京都経由大阪行きのバス」
　②ユウ
　[自由（じゆう）] freedom 自由 자유

選択肢のことば 2「利用」

【2】 正解2

湿度「しつど」 humidity 湿度 습도
日本の夏は気温も湿度も高くて過ごしにくい。It's not comfortable to spend summer in Japan with its high temperature and humidity. 日本的夏天温度和湿度都很高, 不好过。 일본 여름은 기온도 습도도 높아서 지내기 어렵다.

漢字

湿 ①シツ／シッ
　[湿気（しっき／しつけ）] dampness 湿气 습기
　②しめ（る／らす）
　[湿る] get damp 湿, 潮湿 축축해지다, 습하다 例：「湿った空気」「洗濯物がまだ湿っている」
　[湿らす] dampen 弄湿 적시다 例：「タオルを水で湿らす」

度 ①ド
　[温度（おんど）] temperature 温度 온도
　[速度（そくど）] speed 速度 속도
　[程度（ていど）] extent 程度 정도
　[〜度] 〜time(s), degrees 〜度 〜도 例：「1度、2度」「この部屋の温度は18度です」「この店には一度来たことがあります」
　②タク
　[支度（したく）] preparation, getting ready 预备, 准备, 准备, 채비 例：「支度ができたら、出かけよう」
　③たび
　[度] time, occasion 次, 度 때, 적 例：「会う度に、彼が好きになる」

選択肢のことば 1・3「湿気」

【3】 正解1

足ります「たります」《足りる》 be enough, suffice 足够 충분하다
これで足りますか。どうですか。Is this enough? What do you think? 这点够了吗? 怎么样? 이것으로 충분합니까? 어떻습니까?

漢字

足 ①ソク
　[遠足（えんそく）] excursion, school trip 远足 소풍
　[不足（ふそく）] lack, insufficiency 不足 부족
　[〜足] 〜pair(s)〔counter for shoes or socks〕 〜双 켤레 例：「1足、2足」
　②ゾク
　[満足（な）（まんぞく（な））] satisfied 满足（的） 만족（스런）
　③あし
　[足] foot, feet 脚 다리
　[足跡（あしあと）] foot print 足跡 발자국, 발자취
　④た（りる／す）
　[足りる] 例：「1万円で足りる」「眠りが足りない。まだ眠い」「経験が足りない」not have enough experience 经验不足 경험이 부족하다
　[足す] add 加, 添 더하다 例：「5に6を足すと11になる」「さとうを少し足して甘くした」

選択肢のことば 2「借ります」 3「余ります」 4「変わります」「代わります」

【4】 正解3

否定「ひてい」《否定（する）》 deny, negate 否定 부정（하다）
その歌手は離婚のうわさを否定した。The singer denied the rumor of her divorce. 那位歌手否定了离婚的谣传。 그 가수는 이혼에 관한 소문을 부정했다.

漢字

否 ヒ
　[否定（する）]

定 ①テイ
　[定員（ていいん）] fixed number of people 定員 정원
　[定価（ていか）] price 定价 정가
　[定期券（ていきけん）] commutation ticket 月票 정기권
　[定休日（ていきゅうび）] regular holiday, day off 休息日 정기휴일
　[安定（あんてい）] stable 安定 안정
　[決定（けってい）] decision 決定 결정
　[肯定（こうてい）] affirmation 肯定 긍정

[指定（してい）] designation　指定　지정
[測定（そくてい）] measurement　測定　측정
[断定（だんてい）] assertion　断定　단정
[予定（よてい）] plan　预定　예정
②ジョウ
[定規（じょうぎ）] ruler　规定　정규
③さだ(まる／める)
[定まる] be regulated　定，决定，规定，确定　정해지다
[定める] regulate　决定，规定　정하다　例：「法律を定める」 stipulate a law　制定法律　법률을 정하다

【5】 正解 2
小型「こがた」 small size　小型　소형
彼は小型の飛行機を持っている。He owns a small airplane.
他有小型飞机。　그는 소형 비행기를 갖고 있다.

漢字
小　①ショウ
　[小] small　小　소　例：「箱の大きさは大と小がある」
　[小学生（しょうがくせい）] elementary school student　小学生　초등학생
　[小学校（しょうがっこう）] elementary school　小学　초등학교
　[小数（しょうすう）] decimal　小数　소수
　[小説（しょうせつ）] novel　小说　소설
　[小便（しょうべん）] urine, pee　小便　소변
　[最小（さいしょう）] smallest　最小　최소
　[縮小（しゅくしょう）] reduction, contraction　缩小　축소
　[大小（だいしょう）] big and small　大小　대소
②ちい(さい)
　[小さい] small　小　작다
③こ
　[小遣い（こづかい）] allowance, pocket money　零用钱　용돈
　[小包（こづつみ）] (small) parcel/package　包裹，邮包　소포
　[小鳥（ことり）] little bird　小鸟　작은 새
　[小麦（こむぎ）] wheat　小麦　밀
　[小屋（こや）] cottage, hut　小屋　오두막집
　[小指（こゆび）] little finger, pinkie　小指　새끼손가락, 새끼발가락
　[小〜] small〜　小〜　작은〜　例：「小石」「小皿」
型　①ケイ
　[典型（てんけい）] model, example　典型　전형
　[典型的（な）（てんけいてき（な））] typical, representative　典型(的)　전형적(인)
②かた
　[型] model, type　型　형, 틀　例：「新しい型の車がほしい」
③がた
　[大型（おおがた）] large size　大型　대형
　[血液型（けつえきがた）] blood type　血型　혈액형

【6】 正解 3
子育て「こそだて」 child rearing　育儿　육아
子育てと仕事の両方をちゃんとするのは大変だ。It's difficult to do well both child rearing and work. 育儿和工作两者兼顾很难啊。육아와 일 양쪽을 제대로 하기란 힘들다.

漢字
子　①シ
　[子孫（しそん）] descendant, offspring　子孙　자손
　[菓子（かし）] sweets　点心，糕点　과자
　[女子（じょし）] female　女子　여자
　[男子（だんし）] male　男子　남자
　[調子（ちょうし）] condition　音调，情况，样子　상태
　[電子（でんし）] electronic　电子　전자
　[帽子（ぼうし）] hat, cap　帽子　모자
②ジ
　[王子（おうじ）] prince　王子　왕자
　[障子（しょうじ）] sliding paper screen　（用木框糊纸的）拉窗，拉门　장지문
③ス
　[椅子（いす）] chair　椅子　의자
　[扇子（せんす）] folding fan　扇子　부채
　[様子（ようす）] condition, appearance　样子　모습
④こ
　[子] child　孩子　아이
　[子犬（こいぬ）] puppy　小狗　강아지
　[子ども] child(ren)　小孩，孩子　어린이
　[男の子（おとこのこ）] boy　男孩儿　남자아이
　[女の子（おんなのこ）] girl　女孩儿　여자아이
　[息子（むすこ）] son　儿子　아들
⑤ご
　[双子（ふたご）] twin　双胞胎　쌍둥이
　[迷子（まいご）] stray child　迷路，走失的孩子　미아
育　①イク
　[育児（いくじ）] child rearing　育儿　육아
　[教育（きょういく）] education　教育　교육
　[体育（たいいく）] physical education, PE　体育　체육
②そだ(つ／てる)
　[育つ] grow　培养　자라다　例：「子どもはどんどん育つ」
　[育てる] grow (plants etc.)　养　키우다，기르다　例：「花を育てる」

【7】 正解 4
早朝「そうちょう」 early morning　早晨, 清晨　조조, 이른 아침
こんな早朝から店の前に人がたくさん並んでいます。A lot of people are standing in line in front of the store this early in the morning. 这么清早开店的前面就有很多人排队。이렇게 이른 아침부터 가게 앞에 많은 사람들이 줄서 있습니다.

漢字
早　①ソウ
　[早退（そうたい）] leaving work(school) early　早退　조퇴
②サッ
　[早速（さっそく）] right away　立刻, 马上　즉시, 당장
③はや(い)／はや(まる／める)
　[早い] early　早　빠르다
　[早まる] quicken　提早, 提前　앞당겨지다, 빨라지다　例：「予定が早まる」
　[早める] quicken　提早, 提前　서두르다　例：「予定を早める」

朝 ①チョウ
　　［朝刊（ちょうかん）］morning paper　早报　조간
　　［朝食（ちょうしょく）］breakfast　早饭　조식
　　［明朝（みょうちょう）］tomorrow morning　明晨　내일아침
②あさ
　　［朝］morning　早, 晨　아침
　　［朝ご飯（あさごはん）］breakfast　早饭　아침밥
　　［毎朝（まいあさ）］every morning　每天早上　매일아침
　　［翌朝（よくあさ）］the next morning　第二天早上　다음날 아침
⚠「今朝」は「けさ」と読む。

【8】正解 3
孫「まご」grandchild　孙子　손자
孫ができてから、楽しみが増えました。I have more fun after my grandchild was born.　自从有了孙子，增加了乐趣。　손자가 생기고부터 즐거움이 늘었습니다.

漢字
孫 ①ソン
　　［子孫（しそん）］descendant, offspring　子孙　자손
②まご
　　［孫］
選択肢のことば　1「妻」　2「娘」　4「息子」

第2回

【9】正解 4
比べて「くらべて」《比べる》compare　比较　비교하다
クラスの平均点は前期に比べて後期のほうが高かった。The average score of the class for the second semester was higher than that for the first.　班级的平均成绩后期比前期要高。　반 평균점은 전기에 비해 후기 쪽이 높았다.

漢字
比 ①ヒ
　　［比較（ひかく）］comparison　比较　비교
　　［比較的（ひかくてき）］comparatively　比较的, 相对的　비교적
②くら(べる)
　　［比べる］例：「去年と今年の身長を比べる」compare this year's height with last year's　把去年和今年的身高作比较　작년과 올해의 키높이（신장）를 비교하다　「ワインの味を比べる」
選択肢のことば　1「述べて」　2「並べて」　3「調べて」

【10】正解 2
希望「きぼう」hope, desire　希望, 期望　희망
妹が希望の大学に合格した。My younger sister has got into the university of her desire.　妹妹考上了期望的大学。　동생이 희망하던 대학에 합격했다.

漢字
希 キ
　　［希望］
望 ①ボウ
　　［望遠鏡（ぼうえんきょう）］telescope　望远镜　망원경
②のぞ(む)
　　［望む］hope, desire　希望, 期盼　바라다　例：「平和を望む」hope/wish for peace　希望和平　평화를 바라다
選択肢のことば　1「志望」　2「死亡」　3「脂肪」　4「願望」

【11】正解 1
当然「とうぜん」naturally　当然　당연
目上の人に敬語を使うのは当然のことだ。It is only natural one use honorifics for one's superiors.　对上司和长辈用敬语是理所当然的。　윗사람에게 경어를 사용하는 것은 당연한 것이다.

漢字
当 ①トウ
　　［当時（とうじ）］then, at that time　当时　당시
　　［当日（とうじつ）］the appointed day　当日　당일
　　［当番（とうばん）］being on duty　值日, 值班　당번
　　［担当（たんとう）］in charge of　担任, 担当　담당
　　［適当（な）（てきとう（な））］appropriate　适当(的)　적당(한)
　　［弁当（べんとう）］lunch box　盒饭　도시락
②あ(たる／てる)
　　［当たる］win (a lottery, gamble etc.), hit　碰上, 中, 命中　맞다　例：「この部屋はよく日が当たる」This room gets plenty of sunlight.　这房间日照充足。　이 방은 햇볕이 잘 든다。「くじが当たる」win a lottery　中奖　당첨되다
　　［当てる］win (a lottery, gamble etc.), hit, guess　打, 碰　맞히다　例：「箱に何が入っているか当ててください」Guess what's in the box.　猜猜箱子里装的是什么。　상자안에 무엇이 들어 있는지 맞춰보세요.
　　［心当たり（こころあたり）］idea　想象, 得到, 线索, 苗头　짐작 가는 데

然 ①ゼン
　　［偶然（ぐうぜん）］by accident　偶然　우연히
　　［自然（しぜん）］nature　自然　자연
　　［全然（ぜんぜん）］not at all　完全　전혀, 조금도
②ネン
　　［天然（てんねん）］natural　天然　천연
選択肢のことば　2「突然」　3「自然」　4「完全」

【12】正解 3
表して「あらわして」《表す》indicate, show, express　表示　나타내다, 드러내다
漢字の「にんべん（イ）」は「人」を表している。The "ninben (イ)" in a kanji character shows "person."　汉字的「单人旁（イ）」是表示人。　한자의「인변(イ)」은「사람」을 나타내고 있다.

漢字
表 ①ヒョウ
　　［表］table, list　表　표　例：「表を見る」「時間表」
　　［表現（ひょうげん）］expression (of one's feeling/opinion)　表现　표현
　　［表紙（ひょうし）］cover (of a book)　封面　표지
　　［表情（ひょうじょう）］expression, look (on one's face)　表情　표정
　　［表面（ひょうめん）］surface　表面　표면
　　［図表（ずひょう）］chart, diagram　图表　도표
②ピョウ
　　［発表（はっぴょう）］announcement　发表　발표
③おもて

［表］front　正面　겉, 표면　例：「表と裏」「はがきの表に宛先を書く」
［表通り（おもてどおり）］main street　主要街道　큰길
④あらわ（れる／す）
［表れる］show, reveal　显示, 表现　나타나다　例：「字に人の性格が表れる」one's handwriting reveals one's personality　字能显示人的性格　글씨에 사람의 성격이 나타난다
［表す］例：「気持ちを表す」
選択肢のことば　1「示して」　4「試して」

【13】 正解 2
必ず「かならず」without fail, for sure　一定, 必定　반드시
「また必ず会おう」と言って彼と別れた。Saying "Let's meet again for sure," I parted with him.　说"一定再见面啊。"和他分手了。「다시 반드시 만나자」라고 말하며 그와 헤어졌다．
漢字
必　①ヒツ
［必需品（ひつじゅひん）］necessity　必需品　필수품
［必要（な）（ひつよう（な））］necessary　必要（的）　필요(한)
②ヒツ
［必死（ひっし）］franticness, desperateness　拼命　필사
③かなら（ず）
［必ず］
選択肢のことば　3「変わらず」

【14】 正解 3
期限「きげん」deadline　期限　기한
申し込みの期限まであと3日だ。It's 3 more days before the application deadline.　申请期限还有3天。　신청기한까지 앞으로 3일 남았다．
漢字
期　キ
［期間（きかん）］length of time　期間　기간
［期待（きたい）］expectation　期待　기대
［延期（えんき）］postponement　延期　연기
［学期（がっき）］semester　学期　학기
［時期（じき）］time, period　時期　시기
［定期券（ていきけん）］commutation ticket　月票　정기권
限　①ゲン
［限界（げんかい）］boundary, limitation　界限　한계
［限度（げんど）］limit　限度　한도
［制限（せいげん）］restriction　限制　제한
［無限（むげん）］limitless　无限　무한
②かぎ（る）
［限る］be limited　限定, 限于　例　한하다　例：「試験は時間が限られている」There's only a limited amount of time to take the exam.　考试时间是受限定的。시험이 한정되어 있다．
選択肢のことば　1「期間」「機関」「器官」　4「危険」

【15】 正解 4
翌日「よくじつ」the next day　翌日, 第二天　다음날
父はお酒を飲みすぎた翌日はいつも頭が痛いと言う。My father always says he has a headache the day after he drank too much.　父亲喝醉酒的翌日总是说头疼。아버지는 술을 많이 마신 다음날 언제나 머리가 아프다고 말한다．
漢字
翌　ヨク
［翌〜］the next〜　翌〜, 第二〜　다음〜　例：「翌年」「翌月」「翌週」「翌朝」
日　①ニチ
［日〜］例：「日米」Japan and the US　日美　일미（일본과 미국）「日英」Japan and the UK　日英　일영 (일본과 영국)
［日時（にちじ）］time and date　时日　일시
［日常（にちじょう）］daily life　日常　일상
［日曜日（にちようび）］Sunday　星期天　일요일
［日用品（にちようひん）］daily commodities　日用品　일용품
［毎日（まいにち）］every day　每天, 每日　매일
［明後日（みょうごにち／あさって）］day after tomorrow　后天　모레
②ニッ
［日〜］例：「日韓」Japan and Korea　日韩　일한　「日中」Japan and China　日中　일중
［日課（にっか）］daily work/task　每天的活动　일과
［日記（にっき）］diary, journal　日記　일기
［日光（にっこう）］sunlight　日光　일광
［日程（にってい）］day's schedule　日程　일정
［日本（にっぽん／にほん）］Japan　日本　일본
③ジツ
［期日（きじつ）］date　日期, 期限　기일
［休日（きゅうじつ）］day off　休日, 休息天　휴일
［祝日（しゅくじつ）］holiday　节日　경축일
［当日（とうじつ）］on the (designated) day　当日　당일
［本日（ほんじつ）］today　本日　오늘
④ひ
［日］sun, day, date　太阳, 日　해, 일　例：「日が昇る」the sun rises　太阳升起　해가 오르다　「日に焼ける」be suntanned/sunburned　太阳晒黑　햇볕에 그을다　「都合のいい日」one's convenient day　方便的日子　형편이 좋은 날
⑤び
［記念日（きねんび）］memorial day, anniversary　纪念日　기념일
［誕生日（たんじょうび）］birthday　生日　생일
⑥ぴ
［生年月日（せいねんがっぴ）］date of birth　出生年月日　생년월일
⑦か
［十日（とおか）］tenth (of a month), ten days　十日　10 日
［三日（みっか）］third (of a month), three days　三日　3 日
⚠「(×月) 一日」は「ついたち」と読む。例：「一月一日」
選択肢のことば　2「当日」

【16】 正解 4
庭「にわ」garden　庭院, 院子　정원
春になると、家の庭に美しい花がたくさん咲く。When spring comes, a lot of pretty flowers bloom in our garden.　到了春天, 我家院子里很多花都开了。봄이 되면, 집 정원에 아름다운 꽃이 많이 핀다.

N3解答

漢字
庭 ①テイ
　[家庭（かてい）] home　家庭　가정
　[校庭（こうてい）] school ground　操場　교정
　②にわ
　[庭]
選択肢のことば　1「外」　3「前」

第3回

【17】　正解 3
流れて「ながれて」《流れる》 flow, (music) is played　流，传播，播送　흐르다
店内には静かな音楽が流れている。There is some quiet music being played inside the store.　店内播放着优雅的音乐。　가게 안에는 조용한 음악이 흐르고 있다．

漢字
流 ①リュウ
　[流域（りゅういき）] basin, valley　流域　유역
　[流行（りゅうこう）] style, fashion　流行　유행
　[一流（いちりゅう）] first class　一流　일류
　[電流（でんりゅう）] electric current　电流　전류
　②なが(れる／す)
　[流れる] 例：「川が流れる」「電気が流れる」「うわさが流れる」a rumor is spread　流传着风言风语　소문이 나다
　[流す] pour, drain, flush　流　흘리다　例：「水を流す」

選択肢のことば　1「隠れて」　2「別れて」　3「分かれて」　4「離れて」

【18】　正解 3
郵便「ゆうびん」mail　邮件　우편
書類を郵便で送ります。I will send the papers by mail.　文件用邮递来传送。　서류를 우편으로 보내겠습니다．

漢字
郵 ユウ
　[郵便局（ゆうびんきょく）] post office　邮政局　우체국
便 ①ベン
　[便] convenience, facility, stool　便利，来往，大小便　편의，대변　例：「交通の便がいい／悪い」have good/poor transportation facilities　来往交通方便／不方便　교통편이 좋다／나쁘다　「便が出ない」not have a bowel movement　大便不通　변이 안나온다
　[便所（べんじょ）] toilet　厕所　화장실
　[便利(な)（べんり(な)）] convenient　方便(的)　편리(한)
　[不便(な)（ふべん(な)）] inconvenient　不便(的)　불편(한)
　②ビン
　[便] mail, flight　邮车，航班　편　例：「航空便（こうくうびん）」airmail　航空邮件　항공우편　「船便（ふなびん）」surface, sea mail　通航，海运，用船邮寄　배편，선편　「宅配便（たくはいびん）」home delivery service　送到家里，送上门　택배우편　「3時の便の飛行機に乗る」
　[便箋（びんせん）] letter paper　信笺，信纸　편지지

【19】　正解 4
出版「しゅっぱん」《出版(する)》 publish　出版　출판 (하다)
毎年、約40億冊の本や雑誌が出版されている。About 4 billion books or magazines are published every year.　每年，大约有40亿册的书和杂志被出版。　매년 약 40억부의 책과 잡지가 출판되고 있다．

漢字
出 ①シュツ
　[出場（しゅつじょう）] participation, entry (for a competition/game)　出场　출장
　[出題（しゅつだい）] questions (of an exam)　出题　출제
　[外出（がいしゅつ）] going out　支出　외출
　[支出（ししゅつ）] expense　支出　지출
　[提出（ていしゅつ）] submission, presentation　提出　제출
　[輸出（ゆしゅつ）] export　輸出　수출
　②シュッ
　[出勤（しゅっきん）] going to work　出勤　출근
　[出身（しゅっしん）] be originally from　出生，出身　출신
　[出席（しゅっせき）] attendance　出席　출석
　[出張（しゅっちょう）] business trip　出差　출장
　[出発（しゅっぱつ）] departure　出发　출발
　③で(る)
　[出る] come out, get out　出，出去　나가다
　[日の出（ひので）] sunrise　日出　일출
　④だ(す)
　[出す] get something out, submit　出，取出，提出　내다，꺼내다
　[貸し出す（かしだす）] lend, loan　出借　대출하다
　[飛び出す（とびだす）] jump out, rush out　飞出　뛰어나가다，뛰쳐나가다
　[引き出し（ひきだし）] drawer　抽屉　서랍
　[引き出す（ひきだす）] draw, withdraw　抽出，引导出来，提出，取款　끌어내다，꺼내다
　[見出し（みだし）] headline　標題　索引　표제

版 ①ハン
　[版] printing, edition　版　판，판목，판화
　②パン
　[出版社（しゅっぱんしゃ）] publisher　出版社　출판사
　③バン
　[〜版] 〜 edition/version　〜版　〜판　例：「最新版の本（さいしんばん）」a book of the newest edition　最新版的书　최신판　「改訂版（かいていばん）」a revised version/edition　修订版　개정판

【20】　正解 1
星「ほし」star　星　별
あのビルの屋上から星がきれいに見えますよ。You can see the stars nice and clear from the roof of that building.　楼的屋顶，能清楚地看到星星。　저 빌딩 옥상에서 별이 예쁘게 보입니다．

漢字
星 ①セイ
　[北極星（ほっきょくせい）] the North Star　北极星　북극성
　②ほし
　[星]

選択肢のことば　2「空」　4「月」

【21】　正解 2
息子「むすこ」son　儿子　아들
中村さんは、10年前に交通事故で息子を亡くした。Mr.

Nakamura lost his son in a traffic accident 10 years ago. 中村在10年前儿子因交通事故去世了。 나카무라씨는 10년전에 교통사고로 아들을 잃었다.

漢字

息 ①ソク
　　[休息（きゅうそく）] rest, break　休息　휴식
　　②いき
　　[息] breath　气 息　例：「息をする／吸う／はく」

子 ①シ
　　[子孫（しそん）] descendant, offspring　子孙　자손
　　[菓子（かし）] sweets　点心, 糕点　과자
　　[女子（じょし）] female　女子　여자
　　[男子（だんし）] male　男子　남자
　　[調子（ちょうし）] condition　音调, 情况, 样子　상태
　　[電子（でんし）] electronic　电子　전자
　　[帽子（ぼうし）] hat, cap　帽子　모자
　　②ジ
　　[王子（おうじ）] prince　王子　왕자
　　[障子（しょうじ）] sliding paper screen　（用木框糊纸的）拉窗, 拉门　장지문
　　③ス
　　[椅子（いす）] chair　椅子　의자
　　[扇子（せんす）] folding fan　扇子　부채
　　[様子（ようす）] condition, appearance　样子　모습
　　④こ
　　[子] child　孩子　아이
　　[子犬（こいぬ）] puppy　小狗　강아지
　　[子育て（こそだて）] child rearing　育儿　육아
　　[子ども] child(ren)　小孩, 孩子　어린이
　　[男の子（おとこのこ）] boy　男孩儿　남자아이
　　[女の子（おんなのこ）] girl　女孩儿　여자아이
　　⑤ご
　　[双子（ふたご）] twin　双胞胎　쌍둥이
　　[迷子（まいご）] stray child　迷路, 走失的孩子　미아

選択肢のことば 4「娘」

【22】 **正解 4**
研究「**けんきゅう**」study, research　研究　연구
ケンさんは大学で日本文学の研究をしています。Ken is studying Japanese literature at a university. KEN 在大学里研究日本文学。켄상은 대학에서 일본문학 연구를 하고 있습니다.

漢字

研 ケン
　　[研修（けんしゅう）] training　研修　연수
究 キュウ
　　[研究室（けんきゅうしつ）] professor's office, laboratory　研究室　연구실

選択肢のことば 1「検査」 2「発表」 3「説明」

【23】 **正解 4**
珍しい「**めずらしい**」rare, unusual　珍奇, 少见　특이하다, 희귀하다
となりの家の庭に珍しい花が咲いている。Some out-of-the-way flowers are blooming in the next-door neighbor's garden. 隔壁家的院子里开着少见的花。 옆집 정원에 희귀한 꽃이 피어 있다.

漢字

珍 めずら(しい)
　　[珍しい] 例：「珍しい動物」「今日は珍しく早起きした」
　　I got up early today, which is unusual. 今天难得早起。 오늘은 특이하게도 빨리 일어났다.

選択肢のことば 1「優しい」「易しい」 3「怪しい」

【24】 **正解 1**
禁止「**きんし**」《禁止(する)》prohibit　禁止　금지（하다）
学校では禁止されていることがたくさんある。There are a lot of things that are prohibited to do at school. 在学校有很多被禁止的事。 학교에서는 금지되어 있는 일이 많이 있다.

漢字

禁 キン
　　[禁煙（きんえん）] No Smoking, stopping smoking　禁烟　금연
止 ①シ
　　[中止（ちゅうし）] cancellation　中止　중지
　　[防止（ぼうし）] prevention　防止　방지
　　②と(まる／める)
　　[止まる] stop, cease　停止　멈추다　例：「時計が止まる」
　　[止める] stop, cease　停止, 阻止　세우다, 정지하다, 멈추게 하다　例：「車を止める」

第 4 回

【25】 **正解 4**
周囲「**しゅうい**」surrounding　周围　주위
そのビルは周囲の環境のことも考えて建てられた。 The building was built taking the surrounding environment into consideration as well. 那建筑是在考虑了周围环境后建设的。 그 빌딩은 주위 환경도 생각하며 지어졌다.

漢字

周 ①シュウ
　　[周辺（しゅうへん）] the surroundings　周边　주변
　　[一周（いっしゅう）] one round　一周　일주　例：「世界一周の旅をする」
　　[～周] ～round　～周　～주　例：「1周、2周」
　　②まわ(り)
　　[周り] around　周围　주변, 부근　例：「家の周りに花を植える」
囲 ①イ
　　[範囲（はんい）] extent, scope　范围　범위
　　②かこ(む)
　　[囲む] surround　围上, 包围, 围绕　둘러싸다　例：「記者が首相を囲んでいる」The news reporters are surrounding the prime minister. 记者围住了首相。 기자가 수상을 둘러싸고 있다.

【26】 **正解 2**
栄えた「**さかえた**」《栄える》prosper　繁荣兴盛, 兴旺　번창하다
この町は江戸時代に栄えた。This town prospered in the Edo period. 这个城镇在江戸时代很兴旺。 이 마을은 에도시대에 번창했다.

N3 解答

漢字

栄 ①エイ
[栄養（えいよう）] nutrition　営养　영양
②さか（える）
[栄える] 例：「町が栄える」「恐竜が栄えた時代」the times when dinosaurs were rampant　恐龙繁盛的时代　공룡이 번성했던 시대
選択肢のことば 1「伝えた」 3「交えた」 4「整えた」

【27】 正解 2

真っ赤「まっか」《真っ赤(な)》 bright/deep red　通红的　새빨감
彼女はお酒を飲んで顔が真っ赤になった。Her face turned bright red after she drank some alcohol. 她喝了酒后脸变得通红。그녀는 술을 마시면 얼굴이 새빨개진다.

漢字

真 ①シン
[真空（しんくう）] vacuum　真空　진공
[真剣(な)（しんけん(な)）] serious, earnest　认真(的)　진지(한)
②ま
[真〜] right, just, directly　正〜　한〜, 새〜, 바로〜 例：「真ん中」「真ん前」「真っ白」

赤 ①セキ
[赤道（せきどう）] equator　赤道　적도
②あか／あか(い)
[赤] red [noun]　红　빨강, 적색 例：「赤信号」「赤と黒」
[赤い] red [adjective]　红色　빨갛다
⚠ 「真っ赤」は「まっか」、「真っ青」は「まっさお」と読む。
選択肢のことば 3「真っ青」 4「真っ黒」

【28】 正解 3

指示「しじ」 instructions, directions　指示　지시
火災の際は、係員の指示に従ってください。In case of a fire, follow the instructions of the persons in charge. 当发生火灾时, 请遵从有关人员的指示。화재 때는, 관계자의 지시에 따라 주세요.

漢字

指 ①シ
[指定（してい）] designation　指定　지정
[指導（しどう）] teaching, guidance　指导　지도
②ゆび
[指] finger　手指　손가락, 발가락
[指輪（ゆびわ）] ring　戒指　반지
[親指（おやゆび）] thumb　拇指　엄지손가락
③さ(す)
[指す] point to something　指　가리키다, 지목하다 例：「時計の針が3時を指す」「矢印が右を指している」The arrow points to the right. 箭头指向右方。화살표가 오른쪽을 가르키고 있다.

示 ①ジ
[掲示（けいじ）] notice, notification　揭示　게시
②しめ(す)
[示す] show　出示, 表示　가르키다, 보이다 例：「例を示す」「方向を示す」

【29】 正解 1

破って「やぶって」《破る》 break　打破, 撕破　부수다, 깨다
犯人は窓ガラスを破って、逃げたようだ。The offender seems to have fled breaking the window panes. 好像是打破玻璃窗逃走的。범인은 창문을 깨고, 도망친거 같다.

漢字

破 ①ハ
[破片（はへん）] broken pieces　碎片, 碎片　파편
②やぶ(れる／る)
[破れる] break, be torn　撕, 撕破　찢어지다 例：「服が破れる」
[破る] 例：「紙を破る」
選択肢のことば 2「割って」 4「張って」

【30】 正解 3

明後日「みょうごにち／あさって」 day after tomorrow　后天　모레
では、明後日あらためてご連絡いたします。Well, I will contact you again the day after tomorrow. 那么, 后天再次和你(们)联系。그럼 모레 다시 연락드리겠습니다.

漢字

明 ①メイ
[明確(な)（めいかく(な)）] clear, accurate　明确(的)　명확(한)
[証明（しょうめい）] proof　证明　증명
[説明（せつめい）] explanation　说明　설명
[透明(な)（とうめい(な)）] transparent　透明(的)　투명(한)
②ミョウ
[明日（みょうにち／あした／あす）] tomorrow　明日　내일
③あか(るい)
[明るい] light, bright　明亮的　밝다
④あ(かり／ける／くる)
[明かり] light　光, 灯光　불빛 例：「夜になって部屋に明かりがついた」
[明くる〜] the next〜　次〜, 翌〜　다음〜 例：「明くる朝」「明くる日」
[明ける] (day) breaks　明, 亮　밝다, 새다, 새해가 되다 例：「夜が明ける」「年が明ける」
[明け方（あけがた）] dawn　黎明, 拂晓　새벽녘
⑤あき(らか)
[明らか] clear, obvious　明显, 显然　분명함, 뚜렷함, 명확함 例：「この事故の原因は明らかではない」The cause of this accident is not known. 这起事故的原因并不明确。이 사건의 원인은 명확하지 않다.

後 ①ゴ
[後日（ごじつ）] later, another day　改日　후일
[午後（ごご）] afternoon　下午　오후
[前後（ぜんご）] before and after　前后 (指时间或空间)　전후
[〜後] after〜　〜后　〜후 例：「5年後」「結婚後」「食後」「戦後」「授業後」
②コウ
[後期（こうき）] the latter period/term　后期　후기
[後者（こうしゃ）] the latter　后者　후자

[後輩（こうはい）] one's junior　后辈　후배
[後半（こうはん）] latter half　后半　후반
③のち
[後] later, after　以后　후, 나중　例：「後のことを考えて行動する」「後の時代」「この後」「支払いをした後、商品を受け取る」receive merchandise after payment　在付款后，领取商品　지불한 후, 상품을 받다
④うし(ろ)
[後ろ] back　后, 后面　뒤　例：「後ろの席に座る」「家の後ろに庭がある」
⑤あと
[後] after, later　后　나중, 뒤　例：「仕事の後」「後で連絡する」

日 ①ニチ
[日〜] 例：「日米」Japan and the US　日美　일미 (일본과 미국)「日英」Japan and the UK　日英　일영 (일본과 영국)
[日時（にちじ）] time and date　时日　일시
[日常（にちじょう）] daily life　日常　일상
[日曜日（にちようび）] Sunday　星期天　일요일
[日用品（にちようひん）] daily commodities　日用品　일용품
[毎日（まいにち）] every day　每天, 每日　매일
②ニッ
[日〜] 例：「日韓」Japan and Korea　日韩　일한　「日中」Japan and China　日中　일중
[日課（にっか）] daily work/task　每天的活动　일과
[日記（にっき）] diary, journal　日记　일기
[日光（にっこう）] sunlight　日光　일광
[日程（にってい）] day's schedule　日程　일정
[日本（にっぽん／にほん）] Japan　日本　일본
③ジツ
[期日（きじつ）] date　日期, 期限　기일
[休日（きゅうじつ）] day off　休日, 休息天　휴일
[祝日（しゅくじつ）] holiday　节日　경축일
[当日（とうじつ）] on the (designated) day　当日　당일
[本日（ほんじつ）] today　本日　오늘
[翌日（よくじつ）] the next day　翌日, 第二天　다음날
④ひ
[日] sun, day, date　太阳, 日　해, 일　例：「日が昇る」the sun rises　太阳升起　해가 오르다　「日に焼ける」be suntanned/sunburned　太阳晒黑　햇볕에 그을다　「都合のいい日」one's convenient day　方便的日子　형편이 좋은 날
⑤び
[記念日（きねんび）] memorial day, anniversary　纪念日　기념일
[誕生日（たんじょうび）] birthday　生日　생일
⑥ぴ
[生年月日（せいねんがっぴ）] date of birth　出生年月日　생년월일
⑦か
[十日（とおか）] tenth (of a month), ten days　十日　10 일
[三日（みっか）] third (of a month), three days　三日　3 일
⚠ 「（×月）一日」は「ついたち」と読む。例：「一月一日」

【31】正解 3
床「ゆか」floor　地板　마루
昔の人は床にすわってご飯を食べていた。In ancient times people sat on the floor when having meals. 从前，人们坐在地板上吃饭。 옛날 사람은 마루에 앉아서 밥을 먹었었다．
漢字
床 ①ショウ
[起床（きしょう）] rising, getting up　起床　기상
②とこ
[床] bed　床铺, 被褥　이부자리, 요　例：「床をしいて寝る」spread futons and go to sleep on them　把床铺铺好睡觉　요를 깔고 잔다
[床の間（とこのま）] alcove　卧室　다다미방 정면에 한층 높여놓은
[床屋（とこや）] barbershop　理发店　이발소
③ゆか
[床] 例：「床に座る」
選択肢のことば　1「椅子」　4「畳」

【32】正解 1
血圧「けつあつ」blood pressure　血压　혈압
父は血圧が高いので、薬を飲んでいる。Having high blood pressure, my father is taking medication for it. 父亲因为血压高，在喝药。 아빠는 혈압이 높아서, 약을 먹고 있다．
漢字
血 ①ケツ
[血液（けつえき）] blood　血液　혈액
[出血（しゅっけつ）] bleeding　出血　출혈
[輸血（ゆけつ）] blood transfusion　输血　수혈
②ケッ
[血管（けっかん）] blood vessel　血管　혈관
③ち／ぢ
[血（ち）] blood　血　피　例：「シャツに血がついている」「鼻血が出た」
圧 ①アツ
[圧力（あつりょく）] pressure　压力　압력
[気圧（きあつ）] air pressure　气压　기압
[水圧（すいあつ）] water pressure　水压　수압
[電圧（でんあつ）] voltage　电压　전압
②アッ
[圧縮（あっしゅく）] compression　压缩　압축
選択肢のことば　2「気圧」

第 5 回
【33】正解 2
経済「けいざい」economy, economics　经济　경제
長男は大学で経済を勉強している。My oldest son is studying economics in college. 大儿子在大学学习经济。 장남은 대학에서 경제를 공부하고 있다．
漢字
経 ケイ
[経営（けいえい）] management　经营　경영
[経験（けいけん）] experience　经验　경험
[経由（けいゆ）] by way of　经由　경유

済 ①サイ／ザイ
[神経（しんけい）] nerve 神经 신경
[経済]

②す(む／ます)
[済む] finish, be done 完了，终了，结束 끝나다, 해결되다
例：「仕事が済む」
[済ます／済ませる] finish 弄完，搞完 끝내다, 마치다
例：「レジで支払いを済ます」finish payment at the register
在现金出纳机那里把钱付了 계산대에서 지불을 마치다

③ず(み)
[～済み] 例：「この商品は検査済みで安全だ」This product has gone through inspection and is safe. 这个商品已经过检查是安全的。 이 상품은 검사가 끝나 안전하다.

選択肢のことば 4「掲載」

【34】 正解 4
営んで「いとなんで」《営む》run (a business) 营，办，从事 经营하다, 营위하다
父は小さい工場を営んでいる。My father runs a small factory. 父亲经营一家小工厂。 아버지는 작은 공장을 운영하고 있다.

漢字
営 ①エイ
[営業（えいぎょう）] operation 营业 영업
[経営（けいえい）] management 经营 경영

②いとな(む)
[営む] 例：「薬局を営む」run a pharmacy 经营药店 약국을 경영하다 「農業を営む」do farming for a profession 经营农业 농사를 짓다

選択肢のことば 1「悩んで」 2「挟んで」 3「励んで」

【35】 正解 4
支出「ししゅつ」expense 支出 지출
今月は支出が多くて、生活が大変だ。Expenses for this month are so large, and it's difficult to make both ends meet. 这个月支出很多, 生活艰难。이번달은 지출이 많아서, 생활이 고생스럽다.

漢字
支 ①シ
[支持（しじ）] support 支持 지지
[支度（したく）] preparation, getting ready 预备, 准备 준비, 채비
[支点（してん）] fulcrum 支点 지점
[支店（してん）] branch store 分公司, 分行 지점
[支配（しはい）] rule, control, governing 支配 지배
[支払う（しはらう）] pay 支付 지불하다

②ささ(える)
[支える] support 支, 支撑 지탱하다, 유지하다 例：「太い柱が屋根を支える」the thick pillars support the roof 粗大的柱子支撑着屋顶 굵은 기둥이 지붕을 떠받치다 「社員が会社を支える」company employees support their company 公司职员支撑着公司 사원이 회사를 지탱하다

出 ①シュツ
[出場（しゅつじょう）] participation, entry (for a competition/game) 出场 출장
[出題（しゅつだい）] questions (of an exam) 出题 출제
[外出（がいしゅつ）] going out 支出 외출
[提出（ていしゅつ）] submission, presentation 提出 제출
[輸出（ゆしゅつ）] export 输出 수출

②シュッ
[出勤（しゅっきん）] going to work 出勤 출근
[出身（しゅっしん）] be originally from 出生, 出身 출신
[出席（しゅっせき）] attendance 出席 출석
[出張（しゅっちょう）] business trip 出差 출장
[出発（しゅっぱつ）] departure 出发 출발
[出版（しゅっぱん）] publishing 出版 출판

③で(る)
[出る] come out, get out 出, 出去 나가다
[日の出（ひので）] sunrise 日出 일출

④だ(す)
[出す] get something out, submit 出, 取出, 提出 내다, 꺼내다
[貸し出す（かしだす）] lend, loan 出借 대출하다
[飛び出す（とびだす）] jump out, rush out 飞出 뛰어나가다, 뛰쳐나가다
[引き出し（ひきだし）] drawer 抽屉 서랍
[引き出す（ひきだす）] draw, withdraw 抽出, 引导出来, 提出, 取款 끌어내다, 꺼내다
[見出し（みだし）] headline 标题, 索引 표제

【36】 正解 1
鋭い「するどい」sharp 尖锐, 锋利 날카롭다, 예리하다
この棒は先が鋭いので、注意してください。Be careful of this stick because its tip is sharp. 这根棍子前端很尖, 请注意。이 막대기는 앞이 뾰족하니, 주의해주세요.

漢字
鋭 ①エイ
[鋭角（えいかく）] acute angle 锐角 예각

②するど(い)
[鋭い] 例：「鋭いナイフ」「鋭い質問」a sharp question 尖锐的问题 예리한 질문 「彼は鋭い頭脳を持っている」He has sharp brains. 他有灵敏的头脑。그는 예리한 두뇌를 갖고 있다.

選択肢のことば 2「丸い」「円い」 3「短い」 4「細い」

【37】 正解 2
苦労「くろう」《苦労(する)》go through difficulties, work hard 历经艰辛 고생하다
母は苦労して私を育ててくれた。My mother worked hard to raise me. 母亲历经艰辛把我们养大。엄마는 고생하며 나를 키워주셨다.

漢字
苦 ①ク
[苦情（くじょう）] complaint, claim 抱怨, 不满 불평, 불만
[苦心（くしん）] hard work 苦心 고심, 고생
[苦痛（くつう）] pain, suffering 痛苦 고통

②くる(しい)／くる(しむ／しめる)
[苦しい] painful, hurtful 很苦, 很难受 괴롭다 例：「坂道を上ると息が苦しい」Walking up a hill makes me run out of breath. 爬坡时呼吸困难。언덕길을 올라가면 숨이 차다.
[苦しむ] suffer 受折磨 괴로워하다 例：「病気に苦しむ」

suffer from an illness　受病痛的折磨　병으로 고생하다
[苦しめる] torment, afflict　折磨　괴롭히다
③にが(い)
[苦い] bitter（味道）苦　쓰다　例：「苦い薬」

労　ロウ
[労働（ろうどう）] labor　劳动，工作　노동
選択肢のことば 3「黒」

【38】正解 2
外科「げか」department of surgery　外科　외과
やけどは外科で診てもらってください。 Go get your burn treated at the department of surgery, please. 烫伤请在外科就诊。 화상은 외과에서 진찰받아 주세요.
漢字
外　①ガイ
[外交（がいこう）] diplomacy　外交　외교
[外国（がいこく）] foreign country　外国　외국
[外出（がいしゅつ）] going out　支出　외출
[外部（がいぶ）] outside, exterior　外部　외부
[海外（かいがい）] overseas, abroad　海外　해외
[郊外（こうがい）] suburbs　郊外　교외
[〜外] outside〜　〜外　〜외　例：「室外」outside a room　室外　실외　「範囲外」outside a range　范围外　범위내　「社外」outside the company office　公司外　사외，회사외부
②ゲ
[外科]
③そと
[外] outside　外面　밖　例：「部屋の外」
[外側（そとがわ）] outside, exterior　外侧　바깥쪽, 겉면
④はず(れる／す)
[外れる] come off, slip off　离开, 脱落, 掉下　빠지다, 벗겨지다　例：「ボタンが外れる」
[外す] take off　拿掉　풀다, 벗다, 뜨다　例：「めがねを外す」「席を外す」leave one's seat, be absent　离开座位　자리를 뜨다

科　カ
[科学（かがく）] science　科学　과학
[〜科] 〜department　〜科　〜과　例：「内科」department of internal medicine　内科　내과　「社会科」social studies　社会课程　사회과
選択肢のことば 4「他」

【39】正解 4
忘れ物「わすれもの」something left behind　遗忘的东西　잊은 물건
忘れ物がないか、もう一度チェックしましょう。 Let's check one more time if there's anything we have forgotten. 有没有遗忘的东西，请再检查一下。 잊은 물건은 없는지, 다시 한번 체크합시다.
漢字
忘　①ボウ
[忘年会（ぼうねんかい）] year-end party　年终联欢会　망년회
②わす(れる)
[忘れる] forget　忘记　잊다

物　①ブツ
[物理（ぶつり）] physics　物理　물리
[危険物（きけんぶつ）] hazardous material　危险物品　위험물
[生物（せいぶつ）] creature　生物　생물
[名物（めいぶつ）] noted product　有名的东西，名产　명물
②ブッ
[物価（ぶっか）] commodity price　物价　물가
[物質（ぶっしつ）] material　物质　물질
[物騒（な）（ぶっそう（な））] dangerous, troubled, insecure　骚然不安，危险　위험스러운, 뒤숭숭한
③モツ
[貨物（かもつ）] freight　货物　화물
[食物（しょくもつ）] grocery　食物　식물
[書物（しょもつ）] books　书，书籍　도서 서적
[荷物（にもつ）] baggage　行李　짐
④もの
[物] thing　物，东西　물건, 말, 도리, 생각
[物置（ものおき）] storeroom　库房, 堆房　헛간, 다락
[物音（ものおと）] noise　声音, 响动　소리
[物語（ものがたり）] story　故事, 传说　이야기
[物事（ものごと）] things, matter　事物, 事　매사, 일, 사물
[物差し（ものさし）] ruler　尺子, 尺　자, 척도
[生き物（いきもの）] creature　生物, 有生命力的东西　살아 있는 것
[品物（しなもの）] thing　物品　상품, 물품
[食べ物（たべもの）] food　食物　먹을 거리, 음식물
[飲み物（のみもの）] drinks　饮料　음료, 마실것
選択肢のことば 1「壊れ物」

【40】正解 3
夫「おっと」husband　丈夫　남편
私の夫は銀行員です。 My husband is a bank employee. 我的丈夫是银行工作人员。 내 남편은 은행원입니다.
漢字
夫　①フ
[夫妻（ふさい）] married couple　夫妻　부부
②フウ
[夫婦（ふうふ）] husband and wife　夫妇　부부
[工夫（くふう）] devising　工夫　궁리
③おっと
[夫]
選択肢のことば 1「音」　2「弟」

第 6 回
【41】正解 3
引退「いんたい」《引退(する)》retire　引退　은퇴(하다)
Ｔ選手は今年限りで引退することを発表した。 The player, Mr. T, announced that he would retire this year. Ｔ选手今年发表了引退（声明）。 Ｔ선수는 올해를 마지막으로 은퇴를 발표했다.
漢字
引　①イン
[引用（いんよう）] quotation　引用　인용

［引力（いんりょく）］gravity 引力 인력
②ひ（く）
［引く］pull 拉 끌다, 긋다 例：「線を引く」draw a line 划线 선을 긋다 「辞書を引く」look up a dictionary 翻字典, 查字典 사전으로 찾아보다

退 ①タイ
［退院（たいいん）］discharge from a hospital 出院 퇴원
［退屈（な）（たいくつ（な））］boring 没意思, 无聊(的) 지루(한), 따분(한)
②しりぞ（く）
［退く］resign 退 물러나다 例：「山田氏は社長の地位を退いた」Mr. Yamada resigned from the position of the company president. 山田退出了社长的位置。 야마다씨는 사장의 위치에서 물러났다.

選択肢のことば 2「額」

【42】正解 1
涙「なみだ」tears 眼泪 눈물
さあ、涙をふきなさい。Here, wipe off your tears. 来, 把眼泪擦干。 자, 눈물을 닦아라.
漢字
涙 なみだ
［涙］例：「涙が出る」「悲しくて涙が止まらない」
選択肢のことば 2「汚れ」 3「波」 4「汗」

【43】正解 4
泊まった「とまった」《泊まる》stay (in a hotel) 住宿 묵다, 머물다
京都で古い旅館に泊まった。I stayed in an old (Japanese-style) inn in Kyoto. 在京都住宿在古老的旅馆。 교토에서 오래된 여관에 묵었다.
漢字
泊 ①ハク／パク
［宿泊（しゅくはく）］lodging, accommodation 投宿, 住宿 숙박
［～泊］～night(s) ～宿 ～박 例：「一泊、二泊」「三泊四日の旅行」
②と（まる／める）
［泊まる］例：「ホテルに泊まる」
［泊める］have someone stay with you 住宿, 留人住下 재우다, 묵게하다 例：「友だちを自分の家に泊める」
選択肢のことば 1「困った」 2「貯まった」

【44】正解 2
立派「りっぱ」《立派(な)》excellent, honorable 出色, 端庄 훌륭(한)
英子はクラスを代表して、立派なスピーチをした。Eiko made a beautiful speech representing her class. 英子代表班级, 作了出色的演讲。 에이꼬는 반을 대표하여, 훌륭한 스피치를 했다.
漢字
立 ①リツ
［国立（こくりつ）］national 国立 국립
［私立（しりつ）］private 私立 사립
［自立（じりつ）］independence 自立 자립
［対立（たいりつ）］confrontation 对立 대립
［独立（どくりつ）］independent 独立 독립
②リッ
［立派(な)］
③た（つ／てる）
［立場（たちば）］position 立场 입장
［立つ］stand 立, 站 서다 例：「立ち上がる」
［立てる］stand, put up 立, 冒, 扬起 세우다 例：「計画を立てる」make a plan 制定计划 계획을 세우다

派 ①ハ
［派手(な)（はで(な)）］gaudy 漂亮(的), 出色(的), 美丽(的), 宏伟(的) 화려(한)
②パ
［立派(な)］

【45】正解 4
検査「けんさ」examination, check up 检查 검사
父はがんの検査のために入院した。My father has been hospitalized for a cancer examination. 父亲因癌症检查入院了。 아버지는 암 검사를 위해 입원했다.
漢字
検 ケン
［検討（けんとう）］examination, investigation, study 讨论, 探讨, 研究 검토
査 サ
［調査（ちょうさ）］research, investigation 调查 조사
選択肢のことば 3「検索」

【46】正解 4
氏名「しめい」name 姓名 성명
ここに氏名を書いてください。Please write down your name here. 请在此写下姓名。 여기에 성명을 기입해 주세요.
漢字
氏 シ
［～氏］Mr. ～ ～先生 ～씨 例：「田中氏」
名 ①メイ
［名作（めいさく）］masterpiece 名作 명작
［名詞（めいし）］noun 名词 명사
［名刺（めいし）］name card 名片 명함
［名所（めいしょ）］sightseeing spot 名胜 (古迹) 명소
［名人（めいじん）］master, master-hand 名人 명인
［名物（めいぶつ）］noted/special product (of a region) 名产 명물
［題名（だいめい）］title 题目 제명, 제목
［有名(な)（ゆうめい(な))］famous 有名(的) 유명(한)
［～名］～person(s) ～位 ～명 例：「1名、2名」
②ミョウ
［名字（みょうじ）］family name 姓 성
③な
［名］name 名, 名字 이름, 명칭
［名前（なまえ）］name 姓名 이름

【47】正解 2
伝えて「つたえて」《伝える》tell, inform 传播 전달하다,

전하다
漢字
木村さんに3時ごろ電話すると伝えてください。Please tell Mr./Ms. Kimura I will call him at about 3:00. 请转告木村三点左右给他打电话。 기무라씨에게 3시경에 전화하겠다고 전해주세요.

伝 ①デン
［伝記（でんき）］ biography 传记 전기
［伝言（でんごん）］ message 传言 전언
［伝染（でんせん）］ contagion 传染 전염
［伝統（でんとう）］ tradition 传统 전통
［宣伝（せんでん）］ advertisement 宣传 선전
②つた（わる／える）
［伝わる］ be told, heard, spread 传、流传 전해지다、퍼지다
例：「うわさが伝わる」a rumor is told 流传着风声 소문이 퍼지다
［伝える］例：「アナウンサーがニュースを伝える」
⚠ 「手伝う」は「てつだう」と読む。
選択肢のことば 1「努めて」「勤めて」「務めて」 3「与えて」 4「捕らえて」

【48】 **正解 3**
患者「かんじゃ」patient 患者 환자
その医者は患者に人気がある。 The doctor is popular among patients. 这位医生在病人中很有人气。 그 의사는 환자에게 인기가 있다.
漢字
患 カン
［急患（きゅうかん）］ emergency patient/case 急病患者，急诊病人 급환, 급한 환자
者 ①シャ
［医者（いしゃ）］ (medical) doctor 医生 의사
［科学者（かがくしゃ）］ scientist 科学家 과학자
［学者（がくしゃ）］ scholar 学者 학자
［記者（きしゃ）］ reporter 记者 기자
［後者（こうしゃ）］ the latter 后者 후자
［前者（ぜんしゃ）］ the former 前者 전자
［筆者（ひっしゃ）］ author, writer 笔者 필자
［役者（やくしゃ）］ actor, actress 演员 배우
［〜者］〜person(s), 〜er 〜者、〜の人 〜자 例：「参加者」「出席者」「研究者」
②ジャ
［患者］
③もの
［者］people 的人 사람 例：「家の者に連絡する」「若い者」
［〜者］〜person(s) 〜の人 〜사람 例：「あわて者」careless person 容易着急的人 덜렁이, 덜렁거리는 사람 「働き者」hard worker 喜欢劳动的人 부지런한 사람 「怠け者」lazy person 懒惰的人 게으름쟁이
選択肢のことば 1「感謝」 4「貨車」

第7回
【49】 **正解 2**
沈んだ「しずんだ」《沈む》 sink, set 沉、落下 가라앉다, 지다
山の向こうに夕日が沈んだ。The evening sun set beyond the mountain. 在山的对面，夕阳落下去了。 산 너머로 석양이 졌다.
漢字
沈 ①チン
［沈没（ちんぼつ）］ sinking, submersion 沉没 침몰
②しず（む／める）
［沈む］例：「太陽が沈む」「嵐で船が沈む」
［沈める］ sink 沉入水中 가라앉다, 담그다 例：「体を風呂の湯に沈める」sink one's body into the hot bath water 身体浸泡在浴盆的热水中 몸을 목욕탕에 담그다
選択肢のことば 1「選んだ」

【50】 **正解 3**
個人「こじん」individual 个人 개인
個人の情報が守られないこともある。Personal information is sometimes not protected. 也有不能保守个人情报的时候。 개인 정보가 지켜지지 않는 경우도 있다.
漢字
個 コ
［〜個］〔counter for something small and round〕 〜个 〜개 例：「1個、2個」
人 ①ジン
［人口（じんこう）］ population 人口 인구
［人工（じんこう）］ artificial 人工 인공
［人事（じんじ）］ personnel 人事 인사
［人種（じんしゅ）］ race 人种 인종
［人生（じんせい）］ (human) life 人生 인생
［人造（じんぞう）］ artificial, man-made 人造 인조
［人物（じんぶつ）］ person 人物、人 인물
［人命（じんめい）］ human life 人命 인명
［人類（じんるい）］ human beings, mankind 人类 인류
［詩人（しじん）］ poet 诗人 시인
［主人（しゅじん）］ master, husband 家长、老板、丈夫 주인
［知人（ちじん）］ acquaintance 相识、熟人 지인
［夫人（ふじん）］ wife, married woman 夫人 부인
［婦人（ふじん）］ woman, lady 妇人 부인
［名人（めいじん）］ master, master-hand 名人 명인
［友人（ゆうじん）］ friend 友人、朋友 친구
［老人（ろうじん）］ elderly person 老人 노인
［〜人］〔national(ity)〕 〜人 〜인 例：「日本人」
②ニン
［人間（にんげん）］ human being 人、人类 인간
［商人（しょうにん）］ merchant 商人 상인
［職人（しょくにん）］ craftsman, artisan 手艺人、工匠 장인
［他人（たにん）］ stranger 别人、他人 타인
［犯人（はんにん）］ criminal 犯人 범인
［本人（ほんにん）］ the person himself/herself 本人 본인
［役人（やくにん）］ public servant, government official 官员、官吏、公务员 관리인, 공무원
［〜人］〜people 〜个人 〜명 例：「3人、4人」
③ひと
［人］ person 人 사람
⚠ 特別な読み方の語「大人（おとな）」「素人（しろうと）」

N3 解答

amateur　外行，业余爱好者　초보자，아마추어，경험 미숙자
「一人（ひとり）」「二人（ふたり）」

【51】 正解 3
結果「けっか」 result　結果　결과
面接試験の結果は一週間後にお知らせします。 We will inform you of the result of the interview in a week. 面试的结果一周后通知你。 면접시험 결과는 일주일 후에 알려드리겠습니다.

漢字

結 ①ケツ
　[結論（けつろん）] conclusion　结论　결론
　②ケツ
　[結局（けっきょく）] after all　结局　결국
　[結婚（けっこん）] marriage　结婚　결혼
　③むすぶ
　[結ぶ] tie　结合, 结盟, 缔结关系　맺다, 묶다　例：「くつのひもを結ぶ」「契約を結ぶ」make a contract　缔结契约　계약을 맺다

果 ①カ
　[果実（かじつ）] fruit, result　果实　과실
　[効果（こうか）] effect　效果　효과
　②は(たす)
　[果たす] achieve, accomplish　完成, 实现　달성하다, 다하다　例：「約束を果たす」
⚠「果物」は「くだもの」と読む。
選択肢のことば　1「結末」　2「結論」　4「決定」

【52】 正解 4
髪「かみ」 (head) hair　头发　머리
あの髪の短い人が田中さんですよ。 That person with short hair is Ms. Tanaka. 那位短发的是田中先生（女士）。 저기, 머리가 짧은 사람이 다나까씨에요.

漢字

髪 ①ハツ
　[白髪（はくはつ）] white hair　白发　백발
　②パツ
　[金髪（きんぱつ）] blond(e) hair　金发　금발
　[散髪（さんぱつ）] haircut　理发　산발
　③かみ
　[髪] 例：「髪を切る」「髪を伸ばす」「髪の毛」
⚠「白髪」には「しらが」という読み方もある。
選択肢のことば　1「服」　2「毛」

【53】 正解 1
連れて「つれて」《連れる》 take/bring ...with one　带, 领　데리고 가다
私もいっしょに連れていってください。 Please take me with you. 请也带上我。 저도 같이 데려가 주세요.

漢字

連 ①レン
　[連合（れんごう）] union, coalition　联合　연합
　[連想（れんそう）] association　联想　연상
　[連続（れんぞく）] continuation　连续　연속
　[連絡（れんらく）] contact　联络　연락

　[関連（かんれん）] relation, connection　关联　관련
　②つ(れる)
　[連れる] 例：「犬を連れて散歩する」「子どもを病院へ連れていく」
選択肢のことば　2「晴れて」　3「慣れて」

【54】 正解 3
相手「あいて」 the other person, partner　伙伴, 共事者, 对方, 对手　상대
実力は相手のチームのほうが上だ。 The opponent's power is stronger than ours. 对方的团队更有实力。 실력은 상대방 팀이 위다.

漢字

相 ①ソウ
　[相違（そうい）] difference　不同, 悬殊　상위 (서로 다름)
　[相互（そうご）] mutual　相互　상호
　[相談（そうだん）] consultation　商量　상담
　[相当（そうとう）] considerable, pretty much　相当　상당
　②ショウ
　[首相（しゅしょう）] prime minister　首相　수상
　③あい
　[相手]

手 ①シュ
　[手術（しゅじゅつ）] surgery　手术　수술
　[手段（しゅだん）] means　手段　수단
　[手話（しゅわ）] sign language　手语, 哑语　수화
　[握手（あくしゅ）] handshake　握手　악수
　[歌手（かしゅ）] singer　歌手　가수
　[拍手（はくしゅ）] hand clapping　鼓掌　박수
　②て
　[手] hand　手　손　例：「手と足」
　[手足（てあし）] hands and feet　手足　손발
　[(お)手洗い（(お)てあらい）] rest room　厕所　화장실
　[手品（てじな）] magic　戏法, 魔术　마술
　[手帳（てちょう）] pocket notebook　笔记本　수첩
　[手伝う（てつだう）] help　帮助　돕다
　[手続き（てつづき）] procedure, formalities　手续　수속
　[手ぬぐい] hand towel　布手巾　수건
　[手袋（てぶくろ）] glove　手套　장갑
　[手前（てまえ）] front, this side　跟前, 这边　바로 앞, 옆씨
　[右手（みぎて）] right hand　右手　오른손
　③で
　[派手(な)（はで(な)）] gaudy　花哨(的), 鲜艳(的), 华美(的)　화려(함)
　④た
　[下手(な)（へた(な)）] unskillful　笨拙(的), 不高明(的)　어설픔, 서투름
　⑤ず
　[上手(な)（じょうず(な)）] skillful　擅长(的)　잘함, 능함

【55】 正解 2
決定「けってい」《決定(する)》 settle, decide　决定　결정
次回の会議は12月5日に決定しました。 The next conference has been decided for December 5th. 下次会议决定在12月5日（举行）。 다음 회의는 12월 5일로 결정했습니다.

🈶 漢字
決 ①ケツ
　　［解決（かいけつ）］ solution　解決　해결
　　②ケッ
　　［決して］ never　决不，绝对不　결코
　　［決心（けっしん）］ resolution　决心　결심
　　③き（まる／める）
　　［決まる］ settle　决定　결정되다　例：「オリンピックの日本代表が決まる」The members to represent Japan for the Olympics are selected.　奥林匹克的日本代表决定了。　올림픽 일본대표가 결정되다．
　　［決める］ decide　决定　결정하다　例：「帰国の日を決める」

定 ①テイ
　　［定員（ていいん）］ fixed number of people　定员　정원
　　［定価（ていか）］ price　定价　정가
　　［定期券（ていきけん）］ commutation ticket　月票　정기권
　　［定休日（ていきゅうび）］ regular holiday, day off　休息日　정기휴일
　　［安定（あんてい）］ stable　安定　안정
　　［肯定（こうてい）］ affirmation　肯定　긍정
　　［指定（してい）］ designation　指定　지정
　　［測定（そくてい）］ measurement　測定　측정
　　［断定（だんてい）］ assertion　断定　단정
　　［否定（ひてい）］ negation　否定　부정
　　［予定（よてい）］ plan　预定　예정
　　②ジョウ
　　［定規（じょうぎ）］ ruler　规定　정규
　　③さだ（まる／める）
　　［定まる］ be regulated　定，决定，规定，确定　정해지다
　　［定める］ regulate　决定，规定　정하다　例：「法律を定める」stipulate a law　制定法律　법률을 정하다

【56】 正解 3
道具「どうぐ」 tool　工具　도구
この店にはいろいろな種類の道具がそろっている。This store has all kinds of tools.　这家店有各种各样的工具。　이 가게에는 여러 종류의 도구가 구비되어 있다．
🈶 漢字
道 ①ドウ
　　［道徳（どうとく）］ morals, ethics　道德　도덕
　　［道路（どうろ）］ road　道路　도로
　　［国道（こくどう）］ national road　公路　국도
　　［茶道（さどう）］ tea ceremony　茶道　다도
　　［車道（しゃどう）］ roadway　车道　차도
　　［柔道（じゅうどう）］ judo (Japanese martial art)　柔道　유도
　　［水道（すいどう）］ water service　自来水（管）　수도
　　［鉄道（てつどう）］ railway　铁道　철도
　　②みち
　　［道］ road　道，路　길

具 グ
　　［具合（ぐあい）］ condition　情况，状态，健康情况　상태
　　［具体的（な）（ぐたいてき（な））］ concrete　具体的　구체적

（인）
　　［家具（かぐ）］ furniture　家具　가구
　　［文房具（ぶんぼうぐ）］ stationery　文具　문방구

第8回
【57】 正解 3
含まれて「ふくまれて」《含む》 contain, include　包括，含有　포함하다，함유하다
ここの水には、鉄分が多く含まれている。The water here contains lots of iron.　这里的水中含有丰富的铁分。　이 물에는 철분이 많이 포함되어 있다．
🈶 漢字
含 ふく（む／める）
　　［含む］ 例：「ビタミンを多く含む野菜」vegetables containing lots of vitamins　含有大量维生素的蔬菜　비타민을 많이 함유한 야채
　　［含める］ include　包括　포함시키다　例：「参加費は昼食代を含めて 3,000 円です」The participation fee is ￥3,000 including lunch.　参加费包括午餐 3000 日元。　참가비는 중식비를 포함시켜 3000 엔입니다．
🈶 選択肢のことば　1「頼まれて」　2「包まれて」　4「憎まれて」

【58】 正解 2
予防「よぼう」 prevention　预防　예방
風邪の予防には、うがいがいちばんいい。Gargling is the best to prevent colds.　要预防感冒，漱口是最好的。　감기 예방에는 양치질이 가장 좋다．
🈶 漢字
予 ヨ
　　［予期（よき）］ expectation　预期　예기
　　［予算（よさん）］ budget, estimate　预算　예산
　　［予習（よしゅう）］ preparation for a new lesson　预习　예습
　　［予測（よそく）］ forecast, prediction　预测　예측
　　［予定（よてい）］ plan　预定　예정
　　［予備（よび）］ preparatory　预备　예비
　　［予報（よほう）］ forecast　预报　예보
　　［予約（よやく）］ reservation　预约　예약
防 ①ボウ
　　［防犯（ぼうはん）］ crime prevention　防止犯罪　방범
　　［消防（しょうぼう）］ fire fighting　消防　소방
　　②ふせ（ぐ）
　　［防ぐ］ prevent　预防　막다　例：「病気を防ぐために手をよく洗ってください」
🈶 選択肢のことば　1「予報」　3「用法」　4「要望」

【59】 正解 4
主に「おもに」 mainly　主要　주로
前の会社では主に会計の仕事をしていました。 I was mainly in charge of accounting in my previous company.　在以前的公司主要是做会计工作。　전 회사에서는 주로 회계 업무를 하고 있었습니다．
🈶 漢字
主 ①シュ
　　［主観的（しゅかんてき）］ subjective　主观上　주관적

[主人（しゅじん）] master, husband 家长，当家的，丈夫 주인
②ズ
[坊主（ぼうず）] Buddhist priest 僧人，和尚，男孩 중，깎게 깎은 머리
③ぬし
[家主（やぬし）] house owner, landlord 户主 집주인
④おも（な）
[主（な）] main 主要（的） 주된

選択肢のことば 2「特に」 3「共に」

【60】 正解 1

国籍「こくせき」 nationality 国籍 국적
国籍はどちらですか。 What's your nationality? 国籍是哪里？ 국적은 어디신가요．

漢字

国 ①コク
[国王（こくおう）] King 国王 국왕
[国語（こくご）] national language, Japanese 国语，本国语言 국어
[国際（こくさい）] international 国际 국제
[国民（こくみん）] citizen, nation 国民 국민
[国立（こくりつ）] national 国立 국립
[外国（がいこく）] foreign country 外国 외국
[帰国（きこく）] returning to one's home country 归国 귀국
[共和国（きょうわこく）] republic 共和国 공화국
[〜か国] ~country/countries 〜个国家 〜개국 例：「1か国、2か国」
②コッ
[国境（こっきょう）] frontier, border 国境 국경
③ゴク
[天国（てんごく）] heaven 天国 천국
④くに
[国] country, nation 国 나라

籍 セキ
[書籍（しょせき）] books 书籍 서적

【61】 正解 3

登って「のぼって」《登る》 climb 登，爬 오르다
いつか富士山に登ってみたい。 I want to climb Mt. Fuji some time. 什么时候想去爬富士山。 언젠가 후지산에 오르고 싶다．

漢字

登 ①ト
[登山（とざん）] mountain climbing 登山 등산
②トウ
[登場（とうじょう）] appearance 登场 등장
[登録（とうろく）] registration 登录 등록
③のぼ（る）
[登る]

選択肢のことば 1「通って」 2「上がって」 4「取って」

【62】 正解 3

関係「かんけい」 relation 关系 관계
この会社は、社員の人間関係がとてもいい。 Human relations among the employees are very good at this company. 这个公司职员的人际关系非常好。 이 회사는 사원의 인간관계가 정말 좋다．

漢字

関 カン
[関心（かんしん）] interest 关心 관심
[関連（かんれん）] relation, connection 关联 관련
[機関（きかん）] organization 机关 기관
[機関車（きかんしゃ）] locomotive 机车，火车头 기관차
[玄関（げんかん）] entrance hall 大门口，正门内空堂 현관
[税関（ぜいかん）] customs 海关 세관

係 ①ケイ
[関係]
②かかり
[係] charge, duty 担任者，主管人员 담당 例：「係の人」
③がかり
[〜係] person in charge of 〜 担任〜的人 〜계 例：「落とし物係」 lost and found 主管失物的人 분실물계

【63】 正解 2

机「つくえ」 desk 桌子 책상
机をきちんと並べてください。 Straighten up the desks, please. 请摆好桌子。 책상을 똑바로 나열해 주세요．

漢字

机 つくえ
[机]

選択肢のことば 1「服」 3「靴」 4「椅子」

【64】 正解 4

芸術家「げいじゅつか」 artist 艺术家 예술가
ここは芸術家たちが集まる店だ。 This is a store where artists come. 这里是艺术家聚集的地方。 이곳은 예술가들이 모이는 가게다．

漢字

芸 ゲイ
[芸能（げいのう）] show business 表演艺术，文艺 예능
[園芸（えんげい）] gardening 园艺 원예

術 ジュツ
[技術（ぎじゅつ）] technique 技术 기술

家 ①カ
[家族（かぞく）] family 家族 가족
[家庭（かてい）] home 家庭 가정
[〜家] 〜person, 〜ist 〜家，专家 〜가 例：「小説家」「政治家」「音楽家」「努力家」
②ケ
[〜家] 〜family 〜一门 〜집안 例：「徳川家」 Tokugawa family 德川一门 도쿠가와가 (도쿠가와 집안)
③いえ
[家] house, home 家 집
④や
[家主（やぬし）] house owner, landlord 户主 집주인

第9回

【65】 正解 3
指「ゆび」 finger　手指　손가락，발가락
野菜を切るとき、指をけがしてしまった。I injured my finger while cutting vegetables.　切蔬菜的时候，手指受伤了。야채를 썰 때, 손가락을 다쳐버렸다.

漢字

指 ①シ
　[指示（しじ）] instructions, directions　指示　지시
　[指定（してい）] designation　指定　지정
　[指導（しどう）] teaching, guidance　指導　지도
②ゆび
　[指輪（ゆびわ）] ring　戒指　반지
　[親指（おやゆび）] thumb　拇指　엄지손가락
③さ(す)
　[指す] point to something　指　가리키다，지목하다　例：「時計の針が3時を指す」「矢印が右を指している」The arrow points to the right.　箭头指向右方。화살표가 오른쪽을 가리키고 있다.

選択肢のことば 1「手」　2「腕」　4「肩」「方」「型」

【66】 正解 2
満足「まんぞく」《満足(する)》 be satisfied　満足　만족（하다）
今回の調査では満足できる結果が得られなかった。We were not able to get a satisfying result with our research this time.　这次调查没有得到满意的结果。이번 조사로는 만족할 만한 결과를 얻지 못했다.

漢字

満 ①マン
　[満員（まんいん）] no vacancy, be filled to capacity　名额已满，满座　만원
　[満点（まんてん）] full score　満分　만점
　[不満(な)（ふまん(な)）] unsatisfied, unhappy　不満(的)　불만
②み(ちる／たす)
　[満ちる] be filled　満，充満　가득하다，차다　例：「自信に満ちた態度」
　[満たす] fill　充満，満足　채우다　例：「おふろのお湯を満たす」

足 ①ソク
　[遠足（えんそく）] excursion, school trip　远足　소풍
　[不足（ふそく）] lack, insufficiency　不足　부족
　[～足] ～pair of (shoes, socks)　～双　～켤레　例：「1足、2足」
②ゾク
　[満足(な)] satisfied　満足(的)　(스런)
③あし
　[足] foot, feet　脚　다리
　[足跡（あしあと）] foot print　足跡　발자국，발자취
④た(りる／す)
　[足りる] be enough, suffice　足够　충분하다　例：「1万円で足りる」「眠りが足りない。まだ眠い」「経験が足りない」not have enough experience　经验不足　경험이 부족하다
　[足す] add　加，添　더하다　例：「5に6を足すと11になる」「さとうを少し足して甘くした」

【67】 正解 4
曲がって「まがって」《曲がる》 bend, turn　弯曲，歪　구부러지다，비뚤어지다
ネクタイが曲がっていますよ。Your necktie is crooked, sir.　领带歪了。넥타이가 돌아가 있어요.

漢字

曲 ①キョク
　[曲] (musical) piece　曲，乐曲　곡　例：「モーツァルトの曲」 a piece by Mozart　莫扎特的乐曲　모짜르트의 곡
　[曲線（きょくせん）] curved line　曲线　곡선
　[作曲（さっきょく）] composing music　作曲　작곡
②ま(がる／げる)
　[曲がる]　例：「右へ曲がる」「角を曲がる」
　[曲げる] bend　弯，曲　구부리다　例：「腰を曲げておじぎをする」bend oneself and bow　弯腰鞠躬　허리를 굽히고 인사를 하다

選択肢のことば 1「下がって」　2「上がって」

【68】 正解 1
領収書「りょうしゅうしょ」 receipt　发票　영수증
領収書は捨てないでとっておいてください。Don't throw the receipt but save it, please.　收据不要扔掉，请妥善保管。영수증은 버리지 말고 보관해 두세요.

漢字

領 リョウ
　[領事（りょうじ）] consul　領事　영사
　[～領] in～territory　～領土的　～령　例：「フランス領の島」

収 ①シュウ
　[収穫（しゅうかく）] harvest　收获　수확
　[収入（しゅうにゅう）] income　収入　수입
　[吸収（きゅうしゅう）] absorption　吸収　흡수
②おさ(まる／める)
　[収まる] subside　容纳，收纳　납입되다，안정되다
　[収める] receive　収，接受　납부하다，안정시키다　例：「本を本棚に収める」

書 ①ショ
　[書籍（しょせき）] books　书籍　서적
　[書店（しょてん）] bookstore　书店　서점
　[書道（しょどう）] calligraphy　书法　도서
　[書物（しょもつ）] books　书，书籍，图书　서적
　[書類（しょるい）] documents, papers　文件　서류
　[辞書（じしょ）] dictionary　辞典　사전
　[清書（せいしょ）] fair copy　誊写，抄写清楚　정서
　[投書（とうしょ）] letter to the editor　投书，投稿，写信　투서
　[読書（どくしょ）] reading books　读书　독서
　[～書] book of～, booklet of～, certificate of～　～书　～서　例：「参考書」「説明書」「証明書」「請求書」bill, invoice　请求书　청구서
②か(く)
　[書留（かきとめ）] registered mail　挂号(信)　등기
　[書き取り（かきとり）] writing practice　抄写，听写　받아쓰기

N3解答

[書く] write 写 쓰다
③が(き)
[〜書き] 〜writing 写〜 〜씀 例：「メモ書き」note, memo 写记录 메모에 씀 「手書き」handwriting 手写 손으로 씀

【69】正解 1
神社「じんじゃ」 shrine 神社 신사
うちは毎年一月一日に家族で神社に出かける。My family visit a shrine on New Year's Day every year. 我们家每年一月一日全家一起去神社。 우리집은 매년 1월 1일에 가족이 신사에 간다．

漢字

神 ①シン
[神経（しんけい）] nerve 神经 신경
[神話（しんわ）] myth 神化 신화
[精神（せいしん）] mind, spirit 精神 정신
②ジン
[神社]
③かみ
[神] God 神 신
[神様（かみさま）] God 老天爷, 上帝, 神 하느님

社 ①シャ
[社員（しゃいん）] company employee 职员 사원
[社会（しゃかい）] society 社会 사회
[社説（しゃせつ）] editorial 社论 사설
[社長（しゃちょう）] company president 社长, 公司经理 사장
[会社（かいしゃ）] company 公司 회사
[〜社] 〜company 〜社 〜사 例：「新聞社」
②ジャ
[神社]

選択肢のことば 3「信者」

【70】正解 2
涼しく「すずしく」《涼しい》 cool 凉爽 시원하다
来週は涼しくなるそうだ。 It is forecasted that it's going to get cool next week. 下周好像会变凉快一点。 다음주는 시원해진다고 한다．

漢字

涼 すず(しい)
[涼しい]

選択肢のことば 1「激しく」 3「苦しく」 4「寂しく」

【71】正解 4
お支払い「おしはらい」《支払う》 pay 支付 지불하다
こちらの商品はあちらのレジでお支払いください。Please pay for this merchandise at the register over there. 这商品请在那个现金出纳机付款。 이 상품은 저쪽 계산대에서 지불해 주십시오．

漢字

支 ①シ
[支持（しじ）] support 支持 지지
[支出（ししゅつ）] expense 支出 지출
[支度（したく）] preparation, getting ready 预备, 准备 준비, 채비
[支点（してん）] fulcrum 支点 지점
[支店（してん）] branch store 分公司, 分行 지점
[支配（しはい）] rule, control, governing 支配 지배
[支払い（しはらい）] payment 支付 지불
②ささ(える)
[支える] support 支, 支撑 지탱하다, 유지하다 例：「太い柱が屋根を支える」the thick pillars support the roof 粗大的柱子支撑着屋顶 굵은 기둥이 지붕을 떠받치다 「社員が会社を支える」company employees support their company 公司职员支撑着公司 사원이 회사를 지탱하다

払 はら(う)
[払う] pay, brush ... off 支付, 掸掉 지불하다, 털다 例：「電気料金を払う」「ブラシで服についたほこりを払う」brush the dust off of the clothes 用刷子刷去衣服上的灰尘 브러시로 옷에 붙어 있는 먼지를 털다

【72】正解 4
特急「とっきゅう」 special express (train) 特急, 特快 특급
ここから東京まで特急に乗れば1時間で行ける。You can go to Tokyo in an hour from here if you take a special express. 如果坐特快列车的话, 从这儿到东京一个小时可以到了。 여기서부터 동경까지 특급을 타면 1시간에 갈 수 있다．

漢字

特 ①トク
[特殊（な）（とくしゅ（な））] distinctive, specific, unique 特殊(的) 특수(한)
[特色（とくしょく）] characteristic, distinction 特色 특색
[特長（とくちょう）] strength, merit 特长 특장, 특유의 장점
[特徴（とくちょう）] feature, characteristic 特征 특징
[特定（とくてい）] specification, designation 特定 특정
[特に] especially, particularly 特别 특히
[特売（とくばい）] (bargain) sale 特别贱卖 특매
[特別（な／の）（とくべつ（な／の））] special 特别(的) 특별(의)
[独特（どくとく）] original 独特 독특
②トッ
[特許（とっきょ）] patent 特许 특허

急 ①キュウ
[急激（な）（きゅうげき（な））] sudden, abrupt 急剧, 骤然 급격(한)
[急行（きゅうこう）] express (train) 急行, 快车 급행
[急速（な）（きゅうそく（な））] rapid, fast 急速 급속(한)
[急に] suddenly 突然 갑자기
[至急（しきゅう）] immediately 火急, 火速 시급히
②いそ(ぐ)
[急ぐ] hurry (up) 快, 急 서두르다

第10回

【73】正解 2
困る「こまる」 be in trouble 感觉困难, 窘, 为难 난감하다, 곤란하다
何か困ることがあったら、言ってください。Let me know if you have any trouble. 有什么难处请说。 뭔가 곤란한 점 있으면, 말해 주

세요.

漢字

困 ①コン
　［困難（こんなん）］ difficulty　困难　곤란
　②こま(る)
　［困る］
選択肢のことば 1「詰まる」 3「戻る」 4「移る」「写る」「映る」

【74】 **正解 3**
注目「ちゅうもく」 attention　注目　주목
紙を使わない電子書籍が注目を集めている。Electronic books that do not use paper are getting attention. 不用纸张的电子书籍为大家所瞩目。 종이를 사용하지 않는 전자서적이 주목을 모으고 있다.

漢字

注 ①チュウ
　［注意（ちゅうい）］ attention　注意　주의
　［注射（ちゅうしゃ）］ injection　注射　주사
　［注文（ちゅうもん）］ order　订货, 订购　주문
　②そそ(ぐ)
　［注ぐ］ pour　流入, 流, 注入　따르다, 쏟아지다, 뿌리다
　例：「ちゃわんに湯を注ぐ」 pour hot water into a tea cup 把热水注入茶杯　찻주전자에 뜨거운 물을 붓다　「子どもに愛情を注ぐ」 devote one's affection to one's child　把爱情倾注在孩子身上　아이에게 애정을 쏟다

目 ①モク
　［目次（もくじ）］ table of contents　目次, 目录　목차
　［目的（もくてき）］ purpose　目的　목적
　［目標（もくひょう）］ goal　目标　목표
　［科目（かもく）］ school subject　科目　과목
　②め
　［目］ eyes　眼睛　눈
　［見た目（みため）］ appearance　看上去　겉보기, 외관
　例：「このケーキは見た目はおいしそうだが、味はそれほどでもない」
　［〜目］〔used for ordinal numbers〕 第〜　〜째　例：「2番目」「3人目」

【75】 **正解 4**
独立「どくりつ」《独立(する)》 become independent　独立　독립(하다)
彼は去年、独立して店を開いた。He set up business on his own and opened a store last year. 他去年独立开店了。 그는 작년에 독립해서 가게를 열었다.

漢字

独 ①ドク
　［独身（どくしん）］ single, not married　独身　독신
　［独特（どくとく）］ original　独特　독특
　②ひと(り)
　［独り］ alone　一个人　혼자　例：「独りで暮らすのはさびしい」

立 ①リツ
　［国立（こくりつ）］ national　国立　국립
　［私立（しりつ）］ private　私立　사립
　［自立（じりつ）］ independence　自立　자립

　［対立（たいりつ）］ confrontation　对立　대립
　②リッ
　［立派(な)（りっぱ(な)）］ excellent, honorable　出色, 端庄　훌륭(한)
　③た(つ／てる)
　［立場（たちば）］ position　立场　입장
　［立つ］ stand　立, 站　서다　例：「立ち上がる」
　［立てる］ stand, put up　立, 冒, 扬起　세우다　例：「計画を立てる」 make a plan　制定计划　계획을 세우다
選択肢のことば 2「自立」

【76】 **正解 2**
育児「いくじ」 child rearing　育儿　육아
最近、育児を手伝う男性が増えている。Recently more men offer help with child rearing. 最近, 协助育儿的男性增加了。 최근, 육아를 돕는 남성이 늘고 있다.

漢字

育 ①イク
　［教育（きょういく）］ education　教育　교육
　［体育（たいいく）］ physical education, PE　体育　체육
　②そだ(つ／てる)
　［育つ］ grow　培养　자라다　例：「私は海のそばの町で育った」
　［育てる］ grow (plants etc.)　养, 키우다, 기르다　例：「仕事をしながら子どもを育てるのは大変なことだ」
　［子育て（こそだて）］ child rearing　育儿　육아

児 ①ジ
　［児童（じどう）］ child　儿童　아동
　［幼児（ようじ）］ baby, infant　幼儿　유아
　②ニ
　［小児科（しょうにか）］ pediatrics　小儿科　소아과
選択肢のことば 3「飼育」 4「子育て」

【77】 **正解 4**
解答「かいとう」 answer, reply　解答　해답
今から解答用紙を配ります。答えはこの用紙に書いてください。Now I'm going to distribute the answer sheet. Please put down the answers on this sheet. 现在起分发答卷纸。 지금부터 해답용지를 나눠드리겠습니다. 대답은 이 용지에 기입해 주세요.

漢字

解 ①カイ
　［解決（かいけつ）］ solution　解决　해결
　［解散（かいさん）］ dissolution　解散　해산
　［解釈（かいしゃく）］ interpretation　解释　해석
　［解説（かいせつ）］ explanation　解说　해설
　［見解（けんかい）］ opinion　见解　견해
　［正解（せいかい）］ correct answer　正确答案　정답
　［分解（ぶんかい）］ disassembly　分解　분해
　［理解（りかい）］ understanding　理解　이해
　②と(ける／く)
　［解ける］ be solved　解开, 解明　풀리다　例：「疑問が解けた」
　［解く］ solve　解开, 解答　풀다　例：「この問題を解くのに1時間もかかった」

答 ①トウ
　［答案（とうあん）］answer (paper)　答案　답안
　［応答（おうとう）］response, answer　応答　응답
　［回答（かいとう）］answer, response　回答　회답
　［返答（へんとう）］reply, answer　回答，回话　답변
②こた(え)／こた(える)
　［答え］answer　回答　대답，답　例：「解答用紙に答えを書く」put down the answers on the answer sheet　在答卷纸上写上答案　해답용지에 답을 적다
　［答える］answer　回答　답하다

【78】 正解 2
細かい「こまかい」detailed, trifling　细小的　꼼꼼하다, 자잘하다, 사소하다
彼は細かいことは気にしない人だ。He doesn't care about details. 他不太注意细小的事情。그는 사소한 것에는 신경쓰지 않는 사람이다.

漢字
細 ①サイ
　［細菌（さいきん）］germ, bacterium　細菌　세균
　［細工（さいく）］craftsmanship, workmanship　工艺（品），細工　세공
　［細胞（さいぼう）］cell　細胞　세포
②ほそ(い)
　［細い］thin, fine, slender　细小　가늘다, 좁다
③こま(かい)
　［細かい］例：「細かい字」「細かく説明する」

選択肢のことば　1「暖かい」「温かい」　3「短い」　4「柔らかい」「軟らかい」

【79】 正解 3
空港「くうこう」airport　飞机场　공항
空港へ行くなら、バスが便利ですよ。The bus is convenient to go to the airport. 如果去飞机场，坐巴士比较方便。공항에 가는거면 버스가 편리해요.

漢字
空 ①クウ
　［空気（くうき）］air　空气　공기
　［空想（くうそう）］imagination　空想　공상
　［空中（くうちゅう）］in the air　空中　공중
　［空～］empty/vacant～　空～　빈～, 공～　例：「空室」vacancy (in a hotel)　空房　공실　「空席」vacant seat　空座　공석　「空車」empty taxi　空车　빈차
　［航空（こうくう）］airline　航空　항공
②そら
　［空］sky　天空　하늘　例：「空を飛ぶ」
③あ(く／ける)
　［空く］make space　空，空出，腾出　비다, 나다　例：「時間が空く」have free time　空出时间　시간이 나다　「席が空く」a seat becomes empty/available　空出座位　자리가 나다
　［空ける］make space　穿开，空开　비우다　例：「席を空ける」leave one's desk　空出座位　자리를 비우다　「座席を空ける」leave one's sheet　空出席位　좌석을 비우다
④から
　［空］empty　空　속이 빔　例：「空の箱」empty box　空的

箱子　빈 상자　「さいふが空になる」one's wallet becomes empty　钱包空了　지갑이 비다
　［空っぽ（の／な）］empty　空, 空虚　텅빔　例：「部屋は空っぽで、だれもいなかった」The room was empty and nobody was there.　房间是空的，谁也没在。방은 텅 비어있어, 아무도 없었다.

港 ①コウ
　［漁港（ぎょこう）］fishing port　漁港　어항
②みなと
　［港］port　港，港口　항구　例：「港に船がとまっている」

【80】 正解 1
香り「かおり」fragrance　香味　향기
ばらの花はいい香りがする。The rose smells good. 散发出好闻的花香。장미꽃은 좋은 냄새가 난다.

漢字
香 ①コウ
　［香水（こうすい）］perfume　香水　향수
②かお(る)／かお(り)
　［香る］be fragrant　发出香气　향기가 나다
　［香り］

選択肢のことば　3「借り」

表記（漢字）

第1回

【1】正解 3
「おくれて」遅れて《遅れる》be late, be delayed　迟到，迟늦다
会議は予定より10分遅れて始まった。The meeting began 10 minutes after the scheduled time.　会议比预定时间迟开始了10分钟。　회의는 예정보다 10분 늦게 시작되었다.

漢字
遅　①チ
　　　［遅刻（ちこく）］coming/being late　迟到　지각
　　②おく(れる)
　　　［遅れる］be late, be delayed　迟到，迟　늦다
　　③おそ(い)
　　　［遅い］slow, late　慢，晚　느리다, 늦다

選択肢のことば　1「おくれて」{送}ソウ／おく(る)　2、4のことばはない。2{辺}ヘン／あた(り)　例：「この辺りに銀行はありませんか」　4{遠}エン／とお(い)「遠い」

【2】正解 4
「せいこう」成功《成功(する)》succeed　成功　성공(하다)
どんなに難しくても、成功するまでがんばろう。Let's try our best till we succeed, however hard it may be.　无论多难，一定要努力直到成功为止。　아무리 어렵더라도 성공할때까지 노력하자.

漢字
成　①セイ
　　　［成人（せいじん）］adult　成人　성인
　　　［成分（せいぶん）］ingredient, component　成分　성분
　　　［完成（かんせい）］completion　完成　완성
　　　［構成（こうせい）］makeup, composition　构成　구성
　　　［作成（さくせい）］drawing up, preparation　写，作　작성
　　②な(る/す)
　　　［成る］consist of　成为，做，做好　이루어지다
　　　［成す］form, constitute　形成，构成　이루다
功　コウ
　　　［成功］

選択肢のことば　1、2、3のことばはない。

【3】正解 4
「あつい」熱い hot　热，烫　뜨겁다
あ、それ、熱いですよ。さわらないで。Oh, no, don't touch it because it's hot.　啊，那很烫啊，不要碰。　어, 그거 뜨거워요. 만지지마요.

漢字
熱　①ネツ
　　　［熱がある］have temperature　有热度　열이 있다
　　②ネッ
　　　［熱心（な）（ねっしん（な））］enthusiastic　热心(的)　열심(인)
　　　［熱帯（ねったい）］the torrid zone　热带　열대
　　　［熱中（ねっちゅう）］enthusiasm, absorption　热衷，入迷　열중
　　③あつ(い)
　　　［熱い］

選択肢のことば　1{暑}ショ／あつ(い)　例：「毎日30度以上の暑い日が続いている」　2{温}オン／あたた(かい)　3{厚}コウ／あつ(い)　例：「厚くて重い本」

【4】正解 1
「たいふう」台風 typhoon　台风　태풍
台風で木が何本も倒れた。A number of trees fell down due to a typhoon.　因为台风，树倒了几棵。　태풍으로 나무가 몇그루나 쓰러졌다.

漢字
台　①タイ
　　　［台風］
　　②ダイ
　　　［台所（だいどころ）］kitchen　厨房　부엌
　　　［〜台］〔counter for cars, computers, TV's etc.〕〜辆，〜台〜대　例：「私は車を2台持っている」
風　①フウ
　　　［風景（ふうけい）］scenery　风景　풍경
　　　［風船（ふうせん）］balloon　气球　풍선
　　　［〜風］〜 style, 〜 way　〜风格　〜풍　例：「日本風」Japanese style　日本风格　일본풍　「現代風」contemporary way　现代风格　현대풍
　　②かぜ
　　　［風］wind　风　바람
⚠「風邪」は「かぜ」と読む。

選択肢のことば　3「おおかぜ」　2、4のことばはない。

【5】正解 3
「むかし」昔 a long time ago　从前，以前　예전，옛날
母が作る料理の味は昔も今も変わらない。My mother's dishes taste just the same now as a long time ago.　妈妈做的菜从以前到现在味道没变。　엄마가 만들어 주는 요리는 예나 지금이나 변하지 않았다.

漢字
昔　むかし
　　　［昔］

選択肢のことば　2「おと」{音}オン／おと　1、4のことばはない。1{借}お(しい)　4{借}か(りる)

【6】正解 1
「ぎょぎょう」漁業 fishery　渔业　어업
私のふるさとの町は、漁業がさかんです。Fishery is thriving in my home town.　在我的家乡，渔业繁盛。　내 고향은 어업이 번성해있다.

漢字
漁　①ギョ
　　　［漁港（ぎょこう）］fishing port　渔港　어항
　　　［漁船（ぎょせん）］fishing boat　渔船　어선
　　②リョウ
　　　［漁師（りょうし）］fisherman　渔夫　어부
業　ギョウ
　　　［営業（えいぎょう）］operation　营业　영업
　　　［企業（きぎょう）］company, corporation　企业　기업
　　　［休業（きゅうぎょう）］closed, shut down　停业　휴업
　　　［工業（こうぎょう）］industry　工业　공업
　　　［作業（さぎょう）］work, operation　工作，操作，劳动，作业　작업

N3 解答

[産業（さんぎょう）] industry 产业 산업
[事業（じぎょう）] business, enterprise, venture 事业 사업
[失業（しつぎょう）] unemployment 失业 실업
[授業（じゅぎょう）] class 上课 수업
[商業（しょうぎょう）] commerce 商业 상업
[卒業（そつぎょう）] graduation 毕业 졸업
[農業（のうぎょう）] agriculture 农业 농업

選択肢のことば 2、3、4のことばはない。

第2回

【7】 正解3

「だいり」**代理** representative, substitute 代理 대리
今日は父の代理で出席いたしました。I am here as my father's substitute today. （我）今天代表父亲出席。 오늘은 아버지 대리로 출석하였습니다.

漢字

代 ①ダイ
　[代金（だいきん）] fee, cost 价款, 货款 대금
　[代名詞（だいめいし）] pronoun 代名词 대명사
　[近代（きんだい）] modern times 近代 근대
　[現代（げんだい）] present times 现代 현대
　[時代（じだい）] times, era 时代 시대
　[〜代] fee, cost 〜费 〜대、〜값, 〜料 例:「部屋代」room rent 房屋费 방세 「食事代」fee for meals 饮食费 식사대

②タイ
　[交代（こうたい）] change, replacement, turn 交替, 换班 교대

③か（わる／える）
　[代わる] be replaced 代 바뀌다
　[代える] replace 代替 바꾸다

理 リ
　[理科（りか）] science〔school subject〕理科 이과
　[理解（りかい）] understanding 理解 이해
　[理想（りそう）] ideal 理想 이상
　[理由（りゆう）] reason 理由 이유
　[管理（かんり）] management 管理 관리
　[義理（ぎり）] obligation 情义, 情面, 礼节 의리
　[原理（げんり）] principle, theory 原理 원리
　[合理的（な）（ごうりてき（な））] rational, reasonable, logical 合理的 합리적（인）
　[修理（しゅうり）] repair 修理 수리
　[処理（しょり）] disposal 处理 처리
　[心理（しんり）] psychology 心理 심리
　[整理（せいり）] organizing 整理 정리
　[総理大臣（そうりだいじん）] prime minister 总理大臣 총리대신
　[地理（ちり）] geography 地理 지리
　[物理（ぶつり）] physics 物理 물리
　[無理（な）（むり（な））] impossible 无理（的）, 不合理（的）무리（한）, 难以做到（的）, 强制（的）, 强迫（的）
　[料理（りょうり）] cooking 烹调, 做菜, 菜 요리

選択肢のことば 1、2、4のことばはない。

【8】 正解1

「よわかった」**弱かった**《弱い》weak 弱 약하다
彼は、子どものころから体が弱かった。He had been physically weak since he was a child. 他从孩提时代起身体就很弱。 그는 어렸을 적부터 몸이 약했다.

漢字

弱 ①ジャク
　[弱点（じゃくてん）] weak point 弱点 약점

②よわ（い）
　[弱い]

選択肢のことば 3「つよかった」{強} キョウ／つよ（い） 2、4のことばはない。2 {張} チョウ／は（る） 4 {引} イン／ひ（く）

【9】 正解2

「めいぶつ」**名物** noted/special product (of a region) 名产 명물
この地方の名物はおいしいお米と日本酒だ。The noted products of this region are good rice and Japanese rice wine. 这地方的名产是美味的大米和日本酒。 이 지방 명물은 맛있는 쌀과 일본술이다.

漢字

名 ①メイ
　[名作（めいさく）] masterpiece 名作 명작
　[名詞（めいし）] noun 名词 명사
　[名刺（めいし）] name card 名片 명함
　[名所（めいしょ）] sightseeing spot 名胜〔古迹〕명소
　[名人（めいじん）] master, master-hand 名人 명인
　[氏名（しめい）] name 姓名 성명
　[題名（だいめい）] title 题目, 题名, 제목
　[有名（な）（ゆうめい（な））] famous 有名（的）유명（한）
　[〜名] 〜person(s) 〜位 〜명 例:「1名、2名」

②ミョウ
　[名字（みょうじ）] family name 姓 성

③な
　[名] name 名, 名字 이름, 명칭
　[名前（なまえ）] name 姓名 이름

物 ①ブツ
　[物理（ぶつり）] physics 物理 물리
　[危険物（きけんぶつ）] hazardous material 危险物品 위험물
　[生物（せいぶつ）] creature 生物 생물

②ブッ
　[物価（ぶっか）] commodity price 物价 물가
　[物質（ぶっしつ）] material 物质 물질
　[物騒（な）（ぶっそう（な））] dangerous, troubled, insecure 骚然不安, 危险 위험스러운, 뒤숭숭한

③モツ
　[貨物（かもつ）] freight 货物 화물
　[食物（しょくもつ）] grocery 食物 식물
　[書物（しょもつ）] books 书, 书籍, 图书 서적
　[荷物（にもつ）] baggage 行李 짐

④もの
　[物] thing 物, 东西 물건, 말, 도리, 생각
　[物置（ものおき）] storeroom 库房, 堆房 헛간, 다락

[物音（ものおと）] noise 声音，响动 소리
[物語（ものがたり）] story 故事，传说 이야기
[物事（ものごと）] things, matter 事物，事 매사, 일, 사물
[物差し（ものさし）] ruler 尺子，尺 자, 척도
[生き物（いきもの）] creature 生物，有生命力的东西 살아 있는 것
[品物（しなもの）] thing 物品 상품, 물품
[食べ物（たべもの）] food 食物 먹을 거리, 음식물
[飲み物（のみもの）] drinks 饮料 음료, 마실것
[忘れ物（わすれもの）] something left behind 遗忘的东西 잊은 물건

選択肢のことば 1、3、4のことばはない。

【10】正解 3
「かのう」**可能**(な) possible 可能（的） 가능（한）
その計画の実現は可能でしょうか。Is it possible to carry out the plan? 实现那个计划可能吗？ 그 계획의 실현은 가능합니까？

漢字
可 カ
[可決（かけつ）] approval, passage 通过 가결
[許可（きょか）] permission 许可 허가

能 ノウ
[能率（のうりつ）] effectiveness 效率，生产率 능률
[能力（のうりょく）] ability 能力 능력
[芸能（げいのう）] show business 表演艺术，文艺 예능
[才能（さいのう）] talent 才能 재능
[性能（せいのう）] capacity, efficiency 性能 성능
[知能（ちのう）] intelligence, IQ 智能 지능
[不可能（な）（ふかのう（な））] impossible 不可能（的） 불가능（한）
[本能（ほんのう）] instinct 本能 본능
[有能（な）（ゆうのう（な））] able, capable 能干（的） 유능（한）

選択肢のことば 1、2、4のことばはない。

【11】正解 2
「てつだって」**手伝って**《手伝う》 help 帮助 돕다
すみませんが、ちょっと手伝っていただけませんか。Sorry to bother you, but would you mind helping us a little bit? 对不起，能帮一下吗？ 죄송합니다만, 좀 도와주시겠습니까？

漢字
手 ①シュ
[手術（しゅじゅつ）] surgery 手术 수술
[手段（しゅだん）] means 手段 수단
[手話（しゅわ）] sign language 手语，哑语 수화
[握手（あくしゅ）] handshake 握手 악수
[歌手（かしゅ）] singer 歌手 가수
[拍手（はくしゅ）] hand clapping 鼓掌 박수
②て
[手] hand 手 손 例：「手と足」
[手足（てあし）] hands and feet 手足 손발
[（お）手洗い（（お）てあらい）] rest room 厕所 화장실
[手品（てじな）] magic 戏法，魔术 마술
[手帳（てちょう）] pocket notebook 笔记本 수첩
[手続き（てつづき）] procedure, formalities 手续 수속

[手ぬぐい] hand towel 布手巾 수건
[手袋（てぶくろ）] glove 手套 장갑
[手前（てまえ）] front, this side 跟前，这边 바로 앞, 솜씨
[相手（あいて）] the other person, partner 伙伴，共事者，对方，对手 상대
[右手（みぎて）] right hand 右手 오른손
③で
[派手（な）（はで（な））] gaudy 花哨（的），鲜艳（的），华美（的） 화려（함）
④た
[下手（な）（へた（な））] unskillful 笨拙（的），不高明（的） 어설품, 서투름
⑤ず
[上手（な）（じょうず（な））] skillful 擅长（的） 잘함, 능함

伝 ①デン
[伝記（でんき）] biography 传记 전기
[伝言（でんごん）] message 传言 전언
[伝染（でんせん）] contagion 传染 전염
[伝統（でんとう）] tradition 传统 전통
[宣伝（せんでん）] advertisement 宣传 선전
②つた(わる／える)
[伝わる] be introduced 传 전해지다 例：「漢字は中国から日本へ伝わった」The Kanji characters were introduced to Japan from China. 汉字从中国传到日本。 한자는 중국에서 일본으로 전해졌다.
[伝える] tell, inform 传，传递 전하다 例：「メッセージを伝える」deliver a message 传递信息 메세지를 전하다

選択肢のことば 1、3、4のことばはない。

【12】正解 3
「さら」**皿** plate, dish 盘子，碟子 접시
これは父のお気に入りの皿です。This is my father's favorite plate. 这是父亲喜欢的碟子。 이것은 아버지가 마음에 들어하는 접시입니다.

漢字
皿 ①さら
[皿]
②ざら
[灰皿（はいざら）] ashtray 烟灰缸 재떨이

選択肢のことば 2「きょく」{曲} キョク／ま(がる／げる) 4「ち」{血} ケツ／ち 1のことばはない。{冊} サツ

第3回

【13】正解 4
「とうしょ」**投書** letter to the editor 投稿，写信 투서
新聞に投書をした。I wrote a letter to a newspaper. 向报纸投稿了。 신문에 투서를 했다.

漢字
投 ①トウ
[投票（とうひょう）] voting, election 投票 투표
②な(げる)
[投げる] throw 投 던지다

書 ①ショ
[書籍（しょせき）] books 书籍 서적

[書店（しょてん）] bookstore 书店 서점
[書道（しょどう）] calligraphy 书法 도서
[書物（しょもつ）] books 书, 书籍, 图书 서적
[書類（しょるい）] documents, papers 文件 서류
[辞書（じしょ）] dictionary 辞典 사전
[清書（せいしょ）] fair copy 誊写, 抄写清楚 정서
[読書（どくしょ）] reading books 读书 독서
[～書] book of～, booklet of～, certificate of～ ～书 ～서
例：「参考書（さんこうしょ）」「説明書（せつめいしょ）」「証明書（しょうめいしょ）」「請求書（せいきゅうしょ）」bill, invoice 请求书 청구서 「領収書（りょうしゅうしょ）」receipt 发票 영수증

②か(く)
[書留（かきとめ）] registered mail 挂号(信) 등기
[書き取り（かきとり）] writing practice 抄写, 听写 받아쓰기
[書く] write 写 쓰다

③が(き)
[～書き] ～writing 写～ 쓴 例：「メモ書き」note, memo 写记录 메모로 씀 「手書き」handwriting 手写 손으로 씀

選択肢のことば 1「とうしょ」例：「当初の計画が変えられた」 2、3のことばはない。

【14】 正解 2
「はやく」速く《速い》rapid 快 빠르다
運動会で速く走れるように練習をしている。I am practicing so I can run fast in the athletic meet. 为了能在运动会跑得快, 在练习着。운동회에서 빨리 달릴 수 있도록 연습하고 있다.

漢字 速 ①ソク
[速達（そくたつ）] special delivery 快信 속달
[速度（そくど）] speed 速度 속도
[急速（きゅうそく）] rapid, swift 急速 급속
[高速（こうそく）] high speed 高速 고속
[時速（じそく）] (...kilometers/miles) per hour 时速 시속

②はや(い)
[速い]

選択肢のことば 1「はやく」{早} ソウ／はや(い) 例：「時間が早い」 3「おそく」{遅} チ／おそ(い) 4「ちかく」{近} キン／ちか(い)

【15】 正解 1
「ちゅうおう」中央 center 中央 중앙
公園の中央に大きな池がある。There's a large pond in the center of the park. 在公园的中央有很大的水池。공원 중앙에 연못이 있다.

漢字 中 ①チュウ
[中学（ちゅうがく）] junior high school 中学 중학
[中間（ちゅうかん）] middle 中间 중간
[中止（ちゅうし）] cancellation 中止 중지
[中旬（ちゅうじゅん）] around the middle of a month 中旬 중순
[中心（ちゅうしん）] center 中心 중심
[中世（ちゅうせい）] medieval period 中世纪 중세
[中性（ちゅうせい）] neutral 中性 중성
[中途（ちゅうと）] halfway, midway 中途, 半途 중도
[中年（ちゅうねん）] middle-aged 中年 중년
[夢中(な)（むちゅう(な)）] absorbed, devoted, engrossed 热衷 열중함, 정신이 없음
[～中] during～, in the middle of～ ～中 ～하는 중 例：「仕事中」be at work 工作中 일하는 중 「営業中（えいぎょうちゅう）」be open 营业中 영업중

②ジュウ
[一日中（いちにちじゅう）] all day long 整天 온종일
[世界中（せかいじゅう）] all over the world 世界上 전 세계
[年中（ねんじゅう）] all the year round 全年, 终年 연중
[町中（まちじゅう）] throughout the town 街上 (都, 全) 온 동네

③なか
[中] the inside 里面 속, 안 例：「家の中に入る」
[中身（なかみ）] contents 内容, 容纳的东西 내용물, 속에 든 것
[中指（なかゆび）] middle finger 中指 중지

央 オウ
[中央]
選択肢のことば 2、3、4のことばはない。

【16】 正解 3
「とどく」届く be delivered 达到, 收到 도착하다
荷物は明日届くはずです。The package is supposed to be delivered tomorrow. 货物应该明天收到。물건은 내일 도착할 것입니다.

漢字 届 とど(く／ける)
[届く]
[届ける] deliver 送到, 送给 전하다, 보내다

選択肢のことば 4「つく」{着} チャク／つ(く)／き(る)
1、2のことばはない。1 {由} ユ／ユウ 2 {屋} オク／や

【17】 正解 1
「じこ」事故 accident 事故 사고
警察が事故の原因を調べている。The police are investigating the cause of the accident. 警察在调查事故的原因。경찰이 사고의 원인을 조사하고 있다.

漢字 事 ①ジ
[事件（じけん）] case, incident 事件 사건
[事実（じじつ）] fact, truth 事实 사실
[事情（じじょう）] situation, circumstances 情形, 情况 사정
[事態（じたい）] situation, state 事态 사태
[事務（じむ）] office work, desk work 事务 사무
[火事（かじ）] fire 火灾 화재
[家事（かじ）] housework 家务 가사
[行事（ぎょうじ）] event 仪式 행사
[食事（しょくじ）] meal 饭, 餐 식사
[人事（じんじ）] personnel 人事 인사
[炊事（すいじ）] cooking, kitchen work 炊事, 烹调 취사

[大事(な)（だいじ(な)）] important　大事, 重大問題　중요(함), 소중(함)
[知事（ちじ）] governor　知事, 首长　지사
[判事（はんじ）] judge　审判员, 法官　판사
[無事(な)（ぶじ(な)）] safe　平安, 健康　무사(한)
[返事（へんじ）] answer, response　答应, 回答　대답
[用事（ようじ）] affairs, errand, things to do　事, 事情　용무

②こと
[事] thing, matter, point　事, 事情　일　例：「その事をみんなに知らせましたか」Have you informed of it to everyone?　这件事让大家都知道了吗？　그 일을 여러분에게 알렸습니까？

故　コ
[故郷（こきょう）] one's hometown　故乡　고향
⚠「故郷」は「ふるさと」とも読む。
選択肢のことば　2、3、4のことばはない。

【18】 正解 3
「はり」針 needle　针　침, 바늘
この箱に針と糸が入っています。 There're needles and thread in this box.　这个箱子里放有针线。　이 상자에 바늘과 실이 들어 있습니다.

漢字
針 ①シン
[針路（しんろ）] course　航向, 路线　침로
②はり
[針]
選択肢のことば　1「はち」例：「鉢に花を植える」　2「くぎ」例：「板に釘を打つ」　4のことばはない。{釣}つ(る) 例：「魚を釣る」「釣り銭」

第4回

【19】 正解 1
「めいれい」命令《命令(する)》command　命令　명령(하다)
課長は部下に「この仕事をすぐやれ。」と命令した。 "Do the job right away," ordered the section manager to his subordinates.　科长命令部下："马上做这项工作。"　과장은 부하에게 「이 일을 바로 해라」라고 명령했다.

漢字
命 ①メイ
[命じる／命ずる] order, command　命令, 吩咐　명하다
②いのち
[命] life　命, 生命　목숨, 생명
令 レイ
[命令]
選択肢のことば　2、3、4のことばはない。

【20】 正解 4
「しあわせ」幸せ《幸せ(な)》happy　幸福(的)　행복(한)
ご結婚おめでとうございます。どうか幸せになってください。 Congratulations on your marriage. I wish you two the best of luck.　恭喜你结婚。祝你们幸福。　결혼 축하드립니다. 부디 행복하세요.

漢字
幸 ①コウ
[幸運（こううん）] luck　幸运　행운
[幸福（こうふく）] happiness　幸福　행복
②しあわ(せ)
[幸せ]
③さいわ(い)
[幸い] luckily　幸好　운이 좋음　例：「転んだが、幸いけがはしなかった」I fell, but luckily didn't get hurt.　摔了一跤, 幸好没有受伤。　넘어졌지만, 운좋게도 다치지 않았다.
選択肢のことば　1、2、3のことばはない。1 {辛}シン／から(い)　2 {軍}グン　3 {孝}コウ　例：「親孝行な息子」

【21】 正解 1
「かしかり」貸し借り lending and borrowing　貸借　대출
親しい友だち同士でもお金の貸し借りはしないほうがいい。 It is better not to lend or borrow money among even close friends.　即使是好朋友也最好不要借钱。　친한 친구 사이라 해도 돈의 대출은 하지 않는 편이 좋다.

漢字
貸 か(す)
[貸す] lend　借, 出借　빌려주다
借 ①シャク／シャッ
[借金（しゃっきん）] debt, loan　欠债, 欠款　차금, 빚
②か(りる)
[借りる] borrow　借　빌리다
選択肢のことば　2、3、4のことばはない。

【22】 正解 2
「いみ」意味 meaning　意思　의미
この文の意味がよくわからない。 I don't understand the meaning of this sentence well.　这句子的意思不太明白。　이 문장의 의미를 잘 모르겠다.

漢字
意 イ
[意外(な)（いがい(な)）] surprising　意外(的)　의외 (의)
[意義（いぎ）] significance　意义　의의
[意見（いけん）] opinion　意见　의견
[意識（いしき）] consciousness　意识　의식
[意地悪(な)（いじわる(な)）] mean　使坏, 刁难, 捉弄　怀心眼(的)　짓궂음, 심술궂음
[用意（ようい）] preparation　准备, 预备, 注意　준비, 채비
味 ①ミ
[興味（きょうみ）] interest　兴趣, 爱好　흥미
[調味料（ちょうみりょう）] seasoning　調味料　조미료
②あじ／あじ(わう)
[味] taste　味道　맛
[味わう] to taste, experience　品尝味道　맛보다　例：「外国生活でさびしさを味わった」I felt lonesome when I lived abroad.　在国外生活尝到了孤独的滋味。　외국생활에서 외로움을 맛봤다.
選択肢のことば　3「いけん」　1、4のことばはない。

【23】 正解 4

「にっき」日記 diary, journal 日记 일기
毎晩日記を書いている。 I keep a diary every night. 每天晚上写日记。 매일밤 일기를 쓰고 있다．

漢字

日 ①ニチ
　［日〜］例：「日米」 Japan and the US　日美　일미（일본과 미국）「日英」 Japan and the UK　日英　일영（일본과 영국）
　［日時（にちじ）］ time and date　时日　일시
　［日常（にちじょう）］ daily life　日常　일상
　［日曜日（にちようび）］ Sunday　星期天　일요일
　［日用品（にちようひん）］ daily commodities　日用品　일용품
　［毎日（まいにち）］ every day　每天, 毎日　매일
　［明後日（みょうごにち／あさって）］ day after tomorrow　后天　모레

②ニッ
　［日〜］例：「日韓」 Japan and Korea　日韩　일한　「日中」 Japan and China　日中　일중
　［日課（にっか）］ daily work/task　每天的活动　일과
　［日光（にっこう）］ sunlight　日光　일광
　［日程（にってい）］ day's schedule　日程　일정
　［日本（にっぽん／にほん）］ Japan　日本　일본

③ジツ
　［期日（きじつ）］ date　日期, 期限　기일
　［休日（きゅうじつ）］ day off　休日, 休息天　휴일
　［祝日（しゅくじつ）］ holiday　节日　경축일
　［当日（とうじつ）］ on the (designated) day　当日　당일
　［本日（ほんじつ）］ today　本日　오늘
　［翌日（よくじつ）］ the next day　翌日, 第二天　다음날

④ひ
　［日］ sun, day, date　太阳, 日, 해, 일　例：「日が昇る」 the sun rises　太阳升起　해가 오르다　「日に焼ける」 be suntanned/sunburned　太阳晒黑　햇볕에 그을다　「都合のいい日」 one's convenient day　方便的日子　형편이 좋은 날

⑤び
　［記念日（きねんび）］ memorial day, anniversary　纪念日　기념일
　［誕生日（たんじょうび）］ birthday　生日　생일

⑥ぴ
　［生年月日（せいねんがっぴ）］ date of birth　出生年月日　생년월일

⑦か
　［十日（とおか）］ tenth (of a month), ten days　十日　10일
　［三日（みっか）］ third (of a month), three days　三日　3일

⚠ 「(×月)一日」は「ついたち」と読む。例：「一月一日」

記 ①キ
　［記憶（きおく）］ memory　记忆　기억
　［記号（きごう）］ sign, symbol　记号, 符号　기호
　［記事（きじ）］ article, news　新闻, 消息　기사
　［記者（きしゃ）］ reporter　记者　기자
　［記念（きねん）］ commemoration, remembrance　纪念　기념
　［記録（きろく）］ record　记录　기록
　［伝記（でんき）］ biography　传记　전기
　［筆記（ひっき）］ handwriting　笔记　필기

②しる(す)
　［記す］ write down　记录　기록하다, 새기다　例：「墓石にはそこに眠る人の名前が記されている」 The names of the dead who sleep there are engraved on the tomb stones. 在墓碑上, 写着长眠人的名字。 묘비에는 그곳에 잠든 사람의 이름이 새겨져 있다．

選択肢のことば 1、2、3のことばはない。

【24】 正解 1

「ひろった」拾った《拾う》 pick　拾　줍다
落とし物を拾ったので、警察へ届けた。 I picked what somebody lost, so took it to the police. 捡到了掉落的东西, 交给了警察。 분실물을 주워서, 경찰에 신고했다．

漢字

拾　ひろ(う)
　［拾う］

選択肢のことば 3「はらった」｛払｝はら(う)　4「おった」｛折｝セツ／お(る)　2のことばはない。｛捨｝シャ／す(てる)

第5回

【25】 正解 1

「そつぎょう」卒業《卒業(する)》 graduate　毕业　졸업(하다)
学校を卒業したら、国へ帰るつもりだ。 After graduation from school, I plan to go back to my country. 学校毕业后, 想回国。 학교를 졸업하면, 본국에 돌아갈 생각이다．

漢字

卒　ソツ
　［卒業］

業　ギョウ
　［営業（えいぎょう）］ operation　营业　영업
　［企業（きぎょう）］ company, corporation　企业　기업
　［休業（きゅうぎょう）］ closed, shut down　停业　휴업
　［漁業（ぎょぎょう）］ fishery　渔业　어업
　［工業（こうぎょう）］ industry　工业　공업
　［作業（さぎょう）］ work, operation　工作, 操作, 劳动, 作业　작업
　［産業（さんぎょう）］ industry　产业　산업
　［事業（じぎょう）］ business, enterprise, venture　事业　사업
　［失業（しつぎょう）］ unemployment　失业　실업
　［授業（じゅぎょう）］ class　上课　수업
　［商業（しょうぎょう）］ commerce　商业　상업
　［農業（のうぎょう）］ agriculture　农业　농업

選択肢のことば 2、3、4のことばはない。

【26】 正解 1

「みずうみ」湖 lake　湖　호수
この湖の水はとてもきれいだ。 The water of this lake is very pure. 这湖里的水非常洁净。 이 호수 물은 정말 깨끗하다．

漢字

湖 ①コ
　［〜湖］ Lake 〜　〜湖　〜호

②みずうみ

[湖] 例：「琵琶湖は日本でいちばん大きい湖です」Lake Biwa is the largest lake in Japan. 琵琶湖是日本最大的湖。비와호는 일본에서 가장 큰 호수입니다.

選択肢のことば 2「いけ」{池}チ／いけ 3「かわ」{河}カ／ガ／かわ 4のことばはない。{泳}エイ／およ（ぐ）

【27】 正解 4
「ふとい」太い wide 胖，粗，宽 굵다
このズボンには太いベルトが合う。A wide belt goes well with these pants. 这裤子配宽的皮带较好。이 바지에는 굵은 벨트가 어울린다.

漢字

太 ①タイ

[太平洋（たいへいよう）] the Pacific Ocean 太平洋 태평양

[太陽（たいよう）] the sun 太阳 태양

②ふと（い）／ふと（る）

[太い]

[太る] gain weight 胖 살찌다

選択肢のことば 1、2、3のことばはない。1{夫}フ／おっと 2{大}ダイ／おお（きい） 3{犬}ケン／いぬ

【28】 正解 1
「るす」留守 not home 看家，看门，不在家 부재중，집을 비움
両親が留守の間は、私が家事をしなければならない。While my parents are away, I have to do the housework. 父母不在家的时候，我不得不做家务。부모가 부재중인 동안, 내가 집안일을 하지 않으면 안된다.

漢字

留 ①リュウ

[留学（りゅうがく）] study abroad 留学 유학

②ル

[留守]

③と（まる／める）

[留まる] button up〔intransitive〕 扣上 채워지다

[留める] button up〔transitive〕 固定，留下 채우다，고정하다 例：ボタンを留める

[書留（かきとめ）] registered mail 挂号（信） 등기

守 ①シュ

[守備（しゅび）] defense 守备 수비

②ス

[留守]

③まも（る）

[守る] defend, protect 守护 지키다

選択肢のことば 2、3、4のことばはない。

【29】 正解 3
「けしき」景色 scenery, view 景色 경치
ここから見る町の景色はとてもきれいですよ。Seen from here, the view of the town is very pretty. 从这儿看到的城市的风景非常美丽。이곳에서 보는 마을 풍경은 정말 아름다워요.

漢字

景 ケイ

[景観（けいかん）] view 景观 경관

[景品（けいひん）] premium, prize 赠品，纪念品 경품

[光景（こうけい）] scene, sight 光景 광경

[背景（はいけい）] background 背景 배경

[風景（ふうけい）] scenery 风景 풍경

[夜景（やけい）] night-time scenery 夜景 야경

色 ①ショク

[原色（げんしょく）] primary/loud color 基色 원색

[国際色（こくさいしょく）] international flavor 国際色彩 국제색채

②シキ

[色彩（しきさい）] color, hue 颜色，色彩 색채

③いろ

[色] color 色 색

選択肢のことば 1「ふうけい」 2「けいしき」 4「けいろ」

【30】 正解 2
「えらんだ」選んだ《選ぶ》choose, select, pick 选择，选고르다, 선택하다
母にあげるプレゼントを店で選んだ。I picked a present to give to my mother at a store. 在商店里选了给母亲的礼物。엄마에게 드리는 선물을 가게에서 골랐다.

漢字

選 ①セン

[選手（せんしゅ）] player 选手 선수

[選択（せんたく）] choice 选择 택

②えら（ぶ）

[選ぶ]

選択肢のことば 1「はこんだ」{運}ウン／はこ（ぶ） 3、4のことばはない。3{過}カ／す（ぎる／ごす） 4{起}キ／お（きる／こす）

第6回

【31】 正解 3
「かくりつ」確率 probability 几率，概率 확률
弟がT大学に合格する確率はかなり低い。It is pretty unlikely that my younger brother pass T University. 弟弟考上T大学的概率很低。남동생이 T 대학에 합격할 확률은 꽤 낮다.

漢字

確 ①カク

[確認（かくにん）] confirmation 确认 확인

[正確（な）] accurate, exact 正确（的） 정확（한）

②たし（か）／たし（かめる）

[確か（な）] certain, sure 确实 확실（한）

[確かめる] confirm, make sure 查明 확인하다

率 ①リツ

[率] ratio, rate, possibility 率 비율

[～率] 例：「合格率」the ratio of successful applicants 合格率，及格率 합격률 「失業率」unemployment rate 失業率 실업률

②ソツ

[引率（いんそつ）] lead (a group) 率领 인솔

③ひき（いる）

[率いる] lead 带领 인솔하다，거느리다

選択肢のことば 1、2、4のことばはない。

27

N3解答

【32】 正解 1
「ふるく」古く《古い》 old 老, 旧 낡다
この服は古くなってしまったので、捨てようか。 Maybe I should throw this old outfit. 这条服已经旧了，扔了吧。 이 옷은 낡아 버렸으니, 버릴까?

漢字
古 ①コ
　　[古典（こてん）] classic 古典 고전
　　[中古（ちゅうこ）] second-hand 中古, 半旧 중고
　②ふる(い)
　　[古い]

選択肢のことば 2「わかく」{若} ジャク/わか(い) 3「にがく」{苦} ク/にが(い)/くる(しい) 4のことばはない。{占} セン/し(める)

【33】 正解 3
「げんいん」原因 cause 原因 원인
昨日の事故の原因を警察が調べています。 The police are investigating the cause of yesterday's accident. 昨天警察调查了事故的原因。 어제 일어난 사고의 원인을 경찰이 조사하고 있습니다.

漢字
原 ①ゲン
　　[原稿（げんこう）] manuscript, draft 原稿, 稿子 원고
　　[原産（げんさん）] be native (to) 原产 원산
　　[原理（げんり）] principle, theory 原理 원리
　　[高原（こうげん）] highland, tableland 高原 고원
　②はら
　　[原] field 原 들판
　　[原っぱ] open field 空地, 草地 벌판, 빈터

因 イン
　　[原因]

選択肢のことば 1、2、4のことばはない。

【34】 正解 2
「いか」以下 below, under 以下 이하
3歳以下の子どもは無料でバスに乗ることができる。 Children of three years or under can ride the bus for free. 3岁以下的孩子可以免费乘坐巴士。 3세 이하의 아이는 무료로 버스에 탈 수 있다.

漢字
以 イ
　　[以外（いがい）] except (for) 以外 이외
　　[以降（いこう）] after 以后 이후
　　[以上（いじょう）] over, above 以上 이상
　　[以前（いぜん）] before 以前 이전
　　[以内（いない）] within 以内 이내
　　[以来（いらい）] since 以来 이래

下 ①カ
　　[下降（かこう）] going down 下降 하강
　　[下線（かせん）] underline 下线 밑줄
　②ゲ
　　[下車（げしゃ）] getting off a train/bus 下车 하차
　　[下宿（げしゅく）] lodging 寄宿 하숙
　　[下旬（げじゅん）] toward the end (of a month) 下旬 하순
　　[下水（げすい）] sewage 下水 하수
　　[上下（じょうげ）] up and down 上下 상하
　③した
　　[下] below, under 底下, 下边 아래, 밑
　④しも
　　[川下（かわしも）] down the river/stream 下游 하류
　　例：「川下では川の幅が広くなる」 The width of the river gets wider down the stream. 下游河的幅度变宽了。 하류에서는 강의 폭이 넓어진다.
　⑤お(りる／ろす)
　　[下りる] get off 下 내려오다 例：「階段を下りる」
　　[下ろす] get lower 取下, 放下 내리다
　⑥くだ(さる／る／す)
　　[下さる] give（honorific form of くれる）給 주시다 例：「先生が論文の資料を下さった」 The teacher gave me some materials for my thesis. 老师给我了论文的资料。 선생님이 논문 자료를 주셨다.
　　[下る] go down 下 내려가다 例：「坂を下る」
　　[下す] pronounce (a sentence/decision) 下赐, 给 내리다
　⑦さ(がる／げる)
　　[下がる] go down 退 내리다, 물러서다, 떨어지다 例：「後ろに下がる」 back off, step back 后退 뒤로 물러서다
　　[下げる] lower 降低, 降下 떨어뜨리다, 낮추다

選択肢のことば 1「いこう」 3、4のことばはない。

【35】 正解 2
「うで」腕 arm, skill, talent 腕 팔, 솜씨
あの人の料理の腕は大したものだ。 He has outstanding talent for cooking. 那个人的烹调手腕很不错。 저 사람의 요리 솜씨는 대단하다.

漢字
腕 うで
　　[腕]

選択肢のことば 1「はら」{腹} フク/はら 3「こし」{腰} ヨウ/こし 4「むね」{胸} キョウ/むね

【36】 正解 3
「いのった」祈った《祈る》 pray 祈祷, 祈愿 기도하다, 빌다
お正月に神社で一年の無事を祈った。 During the New Year's holidays we prayed for our yearlong safety at a shrine. 正月在神社祈祷一年平安。 정월에 신사에서 1년간의 무사를 빌었다.

漢字
祈 いの(る)
　　[祈る] pray 祈祷, 祝愿 기도하다, 빌다

選択肢のことば 4「おった」{折} セツ/お(る) 1、2のことばはない。 1 {所} ショ/ところ 2 {近} キン/ちか(い)

第7回

【37】 正解 3
「ふくしゅう」復習 review 复习 복습
毎日復習をしていますか。 Do you review your lessons every day? 每天都复习吗？ 매일 복습하고 있습니까?

漢字
復 フク
　　[往復（おうふく）] round trip 往返 왕복

習　①シュウ
　［習慣（しゅうかん）］custom　习惯　습득
　［習字（しゅうじ）］calligraphy　习字　습자
　［演習（えんしゅう）］practice, exercise　演习　연습
　［学習（がくしゅう）］studying　学习　학습
　［実習（じっしゅう）］(practical) training　实习　실습
　［予習（よしゅう）］preparation for a new lesson　预习　예습
　［練習（れんしゅう）］practice　练习　연습
　②なら（う）
　［習う］learn　学　배우다

選択肢のことば　1、2、4のことばはない。

【38】　正解 4
「もとめて」求めて《求める》seek (for), search (for)　要求，寻求　구하다，찾다
アフリカの動物は水と食べ物を求めて移動する。African animals move around searching for water and food.　非洲的动物为了寻求水和食物而移动。　아프리카의 동물은 물과 먹이를 찾아 이동한다.

漢字
求　①キュウ
　［請求（せいきゅう）］demand, claim, request　请求　청구
　［要求（ようきゅう）］demand　要求　요구
　②もと（める）
　［求める］

選択肢のことば　1、2、3のことばはない。1 ｛主｝シュ／ズ／ぬし／おも　2 ｛光｝コウ／ひか（る）／ひかり　3 ｛元｝ゲン／もと

【39】　正解 4
「ものがたり」物語　story　故事，传说　이야기
この物語の最後はどうなるのだろうか。I wonder how the ending of this story turns out?　这个故事的最后会怎么样呢？　이 이야기의 최후는 어떻게 될까.

漢字
物　①ブツ
　［物理（ぶつり）］physics　物理　물리
　［危険物（きけんぶつ）］hazardous material　危险物品　위험물
　［生物（せいぶつ）］creature　生物　생물
　［名物（めいぶつ）］noted product　有名的东西，名产　명물
　②ブッ
　［物価（ぶっか）］commodity price　物价　물가
　［物質（ぶっしつ）］material　物质　물질
　［物騒（な）（ぶっそう（な））］dangerous, troubled, insecure　骚然不安，危险　위험스러운, 뒤숭숭한
　③モツ
　［貨物（かもつ）］freight　货物　화물
　［食物（しょくもつ）］grocery　食物　식물
　［書物（しょもつ）］books　书，书籍，图书　서적
　［荷物（にもつ）］baggage　行李　짐
　④もの
　［物］thing　物，东西　물건，말，도리，생각
　［物置（ものおき）］storeroom　库房，堆房　헛간，다락
　［物音（ものおと）］noise　声音，响声　소리

［物事（ものごと）］things, matter　事物，事　매사，일，사물
［物差し（ものさし）］ruler　尺子，尺　자，척도
［生き物（いきもの）］creature　生物，有生命力的东西　살아 있는 것
［品物（しなもの）］thing　物品　상품，물품
［食べ物（たべもの）］food　食物　먹을 거리，음식물
［飲み物（のみもの）］drinks　饮料　음료，마실것
［忘れ物（わすれもの）］something left behind　遗忘的东西　잊은물건

語　①ゴ
　［語学（ごがく）］studying a foreign language　语言学　어학
　［外国語（がいこくご）］foreign language　外语　외국어
　［国語（こくご）］one's native language, Japanese　国语　국어
　［〜語］〔suffix for languages meaning "language"〕〜語　〜어　例：「日本語」Japanese　日语　일본어　「英語」English　英语　영어
　②かた（る）
　［語る］speak, talk　谈，讲说　말하다，이야기하다

選択肢のことば　1、2、3のことばはない。

【40】　正解 2
「せきにん」責任　responsibility　责任　책임
親には子どもを育てる責任があります。Parents have the responsibility to raise their children.　父母有养育孩子的责任。　부모에게는 아이를 양육할 책임이 있습니다.

漢字
責　①セキ
　［責任］
　②せ（める）
　［責める］blame　责备　꾸짖다, 나무라다　例：「課長は部下のミスを責めた」The section manager blamed his subordinate for his error.　科长责备部下的错误。　과장은 부하의 실수를 꾸짖었다.

任　①ニン
　［就任（しゅうにん）］inauguration, taking office　就任　취임
　［主任（しゅにん）］chief, head　主任　주임
　［担任（たんにん）］homeroom teacher　担任，担当　담임
　②まか（す／せる）
　［任す／任せる］leave something (up) to somebody　委托，听任　맡기다　例：「あなたにこの仕事を任せます。よろしくお願いします」I will leave this job up to you. Thank you for taking care of it.　这件事就委托你了。请多关照。　당신에게 이 일을 맡기겠습니다. 잘 부탁드립니다.

選択肢のことば　1、3、4のことばはない。

【41】　正解 1
「へいや」平野　plains, open field　平原　평야
山の上から平野が見えた。We saw an open field from the top of the mountain.　从山上能看到平原。　산 위에서 평야가 보였다.

漢字
平　①ヘイ
　［平均（へいきん）］average　平均　평균

[平行(な)（へいこう(な)）] parallel　平行(的)　평행 (한)
[平日（へいじつ）] weekday　平日　평일
[平凡(な)（へいぼん(な)）] mundane, ordinary　平凡 (的)　평범 (함)
[平和（へいわ）] peace　和平　평화
[公平(な)（こうへい(な)）] fair　公平(的)　공평 (한)
[水平(な)（すいへい(な)）] horizontal　水平(的)　수평 (한)
[水平線（すいへいせん）] horizon　水平线　수평선
[地平線（ちへいせん）] horizon, skyline　地平线　지평선

②たい(ら)
[平ら(な)] flat　平的　평평 (한)　例：「この地方は丘が多く、平らな土地が少ない」There are a lot of hills and not many plains in this region. 这地方有很多山丘，平地很少。 이 지방은 언덕이 많아, 평평한 토지가 적다．

野　①ヤ
[野菜（やさい）] vegetable　蔬菜　야채

②の
[野] field(s)　野，原野　들，들판　例：「春が来て、野に花が咲き、鳥が遊ぶようになった」Spring being here, flowers are blooming in the fields, and birds are flying around. 春天来了，原野上开花了，小鸟也开始玩耍了。 봄이 와서, 들판에 꽃이 피고, 새가 날아 다니며 놀기 시작했다．

選択肢のことば　2「おおや」　3「へや」　4「こうや」

【42】正解 3
「みなと」港　port　港，港口　항구
私は港の見えるところに住んでいます。I live where I can see a port.　我住在能看见港口的地方。　나는 항구가 보이는 곳에 살고 있습니다．

漢字
港　①コウ
[漁港（ぎょこう）] fishing port　渔港　어항
[空港（くうこう）] airport　飞机场　공항

②みなと
[港]

選択肢のことば　4「ゆ」{湯}トウ／ゆ　1、2のことばはない。1{渡}わた(る／す)　2{洗}セン／あら(う)

第8回
【43】正解 3
「しょうかい」紹介《紹介(する)》introduce　介绍　소개 (하다)
私の友人を紹介します。Let me introduce you to my friend.　来介绍一下我的朋友。　제 친구를 소개하겠습니다．

漢字
紹　ショウ
[紹介]
介　カイ
[介護（かいご）] nursing care　护理　개호

選択肢のことば　2「しょうたい」　1、4のことばはない。

【44】正解 4
「でんし」電子　electronic　电子　전자
電子メールに写真をつけて送ります。I am sending an e-mail with photos attached.　在电子邮件上附上照片传送过去。　전자 메일에 사진을 첨부하여 보내겠습니다．

漢字
電　デン
[電気（でんき）] electricity　电气，电力　전기
[電球（でんきゅう）] electric bulb　灯泡　전구
[電車（でんしゃ）] (electric) train　电车，火车　전차
[電線（でんせん）] electric line　电线　전선
[電柱（でんちゅう）] electric pole　电线杆　전주
[電灯（でんとう）] electric light　电灯　전등
[電波（でんぱ）] radio wave　电波　전파
[電流（でんりゅう）] electric current　电流　전류
[電力（でんりょく）] electric power, electricity　电力　전력
[電話（でんわ）] telephone　电话　전화
[節電（せつでん）] saving electricity　节电　절전
[停電（ていでん）] power failure, outage　停电　정전

子　①シ
[子孫（しそん）] descendant, offspring　子孙　자손
[菓子（かし）] sweets　点心，糕点　과자
[女子（じょし）] female　女子　여자
[男子（だんし）] male　男子　남자
[調子（ちょうし）] condition　音调，情况，样子　상태
[帽子（ぼうし）] hat, cap　帽子　모자

②ジ
[王子（おうじ）] prince　王子　왕자
[障子（しょうじ）] sliding paper screen　(用木框糊纸的)拉窗，拉门　장지문

③ス
[椅子（いす）] chair　椅子　의자
[扇子（せんす）] folding fan　扇子　부채
[様子（ようす）] condition, appearance　样子　모습

④こ
[子] child　孩子　아이
[子犬（こいぬ）] puppy　小狗　강아지
[子育て（こそだて）] child rearing　育儿　육아
[子ども] child(ren)　小孩，孩子　어린이
[男の子（おとこのこ）] boy　男孩儿　남자아이
[女の子（おんなのこ）] girl　女孩儿　여자아이
[息子（むすこ）] son　儿子　아들

⑤ご
[双子（ふたご）] twin　双胞胎　쌍둥이
[迷子（まいご）] stray child　迷路，走失的孩子　미아

選択肢のことば　1、2、3のことばはない。

【45】正解 1
「かお」顔　face　脸　얼굴
その人の名前は知っているけれど、顔は知りません。I know the name of the person, but don't know his face.　那个人的名字是知道，但脸不知道。 그 사람의 이름을 알고 있지만, 얼굴을 모릅니다．

漢字
顔　かお
[顔]

選択肢のことば　2「だい」{題}ダイ　3「あたま」{頭}トウ／ズ／あたま　4「ひたい」{額}ガク／ひたい

【46】 正解 2

「みらい」未来 future　未来　미래

この物語は百年後の未来の世界を描いたものだ。This story describes a world of 100 years in the future. 这故事描写的是百年以后的未来世界。 이 이야기는 백년후의 미래세계를 그린 것이다.

漢字

未 ミ

　[未満（みまん）] under, less than　未满　미만　例：「6歳未満の子どもは無料です」Children under 6 years of age are free. 未满6岁的孩子免费。 6세 미만의 어린이는 무료입니다.

来 ①ライ

　[来日（らいにち）] visit to Japan　来日本　내일
　[将来（しょうらい）] (in the) future　将来　장래
　[〜以来（いらい）] since 〜　〜以来　〜이래　例：「去年結婚して以来、一度も国に帰っていない」I haven't gone back to my hometown even once since I married last year. 去年结婚以来，一次也没回国过。 작년에 결혼한 이래, 한번도 고향에 돌아가지 않았다.

　②く（る）
　[来る] come　来　오다

選択肢のことば 1、3、4のことばはない。

【47】 正解 4

「なくなった」亡くなった《亡くなる》 pass away　去世、死亡　돌아가시다

去年、祖父が病気で亡くなった。My grandfather passed away from an illness last year. 去年，祖父生病去世了。 작년에 할아버지가 병으로 돌아가셨다.

漢字

亡 ①ボウ

　[死亡（しぼう）] death　死亡　사망

　②な（くなる）
　[亡くなる]

選択肢のことば 2「なくなった」{無}ム／ブ／な（い）　例：「寝坊をしたので、朝ご飯を食べる時間が無くなった」 1、3のことばはない。 1 {失}シツ／うしな（う）　3 {死}シ／し（ぬ）

【48】 正解 4

「しあい」試合 game (of a sport)　比赛　시합

サッカーの試合を見に行った。I went to see a soccer game. 去看了足球比赛。 축구 시합을 보러 갔다.

漢字

試 ①シ

　[試験（しけん）] exam　考试　시험
　[入試（にゅうし）] entrance exam　入学考试　입시

　②ため（す）
　[試す] try　试,试验　시험하다

合 ①ゴウ

　[合格（ごうかく）] pass　合格　합격
　[合計（ごうけい）] total　合计　합계
　[集合（しゅうごう）] group　集合　집합

　②ガッ
　[合唱（がっしょう）] chorus　合唱　합창

　③あ（う／わす／わせる）
　[合う] match　合适　맞다　例：「意見が合う」be of the same opinion　意见一致　의견이 맞다
　[合わす／合わせる] match　合起,加在一起,合并　맞다,모으다,맞추다　例：「答えを合わせる」check answers　답을 맞추다
　[場合（ばあい）] case　场合, 时候, 情况　경우, 사정

選択肢のことば 1、2、3のことばはない。

第9回

【49】 正解 4

「むちゅう」夢中(な) absorbed, devoted, engrossed　热衷,热中于　정신이 없음

学生たちはおしゃべりに夢中だ。Students are engrossed in chatting. 学生们忙着闲聊。 학생들은 수다에 정신이 없다.

漢字

夢 ①ム

　[夢中（な）]

　②ゆめ
　[夢] dream　梦, 理想　꿈

中 ①チュウ

　[中央（ちゅうおう）] center　中央　중앙
　[中学（ちゅうがく）] junior high school　中学　중학
　[中間（ちゅうかん）] middle　中间　중간
　[中止（ちゅうし）] cancellation　中止　중지
　[中旬（ちゅうじゅん）] around the middle of a month　中旬　중순
　[中心（ちゅうしん）] center　中心　중심
　[中世（ちゅうせい）] medieval period　中世纪　중세
　[中性（ちゅうせい）] neutral　中性　중성
　[中途（ちゅうと）] halfway, midway　中途, 半途　중도
　[中年（ちゅうねん）] middle-aged　中年　중년
　[〜中] during〜, in the middle of 〜　〜中　〜하는 중　例：「仕事中」be at work　工作中　일하는 중　「営業中」be open　营业中　영업중

　②ジュウ
　[一日中（いちにちじゅう）] all day long　整天　온종일
　[世界中（せかいじゅう）] all over the world　世界上　전세계
　[年中（ねんじゅう）] all the year round　全年, 终年　연중
　[町中（まちじゅう）] throughout the town　街上（都, 全）온동네

　③なか
　[中] the inside　里面　속, 안　例：「家の中に入る」
　[中身（なかみ）] contents　内容, 容纳的东西　내용물, 속에 든 것
　[中指（なかゆび）] middle finger　中指　중지

選択肢のことば 1、2、3のことばはない。

【50】 正解 2

「えきたい」液体 liquid　液体　액체

液体の洗剤は水に溶けやすい。The liquid type of detergent easily dissolves in water. 液体的洗涤剂容易溶在水里。 액체로 된 세제는 물에 잘 녹는다.

N3 解答

漢字
液 エキ
　[血液（けつえき）] blood　血液　혈액
体 ①タイ
　[体育（たいいく）] physical education, PE　体育　체육
　[体温（たいおん）] body temperature　体温　체온
　[体系（たいけい）] system, organization　体系　체계
　[体重（たいじゅう）] weight　体重　체중
　[体制（たいせい）] structure, system, organization　体制　체제
　[体積（たいせき）] (cubic) volume　体积　체적
　[体操（たいそう）] gymnastics　体操　체조
　[気体（きたい）] gas, vapor　气体　기체
　[固体（こたい）] solid body　固体　고체
　[身体（しんたい）] body　身体　신체
　[全体（ぜんたい）] whole, all　全体　전체
　[大体（だいたい）] roughly　大概, 大略　대체로, 대략
　[団体（だんたい）] group　团体　단체
　[文体（ぶんたい）] writing style　文体, 风格　문체
②からだ
　[体] body　身体　몸

選択肢のことば 1、3、4のことばはない。

【51】 正解 1
「みのり」実って《実る》 ripen, bear fruit, be reciprocated　结实, 成熟, 有成果　결실을 맺다
長年の努力が実って、彼の研究は世界的に認められるようになった。 His long-time efforts being reciprocated, his research came to be recognized all over the world. 多年的努力结出了果实，他的研究被世界所公认。 오랜세월의 노력이 결실을 맺어, 그의 연구는 세계적으로 인정받게 되었다.

漢字
実 ①ジツ
　[実現（じつげん）] realization　实现　실현
　[実に] really, truly　实在, 确实　실로, 참으로
　[実は] in fact, actually　实际上　실은, 사실은
　[実物（じつぶつ）] real thing　实物　실물
　[実用（じつよう）] practical use　实用　실용
　[実力（じつりょく）] ability, capability　实力　실력
　[実例（じつれい）] example　实例　실례
　[果実（かじつ）] fruit　果实　과실
　[現実（げんじつ）] reality　现实　현실
　[事実（じじつ）] fact, truth　事实　사실
　[真実（しんじつ）] truth, fact　真实　진실
②ジツ
　[実感（じっかん）] real feeling, sensation　实感　실감
　[実験（じっけん）] experiment　实验　실험
　[実行（じっこう）] execution　实行　실행
　[実際（じっさい）] truth, reality　实际　실제
　[実施（じっし）] carrying out, execution　实施　실시
　[実績（じっせき）] achievements, past performance　实绩　실적
③み
　[実] fruit, nuts　果实　열매

④みの（る）
　[実る] 例:「果物が実る」fruit ripens　结果实　과일이 여물다

選択肢のことば 2、3、4のことばはない。 2 {定} テイ／さだ（まる／める） 3 {受} ジュ／う（ける） 4 {字} ジ

【52】 正解 2
「ようす」様子 condition, appearance　样子, 情况　모습, 상태
彼女の様子はその後どうですか。 How has she been doing since?　从那以后，她的情况怎样？　그녀의 상태는 그 후 어떻습니까？

漢字
様 ①ヨウ
　[様子]
②さま
　[～様] Mr./Miss/Mrs./Ms.〔honorific form for さん〕〔对人的尊称（男女都可用）〕　～님
　[お客様（おきゃくさま）] guest　顾客　손님
　[みな様] ladies and gentlemen, everyone　大家　여러분
子 ①シ
　[子孫（しそん）] descendant, offspring　子孙　자손
　[菓子（かし）] sweets　点心, 糕点　과자
　[女子（じょし）] female　女子　여자
　[男子（だんし）] male　男子　남자
　[調子（ちょうし）] condition　音调, 情况, 样子　상태
　[電子（でんし）] electronic　电子　전자
　[帽子（ぼうし）] hat, cap　帽子　모자
②ジ
　[王子（おうじ）] prince　王子　왕자
　[障子（しょうじ）] sliding paper screen　（用木框糊纸的）拉窗, 拉门　장지문
③ス
　[椅子（いす）] chair　椅子　의자
　[扇子（せんす）] folding fan　扇子　부채
④こ
　[子] child　孩子　아이
　[子犬（こいぬ）] puppy　小狗　강아지
　[子育て（こそだて）] child rearing　育儿　육아
　[子ども] child(ren)　小孩, 孩子　어린이
　[男の子（おとこのこ）] boy　男孩儿　남자아이
　[女の子（おんなのこ）] girl　女孩儿　여자아이
　[息子（むすこ）] son　儿子　아들
⑤ご
　[双子（ふたご）] twin　双胞胎　쌍둥이
　[迷子（まいご）] stray child　迷路, 走失的孩子　미아

選択肢のことば 3「ようし」 1、4のことばはない。

【53】 正解 1
「くも」雲 cloud　云　구름
明日は雲の多い一日になるでしょう。 It will be cloudy all day tomorrow. 明天会是多云的一天吧。 내일은 구름이 많이 낀 하루가 될 것입니다.

漢字
雲 くも
　[雲]

選択肢のことば　3「かみなり」{雷} ライ／かみなり　4「ゆき」{雪} セツ／ゆき　2のことばはない。{電} デン

【54】　正解 3
「きそく」規則　rule　规则　규칙
どんな社会にも守るべき規則がある。There are rules to be followed in any society.　无论什么社会，都会有必须遵守的规则。어떤 회사에도 지켜야 할 규칙이 있다.

漢字
規　①キ
　　　[規律（きりつ）] rule, discipline, system　规律　규율
　　②ギ
　　　[定規（じょうぎ）] ruler　规定　정규
則　ソク
　　　[法則（ほうそく）] law, rule　法則　법칙
選択肢のことば　1、2、4のことばはない。

第 10 回
【55】　正解 2
「しつれい」失礼《失礼（する）》leave, act rudely　失礼, 离开, 不礼貌　실례（하다）
お先に失礼します。Excuse me for going first./I'm going now.　我先失礼了。(我先走了)　먼저 실례하겠습니다.

漢字
失　①シツ
　　　[失望（しつぼう）] disappointment　失望　실망
　　　[過失（かしつ）] error, mistake　过失　과실
　　②うしな（う）
　　　[失う] lose　失去　잃다
礼　レイ
　　　[礼] bowing, thanks, gratitude　敬礼, 礼貌　사례, 머리숙여 인사함, 절
　　　[礼儀（れいぎ）] courtesy, etiquette　礼仪　예의
　　　[お礼] thanks, gratitude　感谢, 谢意, 回敬, 사례
選択肢のことば　1、3、4のことばはない。

【56】　正解 4
「わかれた」別れた《別れる》part, split up, separate　分手, 分別　헤어지다
4時ごろ友人と駅で別れた。I parted from my friend at the station at about 4:00.　四点左右和朋友在车站分开。4시쯤 친구와 역에서 헤어졌다.

漢字
別　①ベツ
　　　[別に] separately　分开, 并不　별로, 따로, 특별히
　　　[別々（べつべつ）] separate　分別　따로따로
　　　[特別（な／の）（とくべつ（な／の））] special　特別　특별(한)
　　②ベツ
　　　[別荘（べっそう）] villa　別墅　별장
　　③わか（れる）
　　　[別れる]
選択肢のことば　1「わかれた」{分} フン／ブン／ブン／わ（ける／かる／かれる）

⚠ 人が人とわかれる場合は「別れる」を使う。Use 別れる when a person parts from another person.　人们分别的时候使用「別れる」。사람과 사람이 헤어질 경우「別れる」를 사용한다.
2、3のことばはない。2 {若} ジャク／わか（い）　3 {判} ハン／バン

【57】　正解 3
「ちじ」知事　governor　知事, 首长　지사
S県で知事の選挙が行われた。A governor election was held in S Prefecture.　在S县举行了县长的选举。S 현에서 지사 선거가 치러졌다.

漢字
知　①チ
　　　[知識（ちしき）] knowledge　知识　지식
　　　[知人（ちじん）] acquaintance　相识, 熟人　지인
　　　[知能（ちのう）] intelligence, IQ　智能　지능
　　　[承知（しょうち）] knowledge, awareness　了解, 知道　승낙
　　　[通知（つうち）] notice　通知　통지
　　②し（る）
　　　[知る]
事　①ジ
　　　[事件（じけん）] case, incident　事件　사건
　　　[事故（じこ）] accident　事故　사고
　　　[事実（じじつ）] fact, truth　事实　사실
　　　[事情（じじょう）] situation, circumstances　情形, 情况　사정
　　　[事態（じたい）] situation, state　事态　사태
　　　[事務（じむ）] office work, desk work　事务　사무
　　　[火事（かじ）] fire　火灾　화재
　　　[家事（かじ）] housework　家务　가사
　　　[行事（ぎょうじ）] event　仪式　행사
　　　[食事（しょくじ）] meal　饭, 餐　식사
　　　[人事（じんじ）] personnel　人事　인사
　　　[炊事（すいじ）] cooking, kitchen work　炊事, 烹调　취사
　　　[大事（な）（だいじ（な））] important　大事, 重大问题　중요(한), 소중(한)
　　　[判事（はんじ）] judge　审判员, 法官　판사
　　　[無事（な）（ぶじ（な））] safe　平安, 健康　무사(한)
　　　[返事（へんじ）] answer, response　答应, 回答　대답
　　　[用事（ようじ）] affairs, errand, things to do　事, 事情　용무
　　②こと
　　　[事] thing, matter, point　事, 事情　일　例:「その事をみんなに知らせましたか」Have you informed of it to everyone?　这件事让大家都知道了吗？　그 일을 여러분에게 알렸습니까？
選択肢のことば　1、2、4のことばはない。

【58】　正解 3
「ほうこう」方向　direction　方向　방향
その車は海岸の方向へ走り去った。The car ran off toward the beach.　这辆车向海岸的方向驶去。그 차는 해안 방향으로 달아 났다.

漢字
方　①ホウ
　　　[方法（ほうほう）] method　方法　방법
　　　[地方（ちほう）] locality, area　地方　지방
　　②ポウ
　　　[一方（いっぽう）] on the other hand, while ~　一方面　한편

③かた
[あの方] that person　那个人　저분
[仕方がない（しかたがない）] there is no choice, cannot be helped　没办法　어쩔 수 없다
[味方（みかた）] friend, ally　我方　자기편, 아군
[～方] how to →　方法，～法　～방법　例：「読み方」 how to read　读法　읽는 방법　「やり方」 how to do/operate　做法　하는 방법

向 ①コウ
[傾向（けいこう）] tendency　倾向　경향
②む(く／かう)／む(こう)
[向かう] face　向，朝　대하다, 향하다
[向く] turn, face　向，朝　향하다
[向かい] across from　对面, 对过　맞은편
[向き] direction　朝向　방향
[向こう] beyond, over there　对面　건너편, 저쪽
選択肢のことば　4「ほうがく」 1、2のことばはない。

【59】 正解 1
「ゆだん」油断 negligence, carelessness, being off one's guard　疏忽大意，麻痹大意　방심, 부주의
相手が弱いチームだからといって、油断はできない。 We cannot be off our guard even if our opponent is a weak team. 不能因为对方是较弱的队就放松警惕。 상대방이 약한 팀이라고 해서 방심할 수 없다.

漢字
油 ①ユ
[しょう油] soy sauce　酱油　간장
[石油（せきゆ）] petroleum　石油　석유
[灯油（とうゆ）] kerosene, lamp oil　灯油　등유
②あぶら
[油] oil　油　기름

断 ①ダン
[断定（だんてい）] assertion　断定　단정
[判断（はんだん）] judgement　判断　판단
②ことわ(る)
[断る] turn down　拒绝　거절하다, 양해를 구하다
③た(つ)
[断つ] stop　切, 断, 断绝　끊다, 자르다　例：「健康のために酒を断つことにした」 I've decided to quit drinking for my health.　为了健康戒酒了。　건강을 위해 술을 끊기로 했다.
選択肢のことば　2、3、4のことばはない。

【60】 正解 1
「えだ」枝 branch　枝, 树枝　가지
さくらの枝を折らないでください。 Do not break branches of the cherry tree.　不要折断樱花树的树枝。　벚나무 가지를 꺾지 말아 주세요.

漢字
枝 えだ
[枝] 例：「木の枝」 branch of a tree　树枝　나뭇가지
選択肢のことば　3「わざ」{技} ギ／わざ　2、4のことばはない。 2{材}ザイ　4{抜}バツ／ぬ(く／ける)

第11回

【61】 正解 2
「ひつよう」必要《必要(な)》 necessary　必要(的)　필요(한)
パスポートをとるのに必要な書類を集めた。 I prepared necessary papers to get a passport.　为了取得护照收集了必要的文件。　여권을 취득하는데 필요한 서류를 모았다.

漢字
必 ①ヒツ
[必需品（ひつじゅひん）] necessity　必需品　필수품
②ヒツ
[必死（ひっし）] franticness, desperateness　拼命　필사
③かなら(ず)
[必ず] without fail, for sure　一定，必定　반드시

要 ①ヨウ
[要求（ようきゅう）] demand　要求　요구
[要旨（ようし）] summary　要旨　요지
[要するに] in a word, in summary　总之, 总而言之　요컨대
[要素（ようそ）] factor　要素　요소
[要点（ようてん）] main point　要点　요점
[要領（ようりょう）] essentials, gist　要领　요령
②い(る)
[要る] need, take　要, 需要　필요하다
選択肢のことば　1、3、4のことばはない。

【62】 正解 3
「くうき」空気 air　空气　공기
ここは空気がきれいで、いい所ですね。 It's a nice place here with clean air, isn't it?　这儿空气清新, 是个好地方。　여기는 공기가 맑고, 좋은 곳이네요.

漢字
空 ①クウ
[空港（くうこう）] airport　飞机场　공항
[空想（くうそう）] imagination　空想　공상
[空中（くうちゅう）] in the air　空中　공중
[空～] empty/vacant～　空～　빈~, 공~　例：「空室」 vacancy (in a hotel)　空房　공실　「空席」 vacant seat　空座　공석　「空車」 empty taxi　空车　빈차
[航空（こうくう）] airline　航空　항공
②そら
[空] sky　天空　하늘　例：「空を飛ぶ」
③あ(く／ける)
[空く] make space　空, 空出, 腾出　비다, 나다　例：「時間が空く」 have free time　空出时间　시간이 나다　「席が空く」 a seat becomes empty/available　空出座位　자리가 나다
[空ける] make space　穿开, 空开　비우다　例：「席を空ける」 leave one's desk　空出座位　자리를 비우다　「座席を空ける」 leave one's sheet　空出席位　좌석을 비우다
④から
[空] empty　空　속이 빔　例：「空の箱」 empty box　空的箱子　빈 상자　「さいふが空になる」 one's wallet becomes empty　钱包空了　지갑이 비다
[空っぽ(の／な)] empty　空(的), 空虚(的)　텅 빔　例：「部屋は空っぽで、だれもいなかった」 The room was empty and nobody was there.　房间是空的, 谁也没在。　방은 텅 비어있어,

アモド オプソッタ.

気 ①キ
[気候（きこう）] climate 气候 기후
[気体（きたい）] air 气体，气 기체
[気分（きぶん）] feeling 心情，情绪 기분
[根気（こんき）] perseverance 耐心，耐性，毅力 끈기
[天気（てんき）] weather 天气 날씨
[人気（にんき）] popularity 人气，人望，人缘，受欢迎 인기
[勇気（ゆうき）] courage 勇气 용기

②ケ
[気配（けはい）] touch 情形，样子，动静，迹象 기미, 기척, 기운

選択肢のことば 1、2、4のことばはない。

【63】 正解 1
「かわる」変わる change 変 변하다
この動物は季節によって体の色が変わる。The color of the body of this animal changes season to season. 这种动物随着季节变化身体的颜色也会变。 이 동물은 계절에 따라 몸색깔이 변한다.

漢字
変 ①ヘン
[変化（へんか）] change, variation 变化 변화
[変更（へんこう）] change, amendment 变更 변경
[変（な）（へん（な））] strange, weird 奇怪（的） 이상 (한)
[大変（な）（たいへん（な））] tough 重大（的） 굉장（함）, 대단 (함)

②か（わる／える）
[変わる]
[変える] change 变 바꾸다

選択肢のことば 2「くわわる」{加} カ／くわ（わる／える） 3、4のことばはない。3 {化} カ／ば（ける） 4 {可} カ 例：「可能」「許可」

【64】 正解 4
「きろく」記録 record 记录 기록
今回のオリンピックでは世界新記録がたくさん出た。A number of new world records have been set in the Olympics this time. 这次奥运会创造了很多新的世界纪录。 이번 올림픽에서는 세계신기록이 많이 나왔다.

漢字
記 ①キ
[記憶（きおく）] memory 记忆 기억
[記号（きごう）] sign, symbol 符号 기호
[記事（きじ）] article 新闻 기사
[記者（きしゃ）] reporter 记者 기자
[記念（きねん）] commemoration, remembrance 纪念 기념
[伝記（でんき）] biography 传记 전기
[日記（にっき）] diary, journal 日记 일기
[筆記（ひっき）] writing down, taking notes 笔记 필기

②しる（す）
[記す] write down 记录，写 기록하다, 새기다 例：「墓石にはそこに眠る人の名前が記されている」The names of people who sleep there are engraved on the gravestones. 在墓碑上写着长眠人的名字。 묘석에는 그곳에 잠든 사람의 이름이

새겨져 있다.

録 ロク
[録音（ろくおん）] recording, transcription 录音 녹음
選択肢のことば 1「きそく」 2「ぎろん」 3「きぼう」

【65】 正解 3
「いんしょう」印象 impression 印象 인상
彼にはじめて会ったときの印象は、あまりよくなかった。 The impression I had of him when I first met him was not very good. 和他第一次见面时的印象不太好。 그를 처음 만났을 때의 인상은 그다지 좋지 않았다.

漢字
印 ①イン
[印刷（いんさつ）] print 印刷 인쇄
②しるし
[印] mark 符号，记号 표시 例：「× や ○ の印をつける」mark crosses or circles 做上 × 或 ○ 的记号 × 나 ○ 로 표시하다
③じるし
[目印（めじるし）] mark, sign 目标, 记号 표시
[矢印（やじるし）] arrow 箭头 화살표

象 ①ゾウ
[象] elephant 大象 코끼리 例：「象は鼻が長い」The elephant has a long trunk. 大象鼻子很长。 코끼리는 코가 길다.
②ショウ
[印象]
選択肢のことば 1、2、4のことばはない。

【66】 正解 1
「くび」首 neck 头颈, 颈 목
首がいたくて、後ろを見ることができない。Have a pain in my neck, I am unable to look back. 头颈很疼, 不能看后面。 목이 아파서 뒤를 돌아볼 수 없다.

漢字
首 ①シュ
[首相（しゅしょう）] prime minister 首相 수상
[首都（しゅと）] capital 首都 수도
②くび
[首] neck 颈, 头颈 목
選択肢のことば 2「みち」{道} ドウ／みち 3、4のことばはない。3 {着} チャク／き（る）／つ（く） 4 {自} ジ／みずか（ら）

第 12 回
【67】 正解 1
「かかく」価格 price 价格 가격
セール中は今の価格から 40% 割引いたします。We will offer a 40% discount off the current prices during the sale. 在减价时价钱会减掉现价的40%。 세일중에는 지금 가격에서 40% 할인하겠습니다.

漢字
価 ①カ
[価値（かち）] value 价值 가치
[高価（な）（こうか（な））] expensive 高价 고가 (의)
[定価（ていか）] price 定价 정가
[物価（ぶっか）] commodity price 物价 물가
②あたい

[価] value, price　价，价值　가격

格 カク
[格別（かくべつ）] particularly, especially　特别　각별
[合格（ごうかく）] pass　合格，及格　합격
[性格（せいかく）] personality　性格　성격
選択肢のことば 2、3、4のことばはない。

【68】 正解 3
「おいわい」お祝い celebration　祝贺　경축일
入学のお祝いに、あなたに時計をあげよう。I'm going to give you a watch to celebrate your entrance into a school.　为了庆祝入学，送你个钟吧。　입학 축하선물로 너（당신）에게 시계를 선물하겠다。

祝 ①シュク
[祝日（しゅくじつ）] holiday　节日　경축일
②いわ（う）
[祝う] celebrate　祝贺　축하하다　例：「父の誕生日を家族で祝った」All our family celebrated our father's birthday.　我们一家祝贺了父亲的生日。　아버지 생신을 가족이 모여 축하했다。
[祝（い）] 例：「祖父が入学祝（い）に時計を買ってくれた」
[お祝（い）] 例：「ご結婚、おめでとう。これ、私からのお祝（い）です。どうぞ」
選択肢のことば 1、2、4のことばはない。1｛礼｝レイ　2｛祈｝キ／いの（る）　4｛社｝シャ

【69】 正解 2
「うわぎ」上着 jacket　上衣　상의
今日は寒くなるから、上着を持っていったほうがいいよ。You should take a jacket with you today because it's going to be cold.　今天要变冷，最好带着上衣。　오늘은 추워지니，상의를 갖고 가는 것이 좋아。
漢字
上 ①ジョウ
[上級（じょうきゅう）] advanced class　上级　상급
[上京（じょうきょう）] going up to the capital　进京，到东京去　상경
[上下（じょうげ）] up and down　上下　상하
[上旬（じょうじゅん）] the beginning part (of a month)　上旬　상순
[上達（じょうたつ）] improvement　进步，向上　숙달
[上等（じょうとう）] first-class, superior　上等　상등급
[上品（じょうひん）] elegant　上品　고상함，품위있음
[以上（いじょう）] more than ...　以上　이상
[屋上（おくじょう）] roof (of a building)　屋顶，房顶　옥상
[頂上（ちょうじょう）] the top, summit　顶上　정상
②あ（がる／げる）
[上がる] rise　上，登　오르다
[上げる] raise　举，抬，提高　올리다
③のぼ（る）
[上る] rise, go up　登，上　올라가다
④うえ
[上] up, on, above　上　위
⑤うわ
[上着]
⑥かみ

[川上（かわかみ）] the upper part of a river　上游　강의 상류

着 ①チャク
[着信（ちゃくしん）] incoming mail/message/call　来信，来电　착신
[着々と（ちゃくちゃくと）] steadily　稳步而顺利地　착착，순조롭게　例：「準備は着々と進んでいる」Preparations are making steady progress.　准备稳步而顺利地进行着。준비는 순조롭게 진행되고 있다。
[到着（とうちゃく）] arrival　到达　도착
②つ（く）
[着く] arrive　到　도착하다
③き（る／せる）
[着る] wear　穿　입다
[着せる] have a person wear　穿上，盖上　입히다
④ぎ
[上着]
選択肢のことば 1、3、4のことばはない。

【70】 正解 4
「つうか」通貨 currency　通货，货币　통화
世界にはさまざまな通貨がある。There are various kinds of currencies in the world.　世界上有各种各样的货币。　세계에는 여러 가지 통화（화폐）가 있다。
漢字
通 ①ツウ
[通じる] be understood, lead (to, into)　理解，通晓，通往　통하다　例：「日本語が通じる」Japanese is spoken　通晓日语　일본어가 통하다
[通知（つうち）] notice　通知　통지
[交通（こうつう）] traffic　交通　교통
②とお（る／す）
[通る] pass　通过　통과하다，지나가다　例：「車が通る」a car passes by　车能通过　자동차가 지나가다
[通す] thread (a needle), take (a guest to a room), pass through　穿过，贯通　통과시키다，안내하다　例：「針に糸を通す」thread a needle　穿针线　바늘에 실을 통과시키다　「ガラスは光を通す」Glass lets light pass through it.　玻璃能透过光。　유리는 빛을 통과시킨다。
③かよ（う）
[通う] commute　往来，通行　다니다　例：「学校に通う」commute to school　上学　학교에 다니다
貨 カ
[貨物（かもつ）] freight　货物　화물
[硬貨（こうか）] coin　硬币，金属货币　경화，금속화폐
選択肢のことば 1「つうか」例：「急行電車はこの駅には止まりません。通過します」　2、3のことばはない。

【71】 正解 2
「ならって」習って《習う》learn　学　배우다
妹は子どものころからピアノを習っている。My younger sister has been taking piano lessons since a child.　妹妹小时候起就学钢琴。　여동생은 어렸을 때부터 피아노를 배우고 있다。
漢字
習 ①シュウ

[習慣（しゅうかん）] custom　习惯　습관
[習字（しゅうじ）] calligraphy　习字　습자
[演習（えんしゅう）] practice, exercise　演习　연습
[学習（がくしゅう）] studying　学习　학습
[実習（じっしゅう）] (practical) training　实习　실습
[復習（ふくしゅう）] review　复习　복습
[予習（よしゅう）] preparation for a new lesson　预习　예습
[練習（れんしゅう）] practice　练习　연습
②なら(う)
[習う]

選択肢のことば 1、3、4のことばはない。1 {替} タイ／か(わる／える) 3 {翌} ヨク 4 {羽} ウ／は／はね

【72】 正解 2
「よほう」予報　forecast　预报　예보
天気予報では、明日は雨が降るそうだ。According to the weather forecast, it will rain tomorrow. 天气预报说，明天好像要下雨。 일기예보에 의하면 내일은 비가 내린다고 한다.

漢字
予　ヨ
[予期（よき）] expectation　预期　예기
[予算（よさん）] budget, estimate　预算　예산
[予習（よしゅう）] preparation for a new lesson　预习　예습
[予想（よそう）] expectation, forecast　预想　예상
[予測（よそく）] forecast, prediction　预测　예측
[予定（よてい）] plan　预定　예정
[予備（よび）] preparatory　预备　예비
[予防（よぼう）] prevention　预防　예방
[予約（よやく）] reservation　预约　예약

報　①ホウ
[報告（ほうこく）] report　报告　보고
[警報（けいほう）] warning　警报　경보
②ポウ
[電報（でんぽう）] telegram, wire　电报　전보

選択肢のことば 1、3、4のことばはない。

第13回
【73】 正解 3
「ふべん」不便《不便(な)》inconvenient 不便(的) 불편(한)
叔母の家は、とても不便なところにある。My aunt's house is in a very inconvenient place. 姑姑（伯母）家在非常不方便的地方。 할머니 집은 정말 불편한 곳에 있다.

漢字
不　フ
[不安（な）（ふあん（な））] nervous, worried　不安　불안
[不運（な）（ふうん（な））] unfortunate　不幸　불운
[不規則（な）（ふきそく（な））] irregular　不规则　불규칙(한)
[不潔（な）（ふけつ（な））] filthy　不清洁　불결(한)
[不幸（な）（ふこう（な））] unhappy　不幸　불행(한)
[不思議（な）（ふしぎ（な））] strange　不可思议　신기(한), 불가사의(한), 이상(한)
[不自由（な）（ふじゆう（な））] inconvenient　不自由　부자유(스런)

[不正（な）（ふせい（な））] unfair, wrong (doing)　不正当　부정(한)
[不足（ふそく）] lack, insufficient　不足　부족
[不通（ふつう）] be blocked, be suspended　不通, 断绝　불통
[不平（ふへい）] complaint　不公平　불평
[不満（な）（ふまん（な））] unsatisfied, unhappy　不満(的)　불만
[不利（な）（ふり（な））] disadvantageous　不利　불리(한)

便　①ベン
[便] convenience, facility, stool　便利, 来往, 大小便　편의, 대변　例:「交通の便がいい／悪い」have good/poor transportation facilities　来往交通方便／不方便　교통편이 좋다／나쁘다　「便が出ない」not have a bowel movement　大便不通　변이 안나온다
[便所（べんじょ）] toilet　厕所　화장실
[便利（な）（べんり（な））] convenient　方便(的)　편리(한)
②ビン
[便] mail, flight　班车, 航班 便　例:「航空便」airmail　航空邮件　항공우편　「船便」surface, sea mail　通航, 海运, 用船邮寄　배편／선편　「宅配便」home delivery service　送到家里, 送上门　택배우편　「3時の便の飛行機に乗る」
[便箋（びんせん）] letter paper　信笺, 信纸　편지지
[郵便（ゆうびん）] mail　邮件　우편

選択肢のことば 1、2、4のことばはない。

【74】 正解 4
「ことり」小鳥 little bird　小鸟　작은새
小鳥が庭の木の実を食べに来る。Little birds come to eat the tree nuts in the garden. 小鸟来吃院子里的树的果子。 작은 새가 정원의 나무열매를 먹으러 온다.

漢字
小　①ショウ
[小] small　小　소　例:「箱の大きさは大と小がある」
[小学生（しょうがくせい）] elementary school student　小学生　초등학생
[小学校（しょうがっこう）] elementary school　小学　초등학교
[小数（しょうすう）] decimal　小数　소수
[小説（しょうせつ）] novel　小说　소설
[小便（しょうべん）] urine, pee　小便　소변
[最小（さいしょう）] smallest　最小　최소
[縮小（しゅくしょう）] reduction, contraction　缩小　축소
[大小（だいしょう）] big and small　大小　대소
②ちい(さい)
[小さい] small　小　작다
③こ
[小型（こがた）] small size　小型　소형
[小遣い（こづかい）] allowance, pocket money　零用钱　용돈
[小包（こづつみ）] (small) parcel/package　包裹, 邮包　소포
[小麦（こむぎ）] wheat　小麦　밀
[小屋（こや）] cottage, hut　小屋　오두막집

[小指（こゆび）] little finger, pinkie　小指　새끼손가락, 새끼발가락
[小〜] small〜　小〜　작은〜　例：「小石」「小皿」

鳥　①チョウ
[白鳥（はくちょう）] swan　白天鹅　백조
②とり
[鳥] bird　鸟　새
③どり
[渡り鳥（わたりどり）] migratory bird　候鸟　철새

選択肢のことば 2「こじま」　1、3のことばはない。

【75】 **正解 4**
「むかえ」迎え《迎える》welcome, meet　迎接　맞이하다
友だちが空港まで迎えに来てくれた。My friend came to the airport to meet me.　朋友来机场迎接我。　친구가 공항까지 마중나와 주었다．

漢字
迎　①ゲイ
[歓迎（かんげい）] welcome　欢迎　환영
②むか（える）
[迎える]

選択肢のことば 1「かよえ」{通}ツウ／とお（る／す）／かよ（う）　3「おえ」{追}ツイ／お（う）　2のことばはない。{送}ソウ／おく（る）

【76】 **正解 2**
「てんじょう」天井　ceiling　天花板, 屋顶　천정
この部屋は天井が高い。The ceiling of this room is high.　这屋子屋顶很高。　이 방은 천정이 높다．

漢字
天　テン
[天] sky, heaven　天　하늘
[天気（てんき）] (good) weather　天气　날씨
[天候（てんこう）] weather　天候　날씨, 일기
[天国（てんごく）] heaven　天国　천국
[天才（てんさい）] genius　天才　천재
[天然（てんねん）] natural　天然　천연
[天皇（てんのう）] emperor　天皇　천황

井　①ショウ／ジョウ
[天井]
②い
[井戸（いど）] well　井　우물

選択肢のことば 1、3、4のことばはない。

【77】 **正解 2**
「かんがえて」考えて《考える》think　思考　생각하다
自分の将来について考えておきなさい。Try to give a thought about your own future.　好好考虑自己的将来吧。　자신의 장래에 대해 생각해 봐라．

漢字
考　①コウ
[参考（さんこう）] reference　参考　참고
②かんが（える）
[考える]

選択肢のことば 4「あたえて」{与}ヨ／あた（える）　1、3のことばはない。1{孝}コウ　3{号}ゴウ

【78】 **正解 1**
「きせつ」季節　season　季节　계절
この国には、春、夏、秋、冬の四つの季節がある。There are four seasons – spring, summer, fall, and winter – in this country.　这国家有春夏秋冬四个季节。　이 나라에는 춘하추동 4개의 계절이 있다．

漢字
季　キ
[四季（しき）] four seasons　四季　사계
節　①セツ
[節約（せつやく）] save, be thrifty　节约　절약
[調節（ちょうせつ）] adjustment　调节　조절
②ふし
[節] joint, melody　节, 曲调　마디, 가락　例：「竹には節がある」Bamboos have joints.　竹子有节。대나무에는 마디가 있다．「この歌の節は覚えやすい」The melody of this song is easy to learn.　这首歌的曲调很容易记住。이 노래 가락은 외우기 쉽다．

選択肢のことば 2、3、4のことばはない。

第14回

【79】 **正解 4**
「じっけん」実験　experiment　实验　실험
実験は、3回目でやっと成功した。The experiment was finally successful for the first time in the third trial.　第三次实验总算成功了。실험은 3번째에 겨우 성공했다．

漢字
実　①ジツ
[実現（じつげん）] realization　实现　실현
[実に] really, truly　实在, 确实　실로, 참으로
[実は] in fact, actually　实际上　실은, 사실은
[実物（じつぶつ）] real thing　实物　실물
[実用（じつよう）] practical use　实用　실용
[実力（じつりょく）] ability, capability　实力　실력
[実例（じつれい）] example　实例　실례
[果実（かじつ）] fruit　果实　과실
[現実（げんじつ）] reality　现实　현실
[事実（じじつ）] fact, truth　事实　사실
[真実（しんじつ）] truth, fact　真实　진실
②ジッ
[実感（じっかん）] real feeling, sensation　实感　실감
[実行（じっこう）] execution　实行　실행
[実際（じっさい）] truth, reality　实际　실제
[実施（じっし）] carrying out, execution　实施　실시
[実績（じっせき）] achievements, past performance　实绩　실적
③み
[実] fruit, nuts　果实　열매
④みの（る）
[実る] ripen, bear fruit, be reciprocated　结实, 成熟, 有成果　결실을 맺다　例：「果物が実る」fruit ripens　结果实　과일이 여물다

験 ケン
[経験（けいけん）] experience 经验 경험
[試験（しけん）] exam 考试 시험
[受験（じゅけん）] (college) entrance examination 应试 수험

選択肢のことば 1、2、3のことばはない。

【80】 正解 4
「はつか」二十日 20th (of the month) 二十号 20일
私の会社の給料日は毎月二十日です。 The pay day at my company is the 20th of each month. 我公司的发薪日是每月的二十号。 우리 회사 급여일은 매달 20일입니다.

選択肢のことば 1「よっか」 2「ようか」 3「むいか」

【81】 正解 1
「さいのう」才能 talent 才能 재능
子どもの才能はできるだけ伸ばしてやりたい。 We should try to develop children's talent as much as possible. 想尽量培养孩子的才能。 아이의 재능은 최대한 키워주고 싶다.

漢字
才 サイ
[天才（てんさい）] genius 天才 재능

能 ノウ
[能率（のうりつ）] effectiveness 效率, 生产率 능률
[能力（のうりょく）] ability 能力 능력
[可能(な)（かのう(な)）] possible 可能(的) 가능(한)
[芸能（げいのう）] show business 表演艺术, 文艺 예능
[性能（せいのう）] capacity, efficiency 性能 성능
[知能（ちのう）] intelligence, IQ 智能 지능
[不可能(な)（ふかのう(な)）] impossible 不可能(的) 불가능(한)
[本能（ほんのう）] instinct 本能 본능
[有能(な)（ゆうのう(な)）] able, capable 能干(的) 유능(한)

選択肢のことば 2、3、4のことばはない。

【82】 正解 3
「よごれ」汚れ 《汚れる》 get dirty/soiled 污染, 弄脏 더러워지다, 때묻다
白いくつは汚れやすい。 White shoes easily get soiled. 白色的鞋容易弄脏。 하얀 구두는 쉽게 더러워진다.

漢字
汚 よご(れる／す)
[汚れる]
[汚す] stain, soil 弄脏 더럽히다

選択肢のことば 1、2、4のことばはない。 1 {沈} チン／しず(む／める) 2 {洗} セン／あら(う) 4 {活} カツ

【83】 正解 2
「もじ」文字 character, letter 文字 문자
日本語は3種類の文字で表される。 Three kinds of characters are used in writing Japanese. 日语是用三种文字来表现的。 일본어는 3종류의 문자로 나타내어진다.

漢字
文 ①ブン
[文] sentence 文章, 句子 글, 문장
[文学（ぶんがく）] literature 文学 문학
[文芸（ぶんげい）] art and literature 文艺 문예
[文献（ぶんけん）] documentary records 文献 문헌
[文章（ぶんしょう）] writing, composition 文章 문장
[文体（ぶんたい）] writing style 文体 문체
[文法（ぶんぽう）] grammar 文法, 语法 문법
[～文] ～ sentence ～句 ～문 例：「疑問文（ぎもん）」interrogative sentence 疑问句 의문문 「肯定文（こうてい）」affirmative sentence 肯定句 긍정문 「否定文（ひてい）」negative sentence 否定句 부정문

②モ
[文字]

③モン
[文句（もんく）] phrase, complaint 话语, 意见, 牢骚 문구
[文部科学省（もんぶかがくしょう）] the Ministry of Education, Culture, Sports, Science and Technology 国家教育科学委员会 문부과학성

字 ジ
[字引（じびき）] dictionary 字典 사전
[活字（かつじ）] type, font 活字 활자
[漢字（かんじ）] Kanji, Chinese characters 汉字 한자
[数字（すうじ）] number 数字 숫자
[ローマ字] Roman characters 罗马字 로마자

選択肢のことば 1、3、4のことばはない。

【84】 正解 3
「むこう」向こう beyond, over there 对面 건너편, 저쪽
この道路は山の向こうまでずっと続いている。 This road leads all the way beyond the mountain. 这条道路一直延伸到山的那一边。 이 도로는 산 건너편까지 계속 이어져 있다.

漢字
向 ①コウ
[傾向（けいこう）] trend, tendency 倾向 경향
[方向（ほうこう）] direction 方向 방향

②む(く／かう)／む(こう)
[向かう] face 向, 朝 대하다, 향하다
[向く] turn, face 向, 朝 향하다
[向かい] across from 对面, 对过 맞은편
[向き] direction 朝向 방향
[向こう]

選択肢のことば 1、2、4のことばはない。 1 {何} なに／なん 2 {荷} カ／に 4 {可} カ

第 15 回

【85】 正解 4
「てんねん」天然 natural 天然 천연
天然のダイヤモンドはとても高価だ。 Natural diamonds are very expensive. 天然的钻石很昂贵。 천연 다이아몬드는 정말 고가다.

漢字
天 テン
[天] sky, heaven 天 하늘
[天気（てんき）] (nice) weather 天气 날씨, 일기

［天候（てんこう）］ weather 天候 날씨
［天国（てんごく）］ heaven 天国 천국
［天才（てんさい）］ genius 天才 천재
［天井（てんじょう）］ ceiling 天花板 천장
［天皇（てんのう）］ emperor 天皇 천황

然 ①ゼン
［偶然（ぐうぜん）］ by accident 偶然 우연히
［自然（しぜん）］ nature 自然 자연
［全然（ぜんぜん）］ not at all 完全 전혀, 조금도
［当然（とうぜん）］ naturally 当然 당연
②ネン
［天然］

選択肢のことば 3「しぜん」 1、2のことばはない。

【86】 正解 1
「おたく」お宅 (your) house 你家〔尊敬语〕 댁
お宅はどちらですか。 Where is your house? 你家在哪儿？ 댁은 어디십니까？

漢字
宅 タク
［帰宅（きたく）］ coming/going home 回家 귀가
［住宅（じゅうたく）］ houses 住宅 주택
［宅配便（たくはいびん）］ home delivery service 送到家里, 送上门 택배우편

選択肢のことば 2「おやど」 3「おうち／おいえ」 4のことばはない。｛察｝サツ／サッ 例：「警察」「察する」

【87】 正解 4
「ほぞん」保存《保存(する)》 keep 保存 보존(하다)
生ものなので、冷蔵庫に保存してください。 Please keep it in the refrigerator because it is raw. 因为是生的东西, 请放在冰箱保存。 날것이므로, 냉장고에 보존해주세요.

漢字
保 ①ホ
［保健（ほけん）］ (preservation of) health 保健 보건
［保証（ほしょう）］ guarantee 保证 보증
②たも(つ)
［保つ］ maintain 保持 유지하다 例：「健康を保つ」 maintain good health 保持健康 건강을 유지하다

存 ①ソン
［存在（そんざい）］ existence 存在 존재
②ゾン
［存じる］ know〔humble form of 知る〕 想, 认为, 知道 생각하다, 알고 있다 의 겸사말
［ご存じ］ know〔honorific form of 知る〕 您知道 잘 아심, 익히 아심

選択肢のことば 1、2、3のことばはない。

【88】 正解 2
「はこんで」運んで《運ぶ》 carry 搬运 운반하다, 옮기다, 나르다
このいすをとなりの部屋へ運んでください。 Carry this chair to the next room, please. 把这椅子搬到隔壁屋子去。 이 의자를 옆 방으로 옮겨 주세요.

漢字
運 ①ウン
［運］ luck 运气 운 例：「運がいい／運が悪い」 lucky/unlucky 运气好／运气坏 운이 좋다／운이 나쁘다
［運河（うんが）］ canal 运河 운하
［運転（うんてん）］ drive 驾驶 운전
［運動（うんどう）］ sport, exercise 运动 운동
②はこ(ぶ)
［運ぶ］

選択肢のことば 1、3、4のことばはない。1｛連｝レン／つ(れる) 3｛遅｝チ／おそ(い)／おく(れる) 4｛送｝ソウ／おく(る)

【89】 正解 3
「かこ」過去 past 过去 과거
過去30年間の気温の変化を調べてみた。 I checked the temperature change for the past 30 years. 调查了过去30年的气温变化。 과거 30년간의 기온의 변화를 조사해 봤다.

漢字
過 ①カ
［過失（かしつ）］ error, mistake 过失 과실
［過程（かてい）］ process 过程 과정
［過半数（かはんすう）］ majority, more than half 过半数 과반수
［超過（ちょうか）］ exceed, go over 超过 초과
②す(ぎる／ごす)
［過ぎる］ pass 过 지나다, 통과하다, 지나가다
［過ごす］ spend 过(日子) 보내다, 지내다

去 ①キョ
［去年（きょねん）］ last year 去年 작년
②コ
［過去］
③さ(る)
［去る］ leave 离去 지나가다, 떠나다

選択肢のことば 1、2、4のことばはない。

【90】 正解 3
「あさい」浅い shallow 浅的, 浮浅的 얕다
このプールは、わりあいに浅い。 This pool is shallower than I thought it would be. 这游泳池比较浅。 이 수영장은 비교적 얕다.

漢字
浅 あさ(い)
［浅い］

選択肢のことば 4｛ふかい｝{深} シン／ふか(い) 1、2のことばはない。1｛泳｝エイ／およ(ぐ) 2｛洗｝セン／あら(う)

文脈規定

第1回

【1】 正解 4
サークル circle, club 圏，圆圈 서클
大学時代はテニスの**サークル**に入っていた。 I was in a tennis club when I was in college. 大学时代参加了网球小组。 대학시절에는 테니스 서클에 들어가 있었다.
☞「サークルに入る」「サークル活動をする」
選択肢のことば
1 「ステージ」stage 舞台，讲台 스테이지
2 「コート」court 球场 코트
3 「サービス」service 服务 서비스
☞「テニスの〜」

【2】 正解 2
変(な) strange, weird 奇怪(的) 이상(한)
何かあったのかな。どうも彼女の様子が**変**だよ。 I wonder if something has happened to her. She is acting sort of weird. 不知发生了什么事，她的样子很奇怪。 무슨일 있었나? 어딘가 그녀의 상태가 이상하다.
☞「様子が変だ」
選択肢のことば
1 「気の毒(な)」sorry, pitiful 可怜 딱(한), 안쓰러운 例：「あの人、事故で子どもをなくしたんだって。**気の毒**だね」He lost his child in an accident, I hear. I feel so sorry. 那个人的孩子在事故中丧生，真可怜啊。 저 사람, 사고로 자식을 잃었대. 딱하다.
3 「地味(な)」quiet, dark, subdued 朴素，不起眼(的) 수수한 例：「この服はちょっと**地味**だ。もっと派手な服がいい」 This clothes is a little too quiet. I need a brighter one. 这衣服太朴素了，更华丽的衣服比较好。 이 옷은 좀 수수하다. 좀더 화려한 옷이 좋다.
4 「重大(な)」serious, important 重大(的) 중대(한) 例：「今年は**重大**な事件が続いている」 A series of grave incidents are happening this year. 今年连续发生重大事件。 올해는 중대한 사건이 이어지고 있다.
☞「何かあったのかな」

【3】 正解 2
まよう〈迷う〉hesitate, cannot make up one's mind 迷失, 迷, 犹豫 망설이다
進学するか、就職するか、どうしようか**まよって**いる。 I cannot make up my mind on whether I should advance a grade or get a job. 是升学还是就职，该怎么办很犹豫。 진학할지, 취직할지, 어떻게 할지 망설이고 있다.
☞「どうしようか／どちらがいいか **迷う**」
選択肢のことば
1 「くやむ〈悔やむ〉」regret 后悔 뉘우치다, 후회하다
3 「はぶく〈省く〉」omit, cut 省, 节省 줄이다, 생략하다
4 「にらむ」glare at, stare fiercely at 盯视, 瞪眼, 怒目而视 노려보다
☞「進学するか、就職するか」「どうしようか」

【4】 正解 1
郊外 suburbs 郊外 교외
東京の中心部は家賃が高いから、少し離れた**郊外**に家を買った。 I bought a house in the suburbs a little far from the center of Tokyo where the rents are expensive. 在东京的中心地区房价很高，在隔了一些距离的郊外买了房屋。 동경 중심부는 집세가 비싸니, 조금 떨어진 교외에 집을 샀다.
☞「東京の**郊外**」「**郊外**の団地に住む」live in a housing complex in the suburbs 住在郊外的住宅区 교외의 단지에 산다
選択肢のことば
2 「住宅」house, housing 住宅 주택
3 「都会」(big) city 都市 도회, 도시
4 「町中」the streets 市内，街里 시내, 번화가
☞「少し離れた」

【5】 正解 4
そろそろ about time 慢慢地，就要，快要 슬슬
そろそろ時間ですから、行きましょうか。 It's about time, so let's go, shall we? 就要到时间了，我们出发吧。 슬슬 시간이 되었으니, 갈까요.
☞「そろそろ時間です」「そろそろ帰ろう」
選択肢のことば
1 「ぐずぐず」slow, hesitant 慢吞吞 우물쭈물 例：「**ぐずぐず**していると、遅刻するよ。急ぎなさい」
2 「まあまあ」OK, all right, fairly 大致，还算 그럭저럭 例：A「映画、どうだった？」 B「**まあまあ**おもしろかった」
3 「まだまだ」a long time in the future 还，仍 아직 例：「娘は今高校生だから、結婚は**まだまだ**先のことだ」
☞「時間です」「行きましょう」

【6】 正解 3
あふれる flood 溢出，充满 넘치다
大雨で川の水が**あふれて**、家が流された。 The river flooded with the heavy rain and houses were washed away. 因为大雨河水泛滥，家被冲走了。 폭우로 강물이 넘쳐, 집이 떠내려갔다.
☞「川が**あふれる**」「水が**あふれる**」
選択肢のことば
1 「別れる」be separated 分别 헤어지다
2 「こぼれる」spill 洒, 洒落, 洋溢出 넘쳐 흐르다 例：「コーヒーがテーブルの上に**こぼれた**」
4 「逃げる」escape 逃，逃走 도망가다
☞「大雨」「川の水が〜」

【7】 正解 4
一流 first-class, top-class, fancy 一流 일류
彼は、有名なレストランで料理長を務める**一流**の料理人だ。 He is a top-class cook working as a chef at a famous restaurant. 他担任有名的饭店的厨师长，是一流的厨师。 그는 유명한 레스토랑에서 요리장을 맡고 있는 일류 요리사다.
☞「**一流**のホテル／選手／音楽家」
選択肢のことば
1 「一般」general 一般 일반
2 「一等」first-class, first place 一等 일등
3 「一位」first place 第一名, 首位 일위
☞「有名なレストランで料理長を務める」

N3 解答

【8】 正解 2
お湯《湯》 hot water 开水，洗澡水 뜨거운 물
お湯がわいたら、お茶を入れましょう。 I will fix some tea when the hot water is ready. 水开了后，泡茶。 물이 끓으면, 차를 넣읍시다.
🔑 「お湯がわく／お湯をわかす」
🔑 「わいたら《わく》」

【9】 正解 4
だます deceive, cheat, trick 欺骗 속이다
お年寄りをだまして金を取る犯罪が増えています。気をつけてください。 The offense of tricking elderly people and stealing money from them is increasing. Be careful. 诈骗老年人的金钱的犯罪再增加。请小心。 어르신을 속여 돈을 갈취하는 범죄가 늘고 있습니다. 조심해 주세요.
🔑 「人をだまして金を取る」「悪い人にだまされた」
選択肢のことば
1 「ごまかす」 cheat 欺骗 얼버무리다，속이다 例：「お金をごまかしてはいけません」
2 「うらむ〈恨む〉」 bear a grudge 恨 원망하다
3 「じゃま(する)〈邪魔(する)〉」 disturb, bother 妨碍，阻碍，干扰 방해(하다)
🔑 「金を取る犯罪」

【10】 正解 3
性格 personality, character 性格 성격
明るい性格の彼女はクラスの人気者だ。 With her cheerful personality, she is popular in class. 性格开朗的她是班里的红人。 성격이 밝은 그녀는 클래스에서 인기가 많다.
🔑 「明るい性格／性格が明るい」「性格がいい／よくない」
選択肢のことば
1 「心理」 mentality, mind 心理 심리
2 「精神」 spirit, mentality 精神 정신
4 「人類」 mankind 人类 인류
🔑 「明るい」

【11】 正解 1
なるべく as ... as possible 尽量 가급적，되도록
健康のためになるべく毎日運動をするようにしています。 I try my best to exercise every day to keep healthy. 为了健康，尽量每天运动。 건강을 위해 되도록 매일 운동을 하려고 하고 있습니다.
🔑 「なるべく運動をする」「なるべく早く来てください」
選択肢のことば
2 「それほど」 not that much 那么，那样 그다지 例：「今年の夏はそれほど暑くない」
3 「かならずしも(～ない)〈必ずしも(～ない)〉」 not necessarily 不一定，未必 반드시～인 것은 아니다 例：「メールアドレスは必ずしも書かなくていいですが、電話番号は必ず書いてください」 You do not really need to write down your e-mail address, but make sure you put down your phone number. 电子邮箱不一定要写，但电话号码一定要填写。 메일주소는 반드시 기입하지 않아도 됩니다만, 전화번호는 반드시 기입해주세요.
4 「なるほど」 I see./I understand./You're right. 原来如此 과연 例：「なるほど。わかりました」 All right, I understand. 原来

此，知道了。 과연 그렇구나. 알겠습니다.
🔑 「運動をするようにしています」

第2回

【12】 正解 1
満員 full, packed 满员，名额已满，载满乘客 만원
人気歌手が出るコンサートのホールは満員だった。 The concert hall where the popular singer was to perform was packed. 人气歌手出场的演唱会会场爆满了。 인기가수가 나오는 콘서트 홀은 만원이었다.
📝 「店が／劇場が／電車が 満員だ」「満員電車」
選択肢のことば
2 「満足」 satisfied 满足 만족
3 「満室」 no vacancy 房间客满 만실
4 「満開」 in full bloom 盛开 만개 例：「さくらの花が満開だ」 The cherry blossoms are in full bloom. 櫻花盛开。 벚꽃이 만개했다.
🔑 「人気歌手が出る」「ホール」

【13】 正解 2
まっくら(な)〈真っ暗(な)〉 pitch-dark 漆黑(的) 캄캄(한)
とつぜん電気が消えて、部屋の中がまっくらになった。 The light suddenly turned off and it got pitch-dark in the room. 电灯突然灭了，房中一片漆黑。 갑자기 전기가 나가서, 방안이 캄캄해졌다.
📝 「電気が消えて、真っ暗になった」
選択肢のことば
1 「まっくろ(な)〈真っ黒(な)〉」 deep-black, jet-black 很黑 새까(만)
3 「まっすぐ(な)」 straight 笔直 똑바름
4 「まっさお(な)〈真っ青(な)〉」 deep blue, deadly pale 蔚蓝，深蓝，苍白，刷白 새파란
🔑 「電気が消えて」

【14】 正解 3
悪口 (わるくち／わるぐち) bad names, bickering 坏话 험담，욕
人の悪口を言うのは、やめたほうがいいよ。 You should stop speaking ill of people behind their backs. 还是不要说别人的坏话了吧。 남의 험담은 하지 않는 것이 좋다.
📝 「悪口を言う」
選択肢のことば
1 「意地悪」 mean 使坏，刁难 짓궂음，심술궂음 例：「意地悪をする」
2 「苦情」 complaint, claim 抱怨 불평 例：「人に苦情を言う」
4 「文句」 grumble, grievance 意见，牢骚 문구，트집，불평 例：「人に文句を言う」
🔑 「人の～」「言う」

【15】 正解 3
だいぶ pretty much 很，相当 상당히
昨日は寒かったが、今日は昨日よりだいぶ暖かい。 It was cold yesterday, but it's pretty much warmer today than yesterday. 昨日很冷，今天比昨天暖和得多。 어제는 추웠는데, 오늘은 어제보다 꽤 따뜻해졌다.

🖊「風邪がだいぶよくなった」
【選択肢のことば】
1 「すっかり」 completely 完全 완전히, 아주 例：「4月になれば、もうすっかり暖かくなる」
2 「つねに〈常に〉」 always 常常, 总是 항상 例：「彼はつねに礼儀正しい」He is always polite. 他总是很有礼貌。 그는 항상 예의바르다.
4 「とにかく」 anyway 不管怎样 여하튼, 어쨌든 例：「いろいろ苦労したけれど、とにかく終わってよかった」Though we have gone through all kinds of difficulties, it's good we're done with them anyway. 虽然经历了各种艰难，不管怎样，结束了太好了。 여러가지로 고생했지만, 여하튼 끝나서 다행이다.
🔍「今日は昨日より」

【16】 正解 4
捨てる throw, dump 扔掉 버리다
これはごみ箱ではありません。ここにごみを捨てないでください。 This is not a trash box. Don't throw garbage here. 这不是垃圾箱，请不要在这扔垃圾。 이것은 쓰레기통이 아닙니다. 여기에 쓰레기를 버리지 말아 주십시오.
🖊「ごみを捨てる」「いらないものを捨てた」
【選択肢のことば】
1 「投げる」 throw 投, 抛, 扔 던지다
2 「拾う」 pick 捡, 拾 줍다
3 「使う」 use 用 사용하다
🔍「ごみを」

【17】 正解 2
センス sense, taste 感觉, 审美能力, 品味 센스
デザイナーを目指している彼は、やはり服装のセンスがいい。 It figures he has good taste in clothes as he wishes to become a designer. 想当服装设计师的他，服装的品味果然不错。 디자이너를 목표로 하고 있는 그는 역시 옷 센스가 좋다.
🖊「センスが いい／悪い／ない」
【選択肢のことば】
1 「ファッション」 fashion 时装 패션
3 「スーツ」 suit 套装 양복
4 「カラー」 color 颜色 컬러
🔍「デザイナーを目指している」「服装の〜」

【18】 正解 1
なれる〈慣れる〉 get used to 习惯 적응하다
新しい生活には、もうなれましたか。 Have you got used to your new life yet? 新的生活适应了吗？ 새로운 생활에는 이제 적응했습니까?
🖊「新しい生活に慣れた」「慣れない仕事は時間がかかる」
【選択肢のことば】
2 「はなれる〈離れる〉」 leave, stay away 离开 떨어지다
3 「なる」 become 变成 되다
4 「ならう〈習う〉」 learn 学习 배우다
🔍「新しい生活に〜」「もう」

【19】 正解 2
しつけ discipline 教养 가정교육, 예절교육
しつけがきびしい家庭で育った彼女は、いつも礼儀正しい。 Being raised in a family with strict disciplines, she is always good-mannered. 在严格教养的家庭长大的她，总是非常有礼貌。 예절교육이 엄격한 가정에서 자란 그녀는, 언제나 예의바르다.
🖊「きびしいしつけを受ける」「両親のしつけがいい」
【選択肢のことば】
1 「規則」 rule 规则 규칙
3 「約束」 promise 约束 약속
4 「学習」 studying, learning 学习 학습
🔍「きびしい」「家庭」

【20】 正解 1
たびたび frequently 屡次, 再三 여러번, 자주
お忙しいところたびたび来ていただいて、申しわけありません。 I really appreciate your coming here so often when you're busy. 在你很忙的时候再三来让你过来，对不起。 바쁘신데 여러번 와 주셔서, 죄송합니다.
🖊「たびたび来る」
【選択肢のことば】
2 「たえず」 constantly, all the time 不停 끊임없이 例：「兄と弟はたえずけんかをしている」
3 「すでに」 already 已经例 이미 例：「警察が来たとき、犯人はすでに逃げていた」The offender had already escaped when the police arrived. 警察来的时候，犯人已经逃跑了。 경찰이 왔을 때, 범인은 이미 도망치고 없었다.
4 「または」 or, either ... or 或者例 또는 例：「書類は黒または青のペンで書いてください」
🔍「来ていただいて」

【21】 正解 4
単位 credit 单位 단위
単位が不足して、弟は大学を卒業することができなかった。 Not having earned enough credit, my younger brother couldn't graduate from college. 因为学分不足，弟弟没能从大学毕业。 단위가 부족해서, 남동생은 대학을 졸업할 수 없었다.
🖊「大学の単位」「単位を取る」「単位が足りない」
【選択肢のことば】
1 「講義」 lecture 讲义 강의
2 「課題」 topic, assignment 课题 과제
3 「論文」 thesis 论文 논문
🔍「不足して」「大学」「卒業することができなかった」

【22】 正解 3
探す look for 找, 寻找 찾다
本屋を何軒も回って、やっと探していた本を見つけた。 After stopping at a number of bookstores, I finally found the book I had been looking for. 寻找了几家书店，终于发现了要找的书。 책방을 몇곳이나 돌아다녀서야, 겨우 찾고 있던 책을 발견했다.
🖊「探したのに、見つからない」「探して、見つけた」
【選択肢のことば】
1 「迷う」 hesitate, cannot make up one's mind 犹豫, 迷, 迷失 망설이다
2 「選ぶ」 choose 挑选, 选择 고르다
4 「消す」 erase 熄灭, 扑灭 지우다
🔍「やっと」「見つけた」

43

第3回

【23】 正解 2
これから from now on　从现在起　앞으로
3月になった。これからだんだん暖かくなる。It's March now. It will get warmer and warmer from now on.　3月了。从现在起会渐渐变暖和。　3월이 되었다. 앞으로 점점 따뜻해진다.

🔍「これから暖かくなる」

選択肢のことば
1 「あとで」later　随后　나중에　例：「ごめんなさい。今ちょっと忙しいので、あとで電話します」
3 「ただちに」immediately　立刻　즉시
4 「さっき」a little while ago　刚才　아까, 조금 전　例：「父はさっき出かけました。夕方帰ります」

🔍「だんだん暖かくなる」

【24】 正解 3
かれる〈枯れる〉die, wither　凋零, 枯, 枯萎　시들다, 마르다
暑い日が続いたせいで、庭の植物がかれてしまった。The plants in my garden have died off after many days of hot weather.　炎热的天气继续着，院子里的植物枯萎了。　더운 날이 계속된 탓에, 정원에 있는 식물이 시들어 버렸다.

🔍「木が／花が 枯れる」

選択肢のことば
1 「死ぬ」die　死　죽다
2 「あきる〈飽きる〉」get bored/tired　厌　질리다
4 「つれる〈連れる〉」take (somebody to a place)　带着　데리고 가다 (오다)

🔍「暑い日が続いた」「植物が〜」

【25】 正解 3
めいわく〈迷惑〉trouble, inconvenience　麻烦　폐, 귀찮음
急にアルバイトを休んで、仕事の仲間にめいわくをかけてしまった。I have given trouble to my fellow workers by skipping my part-time job suddenly.　突然打工请假, 给一起工作的同事添麻烦了。　갑자기 아르바이트를 쉬어서, 동료에게 폐를 끼쳐버렸다.

🔍「人にめいわくをかける」「めいわくな 人／車」

選択肢のことば
1 「苦しみ」suffering, agony　痛苦　괴로움
2 「失礼」rude　失礼　실례
4 「痛み」pain　疼痛　아픔

🔍「仕事の仲間に」「かけてしまった《かける》」

【26】 正解 3
りこう(な)〈利口(な)〉clever, smart　聪明, 伶俐　영리 (한)
サルは、知能が高くてりこうな動物です。The monkey is an intelligent and smart animal.　猴子是高智能的聪明的动物。　원숭이는 지능이 높고 영리한 동물이다.

🔍「サルは利口な動物だ」

選択肢のことば
1 「ふくざつ(な)〈複雑(な)〉」complicated　复杂　복잡 (한)　例：「複雑な気持ち」
2 「ていねい(な)」polite, careful　彬彬有礼, 细致周到　정중 (한), 세심 (한)　例：「先生にはていねいな話し方をするべきだ」
4 「ねっしん(な)〈熱心(な)〉」eager, zealous　热心, 热诚　열성

(적인)　例：「熱心に話を聞く」

🔍「知能が高くて」

【27】 正解 1
景気 economy, business　景气　경기
景気がよくなれば、給料も上がるだろう。When the economy gets better, our salary will rise too.　景气变好的话, 工资也会涨。　경기가 좋아지면, 급료도 올라가겠지.

🔍「景気が いい／悪い」

選択肢のことば
2 「物価」(commodity) prices　物价　물가
3 「活気」energy, vitality　活气　활기
4 「費用」expense　费用　비용

🔍「よくなれば《よくなる》」「給料も上がる」

【28】 正解 4
支える support　支持, 支撑　지탱하다, 떠받치다
母は結婚以来30年間、父をしっかり支えてきた。My mother has greatly supported my father for 30 years since they married.　妈妈结婚30年以来, 坚定地支持着父亲。　엄마는 결혼이래 30년간, 아빠를 착실히 떠받들어 왔다.

🔍「木が倒れないように支える」「困っている人を支えて助ける」

選択肢のことば
1 「運ぶ」carry　搬, 搬运　옮기다
2 「広げる」widen, spread　展开　넓히다, 확대하다

🔍「しっかり」

【29】 正解 1
すごい awesome, cool, amazing　惊人的, 利害　굉장하다
A「あの選手はこの5年間、一度も負けたことがないんだって。」
B「へえ、それはすごいね。」　A:That player has never been beaten for the past five years, I hear.　B:Really. That's amazing, isn't it?　A: 那位选手在这5年间, 一次也没有失败过。B: 是吗? 那可真厉害啊。　A: 저 선수는 지난 5년간 한번도 저본적이 없데. B: 와, 그거 굉장한데.

🔍「あの人は、すごい人だ」「それはすごい」

選択肢のことば
2 「ひどい」terrible　残酷, 激烈, 凶猛　심하다　例：「雨と風がひどい」「ひどい風邪を引いた」
3 「うすい〈薄い〉」thin　薄　얇다　例：「うすい本」「うすいコーヒー」
4 「うまい」skillful, delicious　好, 好吃　맛있다, 솜씨가 좋다　例：「歌がうまい」「この肉はうまい」

🔍「一度も負けたことがない」

【30】 正解 4
エネルギー energy　能量　에너지
太陽のエネルギーを利用して電気を作るシステムが注目されている。The system to generate power using the solar energy is now receiving attention.　利用太阳的能量来发电的装置受到瞩目。　태양 에너지를 이용하여 전기를 만드는 시스템이 주목받고 있다.

🔍「太陽のエネルギー」「エネルギーを節約する」save energy　节约能量　에너지를 절약하다

選択肢のことば
1 「ステージ」stage 舞台，讲台 스테이지
2 「プログラム」program 程序 프로그램
3 「プラス」plus 加 플러스
🔖「太陽の〜」「電気を作る」

【31】 正解 2
看護師 nurse 看护师 간호사
将来は看護師になって、病院で働きたいと思います。I want to become a nurse in the future and work in a hospital. 将来做看护师，想在医院工作。 장차 간호사가 되어, 병원에서 일하고 싶습니다.
✏️「お医者さんと看護師さん」
選択肢のことば
1 「教師」teacher 教師 교사
3 「消防士」fire fighter 消防员 소방관
4 「警察官」policeman 警官 경찰관
🔖「病院で働きたい」

【32】 正解 2
ぜひ by all means, without fail 一定 부디
一度ぜひ私の家に遊びに来てください。Please do come visit me at my house some time. 一定来我家玩一次。 한번 부디 저희 집에 놀러와 주세요.
✏️「ぜひ来てください」「ぜひ行きたいです」
選択肢のことば
1 「さっさと」quickly 赶快，赶紧例 냉큼 例：「おしゃべりしていないで、さっさと仕事をしなさい」Stop chitchatting and go back to work quick. 不要讲话，赶快工作。 수다떨지말고, 어서 일하세요.
3 「けっこう」pretty, fairly 很，足够，可以 패 例：「このクイズ、簡単かと思っていたけど、けっこう難しいね」I thought this quiz would be easy, but it's pretty hard, isn't it? 这个测验，以为很简单，却很难。 이 퀴즈 간단하다고 생각했는데, 패 어렵네요.
4 「たまに」occasionally 偶尔 가끔 例：「映画館へはたまにしか行きません。うちでDVDを見ることが多いです」I go to the movies only occasionally. I usually watch DVD's at home. 电影院只是偶尔去去，较多在家里看DVD。 영화관에는 가끔씩밖에 가지 않습니다. 집에서 DVD를 보는 일이 많습니다.
🔖「遊びに来てください」

【33】 正解 4
活躍(する) be actively involved in … 活跃 활약(하다)
最近、日本人のサッカー選手が海外で活躍している。Recently Japanese soccer players are making great performances abroad. 最近，日本的足球运动员在海外很活跃。 최근 일본인 축구선수가 해외에서 활약하고 있다.
✏️「会社で/海外で/世界で 活躍する」
選択肢のことば
1 「営業(する)」operate, be open 营业 영업(하다)
2 「労働(する)」work 劳动 노동(하다)
3 「転勤(する)」be transferred to a new place 调动工作 전근(하다)
🔖「サッカー選手」「海外で」

第4回
【34】 正解 2
献立 menu 食谱 메뉴
晩ごはんの献立は何にしようか。What do you want for the dinner menu? 晚饭的食谱是什么？ 저녁 메뉴는 무엇으로 할까요？
✏️「食事の献立」
選択肢のことば
1 「計画」plan 计划 계획
3 「種類」kind 种类 종류
4 「予定」schedule 预定 예정
🔖「晩ごはんの〜」「何にしようか《何にする》」

【35】 正解 4
とっくに already, a long time ago 已经 벌써, 이미
お金はとっくに払いました。領収書はここにありますよ。I have already paid the money. Here's the receipt. 钱已经付了。这里是收据。 돈은 벌써 지불했습니다. 영수증은 여기에 있습니다.
✏️「とっくに終わりました」
選択肢のことば
1 「さっぱり」not at all 完全 전혀, 깨끗이 例：「あの人が何を言っているのか、さっぱりわからない」I have no idea what he is talking about. 那个人在说什么，我完全不明白。 저 사람이 뭘 얘기하고 있는건지, 전혀 모르겠다.
2 「しだいに〈次第に〉」gradually 逐渐 점차 例：「CDが普及して、音楽テープはしだいに使われなくなった」As CD's have become widespread, music tapes are getting outdated gradually. CD普及了，音乐磁带逐渐地不用了。 CD가 보급되자, 음악테입은 점차 사용하지 않게 되었다.
3 「がっかり」disappointed 失望，灰心丧气 낙심함, 실망함 例：「楽しみにしていた旅行に行けなくなって、がっかりした」I was disappointed I could not go on the trip I was looking forward to. 一直渴望着去的旅行不能去了，太失望了。 고대했던 여행에 못가게 되서, 낙심했다.
🔖「領収書はここにありますよ」

【36】 正解 3
往復 both ways, to and from (a place) 往返 왕복
ここから東京駅まで片道150円だから、往復で300円だ。The one-way fare from here to Tokyo Station is 150 yen, so it's 300 yen both ways. 因为从这儿到东京站单程150日元，所以往返是300日元。 여기서부터 동경역까지 편도 150 엔이니, 왕복이면 300 엔이다.
✏️「往復の切符」
選択肢のことば
1 「日帰り」one-day trip 当天回来 당일치기
2 「通り道」trail, path 通过之路 다니는 길 例：「山の中の細い道は、動物の通り道だ」The narrow paths in the mountains are the trails for animals. 山中的小路，是动物通过之路。 산중에 있는 좁은 길은 동물이 다니는 길이다.
4 「寄り道」stopping along the way 绕道 다른곳에 들름 例：「学校の帰りに寄り道をしないで、まっすぐ家に帰りなさい」Come straight home from school without stopping along the way. 放学回家时不要绕道，径直回家。 학교에서 귀가중에 다른 곳에 들르지 말고, 곧바로 집에 돌아와라.
🔖「片道150円だから」

【37】 正解 4

まとめる collect and summarize　汇总，集中　정리하다
課長が課のみんなの意見をまとめて、部長に報告した。 The section chief collected our opinions and made a report of them to the department head. 科长汇总了大家的意见，向部长报告。 과장이 과 모두의 의견을 정리하여, 부장에게 보고했다.

🔖 「意見を**まとめる**」「荷物を**まとめて**かばんに入れる」

選択肢のことば
1 「ねらう」 aim　瞄准，寻找～机会　겨누다, 노리다
2 「たたむ」 fold　叠, 折, 合上　개다, 접다
3 「ちぢめる〈縮める〉」 shrink　缩小，缩短　줄이다, 축소하다

🔍 「みんなの意見を～」

【38】 正解 1

アルバイト part-time job　临时工　아르바이트
私はアルバイトをして学費と生活費をかせいでいる。 I make money for my tuition and living expenses doing a part-time job. 我打临时工来挣学费和生活费。 나는 아르바이트로 학비와 생활비를 벌고 있다.

🔖 「**アルバイト**をする」「**アルバイト**を探す」

選択肢のことば
2 「クラス」 class　班级　클래스
3 「サークル」 club　小组　서클
4 「スポーツ」 sport(s)　运动　스포츠

🔍 「かせいでいる」

【39】 正解 2

むかえる〈迎える〉 go to meet (someone)　迎接　맞다, 맞이하다
夜遅い時間に帰ってくる娘を駅までむかえに行った。 I went to the station to meet my daughter who came home late at night. 去车站接晚上很晚回来的女儿。 밤늦은 시간에 돌아오는 딸을 역까지 마중 나갔다.

🔖 「駅まで**迎え**に行く」

選択肢のことば
1 「運ぶ」 carry　运, 运送　옮기다
3 「送る」 drive, see a person (to a place)　送　보내다　例：「友人を車で家まで**送る**」
4 「とどける〈届ける〉」 deliver　送到, 送给　전하다

🔍 「帰ってくる」「駅まで」

【40】 正解 4

あやしい〈怪しい〉 suspicious, fishy　可疑的, 奇怪的　수상하다, 이상하다
この辺であやしい人を見たら、すぐ警察に知らせてください。 If you see someone suspicious around here, call the police right away. 在这一带如果看到了奇怪的人, 请通知警察。 이 주변에서 수상한 사람을 보면, 바로 경찰에 알려주십시오.

🔖 「**あやしい**人がいる。どろぼうかもしれない」

選択肢のことば
1 「はげしい〈激しい〉」 severe　激烈　심하다　例：「**はげしい**雨が降っている」
2 「けわしい〈険しい〉」 steep, difficult　险峻, 陡峭　험난하다　例：「**険しい**山」

3 「ひとしい〈等しい〉」 equal　相等, 相同　같다, 동일하다
例：「『＝』は『**等しい**』という意味だ」

🔍 「警察に知らせてください」

【41】 正解 2

出身 birthplace　出身　출신
A「ご**出身**は、どちらですか。」 B「**大阪**です。」 A: Where are you from? B: I'm from Osaka. A:您是哪里人？（你出生在哪儿？） B:我出生于大阪。 A:출신은 어디십니까? B: 오사카입니다.

🔖 「**出身**地／**出身**校」「**出身**は東京です／東京の**出身**です」

選択肢のことば
1 「出場」 participation (in an event)　出场, 上场　출장
3 「出勤」 going to work　出勤　출근
4 「出席」 attendance　出席　출석

🔍 「どちら（＝どこ）ですか」

【42】 正解 3

思い(っ)きり to one's satisfaction　尽情　마음껏
試験が終わったら、思いっきり遊ぼう。 Let's play with all our might when exams are over. 考试结束后, 尽情地玩吧。 시험이 끝나면, 마음껏 놀자.

🔖 「**思いっきり**遊びたい」

選択肢のことば
1 「思わず」 unconsciously　禁不住, 不由得　무심코　例：「悲しいドラマを見て、**思わず**泣いてしまった」
2 「ちょうど」 just, exactly　正好　딱, 정확히, 꼭　例：「あの大事故があってから今日で**ちょうど**10年になる」
4 「少なくとも」 at least　至少　적어도　例：「結婚したら、子どもは**少なくとも**3人ほしい」

🔍 「遊ぼう」

【43】 正解 4

趣味 hobby　趣味, 爱好　취미
私の**趣味**はゲームとダンスです。 My hobbies are playing games and dancing. 我的爱好是游戏和跳舞。 제 취미는 게임과 댄스입니다.

🔖 「**趣味**は何ですか」「**趣味**が多い／ない」

選択肢のことば
1 「夢中」 absorbed, devoted, crazy　热衷　열중함, 정신이 없음　例：「ゲームに**夢中**だ」
2 「関心」 interest　关心　관심　例：「外国の文化に**関心**がある」
3 「熱中」 enthusiasm, passion　热衷　열중　例：「ダンスに**熱中**する」

【44】 正解 1

国際的(な) international　国际的　국제적 (인)
X市は外国人が多く住む**国際的**な都市だ。 X City is an international city where a lot of foreigners live. X市是有很多外国人居住的国际城市。 X 시는 외국인이 많이 사는 국제적인 도시이다.

🔖 「**国際的**な都市」

選択肢のことば
2 「国民的(な)」 national　国民, 国民性(的)　국민적 (인)　例：「サッカーのS選手は**国民的**な人気がある」 The soccer player S is nationally popular. 足球队的S选手在国民中很有人气。 축구 S 선수는 국민적인 인기가 있다.

3 「個人的(な)」 private, personal　个人(的),关于个人(的)　개인적(인)　例:「私は**個人的**な質問にはお答えしません」 I won't answer any personal questions.　我不回答关于个人的问题。　저는 개인적인 질문에는 대답하지 않겠습니다.
4 「社会的(な)」 social　社会性(的)　사회적(인)　例:「まだ子どもだから、**社会的な**問題には**興味がない**」 Because he is only a child, he has no interest in social issues.　因为还是个孩子,对社会性问题还没有兴趣。　아직 아이이므로, 사회적인 문제에는 흥미가 없다.

🔍 「外国人が多く住む」

第5回

【45】 正解 1
勝手(な) selfish　任意,随便,为所欲为　제멋대로(인)
夫は家族に相談しないで勝手に会社をやめてしまった。 My husband left his company at his own discretion without consulting with our family.　丈夫也不和家里人商量一下,随便就辞职了。　남편은 가족과 상의도 없이 멋대로 회사를 그만둬 버렸다.

📝 「**勝手な**行動はよくない」「自分**勝手な**人」

選択肢のことば
2 「慎重(な)」 careful, cautious　慎重(的)　신중(한)　例:「よく考えて**慎重に**行動しなさい」 Think hard and act cautiously.　好好考虑一下,慎重地行动。　잘 생각하여 신중하게 행동하세요.
3 「奇妙(な)」 strange　奇妙(的)　기묘(한)　例:「あの木は**奇妙な**形をしている」
4 「真剣(な)」 serious　认真(的)　진지(한)　例:「**真剣に**勉強する」

🔍 「家族に相談しないで」

【46】 正解 3
バランス balance　平衡,均衡　밸런스,균형
健康のために、栄養のバランスに気をつけています。 I try to take well-balanced nutrition for my health.　为了健康,请注意营养的平衡。　건강을 위해 영양 밸런스에 신경쓰고 있습니다.

📝 「栄養の**バランス**」「**バランス**がいい」

選択肢のことば
1 「プラン」 plan　计划　플랜,계획
2 「エネルギー」 energy　能量　에너지
4 「メニュー」 menu　菜单,食谱　메뉴

🔍 「健康のために」「栄養の～」

【47】 正解 2
中止 cancellation　中止　중지
台風による大雨で、予定されていた花火大会は中止になった。 Due to the heavy rain caused by a typhoon, the scheduled fireworks display was cancelled.　由于台风带来的大雨,预定的焰火大会中止了。　태풍에 의한 폭우로, 예정되어 있던 불꽃대회는 중지되었다.

📝 「会は**中止**になった」「遠足が**中止**された」

選択肢のことば
1 「停止」 stop, pull over　停止　정지　例:「車が**停止**する」
3 「休息」 rest, break　休息　휴식　例:「人間には**休息**が必要だ」
4 「休憩」 break　休息　휴게　例:「**休憩**時間」

🔍 「予定されていた」

【48】 正解 2
しきゅう〈至急〉 immediately　火急,火速,赶快　시급히
会議が始まりますから、みなさん、しきゅう会議室にお集まりください。 The meeting is going to take place, ladies and gentlemen, so please come to the conference room immediately.　会议马上要开始了,大家赶快到会议室集合。　회의가 시작되오니, 여러분 바로 회의실에 모여주십시오.

📝 「**しきゅう**会議室に来てください」

選択肢のことば
1 「きちんと」 properly, neatly　整整齐齐,正,恰当　깔끔히, 제대로　例:「ぬいだ服は**きちんと**たたみなさい」
3 「さきほど〈先ほど〉」 earlier　刚才　조금전　例:「**先ほど**、奥様からお電話がありました」
4 「とつぜん〈突然〉」 suddenly　突然　갑자기　例:「**突然**強い風が吹いて、雨が降ってきた」

🔍 「会議が始まります」

【49】 正解 4
そろう fully provided　齐全　갖추어지다,구비되다
この店には、子ども用品がなんでもそろっている。 This store is fully provided with children's stuff.　这个店里,孩子用品很齐全。　이 가게에는 어린이 용품이 무엇이든 구비되어 있다.

📝 「なんでも**そろっている**」「みんな**そろって**／家族**そろって** 旅行に行く」

選択肢のことば
1 「まとまる」 be well arranged　解决,谈妥　정리되다
2 「たまる」 collect, gather　积攒,积存　모이다, 쌓이다
3 「集中(する)」 be concentrated　集中　집중(하다)　例:「東京は人口が**集中している**」 The population concentrates on Tokyo.　东京人口很集中。　동경은 인구가 집중되어 있다.　「**集中してよく考える**」 think deeply with concentration　集中思想好好考虑　집중하여 잘 생각하다

🔍 「なんでも」

【50】 正解 4
お礼 thanks, reciprocation　感谢,谢意　사례,감사인사
小さいことでも、「ありがとう」とお礼を言われると、気持ちがいい。 You'll feel good if someone says "Thank you" for something small.　即使是很小的事,当对方说"谢谢"来表示谢意时,也会很高兴的。　사소한 것이라도 "감사합니다" 라고 인사를 받으면, 기분이 좋다.

📝 「**お礼を**言う」「**お礼の**品」

選択肢のことば
1 「お辞儀」 bowing　推辞,辞谢　머리숙여 인사함, 절
2 「お世話」 kindness, favor　帮忙,照料　도와줌, 보살핌의 공손한 말
3 「お祝い」 celebration　祝贺　축하

🔍 「『ありがとう』と」

【51】 正解 2
かわく〈乾く〉 get dry, dry up　干,干燥　마르다
今日は天気がいいし、風もあるので、洗ったものがよくかわくだろう。 Today the weather is nice and there's breeze, so the laundry will dry up well.　今天天气很好,又有风,洗衣服就会很快干吧。　오늘은 날씨도 좋고 바람도 부니, 세탁물이 잘 마르겠지.

📝 「洗濯物が**乾く**」「ぬれたものが**乾く**」

N3 解答

1 「かくす〈隠す〉」 hide 隐藏 숨기다
3 「ぬれる」 get wet 弄湿 젖다 例：「雨にぬれる」
4 「むすぶ〈結ぶ〉」 tie 系，结合 묶다，매다 例：「ひもを結ぶ」「契約を結ぶ」 make/sign a contract 締結契約 계약을 맺다
🔍 「天気がいいし、風がある」「洗ったものが～」

【52】 正解 3
ぬるい lukewarm, not hot enough 微温，不凉不热 미지근하다, 굼뜨다
お風呂のお湯は、熱いのが好きですか、それともぬるいほうがいいですか。 Regarding the hot bath water, do you like it hot or lukewarm? 入浴的水是喜欢热的还是温的？ 목욕탕 물은 뜨거운 것이 좋습니까, 아니면 미지근한 것이 좋습니까.
🔍 「お湯がぬるい」

選択肢のことば
1 「くどい」 tedious, repetitive 罗嗦，叨唠 집요하다 例：「何度も同じことを言わないでください。くどいですよ」
2 「つらい」 trying, bitter 艰辛 괴롭다 例：「慣れない仕事をしているので、つらいことも多い」
4 「のろい」 slow 迟钝，缓慢 둔하다 例：「カメは動きがのろい」 Turtles move slowly. 这照相机的动作很迟钝. 거북이는 움직임이 느리다.

【53】 正解 1
日常 daily, everyday life 日常 일상
起きる時間や寝る時間など、日常の習慣をちょっと変えてみませんか。 Why not change your daily life style a little bit, like the time to get up or to go to bed? 起床时间，睡觉时间等，能不能改变一下日常习惯。 일어나는 시간과 자는 시간등 일상습관을 조금 바꿔보지 않겠습니까.
🔍 「日常の生活／日常生活」「日常の習慣」

選択肢のことば
2 「平日」 weekday 平日 평일
3 「翌日」 the next day 第二天 다음날
4 「日程」 daily schedule 日程 일정
🔍 「～の習慣」

【54】 正解 4
ほとんど almost (all/nothing) 几乎 거의, 대부분
英語の聴解試験はとても難しくて、ほとんどわからなかった。 The English listening test was so difficult I could understand almost nothing. 英语的听力考试很难，几乎都不明白。 영어 청취시험은 정말 어려워서, 거의 이해하지 못했다.
🔍 「ほとんどわからない」

選択肢のことば
1 「めったに」 rarely, seldom 不常，不多，稀少 좀처럼 例：「妻も私も忙しいので、旅行にはめったに行けない」
2 「おもに〈主に〉」 mainly, chiefly 主要 주로 例：「この地方では主に米が作られています」
3 「ぴったり」 perfectly (to/at) 正好 딱, 꼭 例：「この服は私にぴったり合う」
🔍 「わからなかった」

【55】 正解 1
仲 friendship, relationship 交情，关系 사이, 관계
あの二人は仲がいい。いつもいっしょに行動している。 The two are very friendly. They are always together. 那两个人关系很好。总是一起行动。 저 두사람은 사이가 좋다. 항상 함께 행동하고 있다.
🔍 「仲がいい／悪い」

選択肢のことば
2 「友」 friend 朋友 친구
3 「愛」 love 爱 사랑
4 「心」 heart, mind 心 마음
🔍 「～がいい」「いつもいっしょに」

第6回

【56】 正解 1
暗記(する) memorize 熟记, 记住 암기(하다)
試験の前に英語の単語をいっしょうけんめいに暗記した。 I memorized the English vocabulary very hard before the exam. 考试前拼命地记住英语单词。 시험 전에 영어 단어를 열심히 암기했다.
🔍 「本を見ないで言えるように、文を暗記した」

選択肢のことば
2 「記録(する)」 record, write down 记录 기록(하다)
3 「清書(する)」 make a fair copy 誊清, 誊写 정서(하다)
4 「記入(する)」 fill in, make an entry 记上, 写 기입(하다)
🔍 「試験の前に」「英語の単語」

【57】 正解 2
将来 future 将来 장래
親は子どもの将来を楽しみにしたり、心配したりする。 Parents sometimes look forward to their children's future or sometimes worry about it. 父母一会儿对孩子的将来抱有希望，一会儿又担心。 부모는 자식의 장래를 고대하기도 하고, 걱정하기도 한다.
🔍 「将来を心配する」「自分の将来を考える」

選択肢のことば
1 「過去」 past 过去 과거
3 「現実」 reality 现实 현실
4 「来日」 visit to Japan 来日本 내일, 일본에 옴
🔍 「楽しみにしたり《楽しみにする》」「心配したりする」

【58】 正解 3
たしか(な)〈確か(な)〉 certain, true 确实(的) 확실(한)
その知らせはほんとうですか。たしかな情報ですか。 Is the news true? Is the information certain for sure? 这个消息是真的吗？是确实的情报吗？ 그 소식은 정말입니까? 확실한 정보입니까?
🔍 「確かな情報」

選択肢のことば
1 「けち(な)」 cheap, stingy 小气(的) 인색(한) 例：「あの人は金持ちなのに、けちだ」 He is rich but stingy. 那个人很有钱，却小气。 저 사람은 부자인데, 인색하다.
2 「むり(な)〈無理(な)〉」 impossible 不可能(的), 不合理(的) 무리(한)
例：「こんなにたくさんの仕事を1日でするのは無理です」
4 「わずか(な)」 little, small, minimum 仅有的, 一点点 얼마 안 되는 例：「わずかな収入で家族4人が生活するのはきびしい」
🔍 「ほんとうですか」「情報」

【59】 正解 4
にっこり smiling, beaming　宛然，笑嘻嘻　방긋
赤ちゃんがにっこり笑った顔は、とてもかわいい。A baby's smiling face is very cute.　婴儿微笑的脸，很可爱。　아기의 방긋 웃는 얼굴은 정말 귀엽다.

🔑 「にっこり笑う」

選択肢のことば
1 「しっかり」 enough, well　結实，牢固，好好地　충분히，잔뜩
例：「来年は受験だから、しっかり勉強しなさい」「この番号を忘れないように、しっかり覚えてください」Do not forget this number and try hard to remember it.　这个号码不要忘了，请牢牢地记住。　이 번호를 잊어버리지 않도록，확실히 외워주세요.
2 「はっきり」 clearly　清楚地　뚜렷이，분명히　例：「近眼でも、めがねをかければ、はっきり見える」
3 「ぴったり」 perfectly (to/at)　正好　딱，꼭　例：「この服は私にぴったり合う」

🔍 「笑った顔」

【60】 正解 3
どける remove　挪开，移开　치우다，비키다
その自転車はじゃまですから、どけてください。The bike is in the way. Get rid of it, please.　那辆自行车挡着路，请移动一下。　그 자전거는 방해되니，치워주세요.

🔑 「じゃまなものをどける」

選択肢のことば
1 「やめる」 stop　停止，阻止　멈추다，세우다
2 「とける〈解ける／溶ける〉」be solved, dissolve　解决，溶解　풀리다，녹다　例：「難しい問題が解けた」A difficult problem has been solved.　很难的问题解决了。　어려운 문제가 풀렸다.　「雪が解ける」「チョコレートが熱で溶けた」
4 「はめる」 wear　戴上，镶嵌　끼우다，끼다　例：「ゆびわをはめる」

🔍 「じゃまですから」

【61】 正解 4
一瞬 a moment　一瞬　한순간
それは一瞬の出来事だったから、何が起きたかわからなかった。As it was a momentary incident, I didn't know what happened.　那是一瞬间的事情，不明白到底发生了什么。　그것은 한순간에 벌어진 일이어서，무슨일이 일어났는지 몰랐다.

🔑 「一瞬の出来事」「ほんの一瞬」 only a moment　仅仅是一瞬间　아주 잠깐

🔍 「出来事」「何が起きたかわからなかった」

【62】 正解 4
エアコン air-conditioner, AC　空调　에어콘
暑いですね。エアコンを入れましょうか。It's hot, isn't it? Would you like me to turn on the AC?　好热啊。开空调吧。　덥네요. 에어콘을 킬까요?

🔑 「エアコンを入れる」「エアコンをつける」

選択肢のことば
1 「ガソリン」 gas　汽油　휘발유
2 「チェック」 check　检查　체크
3 「スピード」 speed　速度　스피드

🔍 「暑いですね」「入れましょうか」

【63】 正解 3
空 empty　空　비어있음
何が入っているかと箱を開けてみたら、空だった。Wondering what's inside the box, I opened it and found it empty.　不知里面装的是什么，打开箱子一看里面是空的。　무엇이 들어있는지 몰라 상자를 열어보니 비어 있었다.

🔑 「空の 箱／びん／袋」「酒のびんが空になった」

🔍 「箱を開けてみたら」

【64】 正解 1
しばらく for a while　暂时，许久　잠시
私は学生のころ、しばらく外国に住んでいました。I lived in a foreign country for a while when I was a student.　我是学生的时候，在国外住过很久。　나는 학창시절에 잠시 외국에서 살았습니다.

🔑 「しばらく外国に住んでいた」「しばらくお待ちください」

2 「今後」 from now on, in the future　今后　앞으로　例：「この国の景気は今後どうなるだろう」How is the economy of this country going to turn out in the future?　今后这个国家的景气会变得如何。　이 나라의 경기는 앞으로 어떻게 될까？
3 「しだいに〈次第に〉」 gradually　逐渐　점차　例：「CDが普及して、音楽テープはしだいに使われなくなった」As CD's have become widespread, music tapes are getting outdated gradually.　CD普及了，音乐磁带逐渐地不用了。　CD가 보급되자，음악테입은 점차 사용하지 않게 되었다.
4 「およそ」 approximately　大约　대략　例：「地球にはおよそ70億の人がいる」

🔍 「住んでいました」

【65】 正解 2
囲む surround　围着　둘러싸다
この国は島国なので、四方を海に囲まれている。This is an island country, and so it is surrounded by the sea.　这个国家是岛国，四方被大海包围着。　이 나라는 섬나라이므로，사방이 바다로 둘러싸여있다.

🔑 「山に囲まれた村」「人気歌手がファンに囲まれている」

選択肢のことば
1 「近づく」 approach　接近　접근하다，다가가다
3 「回る」 turn around　转，旋转　돌다
4 「包む」 wrap　包　싸다

🔍 「四方を～」

【66】 正解 3
田舎 country(side)　乡下　시골
山や川のきれいな田舎で暮らしたいと思っています。I wish to live in the country where there are pretty mountains and rivers.　想在山川美丽的乡下生活。　산과 강이 아름다운 시골에서 살고 싶습니다.

🔑 「田舎に住む／田舎で暮らす」

選択肢のことば
1 「住所」 address　住址　주소
2 「会場」 hall, place of an event　会场　회장
4 「社会」 society　社会　사회

🔍 「山や川のきれいな～」

第7回

【67】 正解 2
適当(な) suitable　适当(的)　적당 (한)
その仕事をするのに**適当**な人はだれだろう。 Who will be the suitable person to do that job?　能做这个工作的适当的人是谁呢。그 일을 하기에 적당한 사람은 누굴까.

📝 「**適当な** 人／物」

選択肢のことば
1 「**正直(な)**」 honest　正直(的)　정직 (한)　例：「うそを言わないで**正直**に答えなさい」 Don't lie and answer honestly.　不要说谎,请老实回答。 거짓말 하지 말고 솔직하게 대답해라.
3 「**正確(な)**」 correctly, accurately　正确(的)　정확 (한)　例：「このことばを**正確**に発音するのは難しい」
4 「**的確(な)**」 accurate, proper　的确(的)　정확 (한)　例：「この問題の解決には**的確**な判断が必要です」 Accurate judgement is required to solve this problem.　为了解决这个问题,正确的判断是必要的。 이 문제를 해결하기 위해서는 정확한 판단이 필요합니다.

🔍 「その仕事をするのに」

【68】 正解 3
柄 pattern　花样　무늬
このシャツの**柄**は好きだが、色はあまりよくない。 I like the patterns on this shirt, but the colors aren't so good.　这衬衫的花样很喜欢,但颜色不太好。 이 셔츠의 무늬는 좋아하지만, 색은 별로 좋지 않다.

📝 「服の**柄**」「**柄**が いい／すてきだ」

選択肢のことば
1 「**絵画**」 painting　絵画　화가
2 「**図**」 drawing, figure　图　도면, 그림
4 「**サイズ**」 size　尺寸　사이즈

🔍 「シャツの～」「～は好きだ」

【69】 正解 1
ずっと for a long time　一直　계속
あなたが来るのを、朝から**ずっと**待っていましたよ。 I have long been waiting for you to come since morning.　从早上就一直等你来啊。 당신이 오기를 아침부터 기다리고 있었어요.

📝 「**ずっと**待っていた」

選択肢のことば
2 「**やっと**」 finally　终于　겨우, 가까스로　例：「2年もかかったが、**やっと**論文を書き終わった」 I finally finished writing my thesis which took me as long as two years.　用了两年,总算写完了论文。 2년이나 걸렸지만, 겨우 논문작성이 끝났다.
3 「**さっと**」 quickly, briefly　突然　갑자기, 순식간에　例：「窓から涼しい風が**さっと**入ってきた」
4 「**もっと**」 more, harder　更　더욱　例：「あの大学に行きたいなら、**もっと**勉強しないとだめだ」 If you want to go to that college, you need to study harder.　如果想进那所大学,不更好好学习的话是不行的。 저 대학에 들어가고 싶으면, 더 공부하지 않으면 안 된다.

🔍 「朝から」「待っ<u>ていました</u>」

【70】 正解 4
カロリー calorie　热量　칼로리
甘いものは**カロリー**が高いから、食べすぎないように気をつけよう。 Let's try not to eat sweets too much because they are high in calories.　甜点热量很高,注意不要吃得太多。 단 음식은 칼로리가 높으니, 과식하지 않도록 조심하자.

📝 「**カロリー**が 高い／低い」「**カロリー**の取りすぎ」 taking too many calories　摄取太多热量　칼로리 과다섭취

選択肢のことば
1 「**マナー**」 manner　礼貌, 礼节　매너
2 「**レジャー**」 leisure　娱乐　레저
3 「**メンバー**」 member　会员　멤버

🔍 「甘いもの」「～が高い」

【71】 正解 2
ととのう〈整う〉 be ready　齐备, 完备　갖추어지다, 구비되다
会議の準備が**ととのった**ので、みなさん、会議室に集まってください。 The preparations for the meeting are done. Folks, please come to the conference room.　会议的准备完了,大家请在会议室集合。 회의 준비가 다 되었으니, 여러분 회의실에 모여주세요.

📝 「準備が／契約が **整う**」

選択肢のことば
1 「**とどまる〈留まる〉**」 stay　停留　멈추다, 머무르다
3 「**かがやく〈輝く〉**」 shine　放光, 闪耀　빛나다
4 「**よみがえる**」 return to life　复活, 复兴　되살아나다

🔍 「準備が～」

【72】 正解 2
案外 unexpectedly, surprisingly　意外　예상외로
あの人はやせているけど、**案外**力が強い。 Though he is thin, he has strength unexpectedly.　那个人虽然很瘦,但意外地很强壮。 저 사람은 말랐지만, 의외로 힘이 세다.

📝 「難しいかと思っていた試験は、**案外**簡単だった」

選択肢のことば
1 「**それに**」 besides　而且　게다가　例：「あの人は頭がいい。**それに**性格もやさしい」
3 「**ただし**」 however, on condition that …　但是　다만　例：「部屋に入ってもいいですよ。**ただし**静かにしていてください」
4 「**結局**」 after all　结果, 最后　결국　例：「いろいろ見て、**結局**これを買った」

🔍 「やせている」「力が強い」

【73】 正解 1
熱中(する) be absorbed in　热衷　열중
うちの息子は中学に入ってから、サッカーに**熱中**しています。 My son is crazy about playing soccer after he entered junior high school.　我家的儿子自从上了中学后,热衷于踢足球。 우리 아들은 중학교에 들어가고부터 축구에 열중하고 있습니다.

📝 「スポーツに／音楽に／ゲームに **熱中する**」

選択肢のことば
2 「**関心**」 interest　关心　관심　例：「日本文化に**関心**がある」
3 「**熱心(な)**」 eager, zealous　热心, 热诚　열성 (적인)　例：「仕事に**熱心**だ」
4 「**夢中(な)**」 absorbed, devoted, engrossed　热衷　열중함, 정신

이 없음　例：「サッカーに**夢中**だ」
🔍「～しています《する》」

【74】　正解 3
取り消す cancel　取消　취소하다
急に用事ができたので、今日の美容院の予約を**取り消した**。
Something came up suddenly, so I canceled today's appointment at a beauty salon.　因为突然有事，取消了今天美容院的预约。　갑자기 일이 생겨서, 오늘 미용실 예약을 취소했다.
✏️「予約を／約束を／注文を **取り消す**」

選択肢のことば
1「取り替える」change　换，交换　바꾸다, 교환하다
2「張り切る」be excited to do something　拉紧，干劲十足　의욕에 넘치다, 힘이 넘치다
4「落ち着く」calm down　沉着，镇静　안정되다, 정착하다
🔍「予約を～」

【75】　正解 4
ずるい cunning, cheating　狡猾，滑头　교활하다, 간사하다
他人のアイディアを自分のものだと言って発表するなんて、彼は**ずるい**人だ。Presenting somebody's idea as his own, he is a cunning person.　把别人的主意说成是自己的来发表，他真是个狡猾的人。　타인의 아이디어를 자신의 것이라고 발표하다니, 그는 간사한 사람이다.

選択肢のことば
1「うるさい」annoying　罗嗦　시끄럽다　例：「彼女は文句ばかり言って、**うるさい**」Complaining about something all the time, she is annoying.　她只是(不断)抱怨，真罗嗦。　그녀는 불평만 늘어놓고, 시끄럽다.
2「きびしい」strict　严格　엄격하다　例：「この学校は規則が**きびしい**」This school has strict rules.　这个学校的规则很严格。　이 학교는 규칙이 엄격하다.
3「しつこい」persistent, stubborn　纠缠不休，执拗　끈질기다, 집요하다　例：「**しつこい**セールスの電話がよくかかってくる」I often receive phone calls from persistent sales persons.　经常有纠缠不休的推销电话打来。　집요한 외판 전화가 자주 걸려온다.
🔍「他人のアイディアを自分のものだと言って発表する」

【76】　正解 3
定休日 regular holiday, day off　休息日　정기휴일
この店の**定休日**は水曜日です。This store is closed on Wednesdays.　这店的休息日是星期三。　이 가게의 정기휴일은 수요일입니다.
✏️「店の**定休日**」

選択肢のことば
1「休日」holiday　休息日　휴일　例：「カレンダーの赤い数字は**休日**です」
2「祝日」holiday　节日　경축일　例：「明日は『成人の日』の**祝日**です」Tomorrow will be a holiday called "Adult's Day."　明天是"成人日"的节日。　내일은 성인의 날로 경축일입니다.
4「休暇」vacation　休假　휴가　例：「家族で旅行するので、3日間の**休暇**を取った」
🔍「店の～」

【77】　正解 4
習慣 habit, custom　习惯　습관
毎晩寝る前にお酒を一杯飲むのが祖父の**習慣**だ。It is my grandfather's habit to have a drink before going to bed every night.　每晚睡觉前喝一杯酒是祖父的习惯。　매일밤 자기 전에 술한잔 마시는 것이 할아버지의 습관이다.
✏️「悪い**習慣**はやめなさい」

選択肢のことば
1「普通」common　普通　보통
2「実行」execution, carrying out　实行　실행
3「一般」general　一般　일반
🔍「毎晩寝る前に」

第8回

【78】　正解 2
息 breath　呼吸　숨
坂を走って上ったら、**息**が苦しくなった。After running up a hill, I had difficulty breathing.　跑着爬上了坡，喘不过气来了。　비탈길을 달려 올라가서, 숨이 찼다.
✏️「**息**が苦しい」「深く／大きく **息**をする」

選択肢のことば
1「声」voice　声音　목소리
🔍「苦しくなった」

【79】　正解 3
たいてい usually　大都，一般　대체로
私は、休みの日は**たいてい**朝寝坊をする。 I usually sleep in on my days off.　我休息天一般早上睡懒觉。　나는 휴일에 대체로 늦잠을 잔다.
✏️「休みの日は**たいてい**家にいる」

選択肢のことば
1「こっそり」secretly　悄悄地, 偷偷地　살짝　例：「どろぼうはその家にこっそり入った」
2「ぐっすり」(sleep) well/fast asleep　酣睡, 熟睡　푹　例：「赤ちゃんがぐっすり寝ている」
4「ちゃんと」properly, well-behavedly　正, 端正　규칙 바르게, 분명히, 착실하게　例：「遊んでいないで、**ちゃんと**宿題をやりなさい」Stop playing and do your homework like a good boy.　不要玩了, 规规矩矩地做作业吧。　놀지만 말고, 제대로 숙제를 해라.

【80】　正解 1
連絡 contact　联络, 联系　연락
次の会議の日時が決まったら、メールで**連絡**をします。
When the schedule for the next meeting is decided, we will let you know via e-mail.　下次会议的时间决定后, 会用电子邮件联系。　다음 회의 일시가 정해지면, 메일로 연락드리겠습니다.
✏️「電話で／メールで／手紙で **連絡**(を)する」「**連絡**がある／ない」

選択肢のことば
2「予報」forecast　预报　예보
3「命令」order, command　命令　명령
4「投書」letter to the editor　投稿, 写信　투서
🔍「メールで」

【81】 正解 1

(子どもが)できる　have (a child)　怀上孩子　아이가 생기다
結婚して子どもができた。出産は10月の予定だ。I got married and am having a baby who is scheduled to be born in October.　结了婚怀上了孩子。预定在10月出生。　결혼해서 아이가 생겼다. 출산은 10월이 예정이다.

🔍「子どもができる」「駅の前に新しいホテルができた」

選択肢のことば

4「現れる」appear, show up　出現　나타나다
🔍「子どもが～」「出産は10月の予定だ」⇒まだ生まれていない

【82】 正解 2

ずいぶん　much more, far more　相当, 很　꽤, 아주
練習を始めたころよりずいぶん上手になりましたね。You have become much more skillful than when you first started.　比刚开始练习的时候好了很多。　연습을 시작했을 때보다 훨씬 능숙해졌네요.

🔍「ずいぶん上手になった」

選択肢のことば

1「もともと」originally　本来　원래, 본디　例:「私はもともと運動が苦手でしたが、ゴルフだけは楽しんでいます」Originally I was not good at sports, but do enjoy playing golf.　我本来不善于运动, 只有打高尔夫觉得快乐。　나는 원래 운동을 잘 못하지만, 골프만은 즐겁게 하고 있습니다.

3「きっと」maybe, probably　一定　분명　例:「がんばれば、きっと成功するだろう」You will probably succeed if you work hard.　只要努力, 一定能成功的吧。　노력하면, 분명 성공하겠지.

4「かならず〈必ず〉」always, without fail　一定, 必定　반드시　例:「私たちは会うと必ずいっしょに酒を飲む」

🔍「練習を始めたころより」

【83】 正解 1

するどい〈鋭い〉sharp, acute　尖锐, 锋利, 敏锐　날카롭다, 예리하다
あの人の批評はいつもするどくて的確だ。His critique is always sharp and to the point.　那个人的批评总是很锋利且正确。　저 사람의 비평은 항상 예리하고 정확하다.

🔍「鋭い批評」「鋭い刃」「ライオンの鋭い爪」

選択肢のことば

2「さわがしい〈騒がしい〉」noisy　吵闹, 嘈杂　시끄럽다　例:「君たち、さわがしい。少し静かにしなさい」

3「だらしない」lazy, sloppy　散漫, 放荡, 吊儿郎当　칠칠치 못하다　例:「夏休みの間はねぼうをしたりして、生活がだらしなくなる」

4「かゆい」itchy　痒　가렵다　例:「かゆいところにつける薬をください」

🔍「批評」

【84】 正解 4

家事　housework　家务　가사
両親が忙しいので、子どもたちが家事を手伝っている。Because the parents are busy, their children help do the housework.　因为父母很忙, 孩子们帮着做家务。　부모가 바빠서, 아이들이 가사를 돕고 있다.

🔍「掃除、洗濯、料理などの家事」

選択肢のことば

1「行事」event　仪式, 活动　행사
3「事故」accident　事故　사고
🔍「両親が忙しい」「手伝っている」

【85】 正解 2

プロ　professional　专业　프로
高校の野球部で活躍した兄は、卒業してからプロの選手になった。My older brother, who played well in his high school baseball club, has become a professional player after graduation.　在高中的棒球俱乐部活动的哥哥, 毕业后成了专业的棒球选手。　고교 야구부에서 활약했던 형은, 졸업한 후 프로 선수가 되었다.

🔍「プロの選手」「プロになった」

選択肢のことば

1「ベテラン」veteran　老手, 老练的人　베테랑
3「スター」star　明星　스타
4「トップ」top　最高层, 首位　톱
🔍「卒業してから～になった」「～の選手」

【86】 正解 4

わずか(な)　only a little, few　一点点, 很少, 仅　얼마 안 되는, 얼마 남지않은
クリスマスも終わって、今年も残りはわずかです。Christmas being over, we have only few days left this year.　圣诞节结束了, 今年只剩下没几天了。(一点点日子了。)　크리스마스도 끝나고, 올해도 얼마 남지 않았습니다.

🔍「残りがわずかだ」

選択肢のことば

1「あらた(な)〈新た(な)〉」new　新的　새로운　例:「一つ問題が片付いたら、また新たな問題が生まれた」When one problem was solved, another new problem was born.　一个问题解决了, 又产生了新的问题。　문제가 하나 해결되니, 또 새로운 문제가 생겼다.

2「余分(な)」extra　多余的　여분의　例:「余分なカロリーで体重が増えないように、食事に注意する」watch one's diet not to gain weight by taking extra calories　不要（摄取）多余的热量而增加体重, 要注意饮食　여분의 칼로리로 체중이 늘지 않도록, 식사에 주의하다

3「にわか(な)」sudden　突然, 骤然　갑작스런, 별안간　例:「空がにわかに暗くなった。雨が降りそうだ」The sky has suddenly grown dark. Looks like rain.　天空突然暗下来了, 好像要下雨了。　하늘이 갑자기 어두워졌다. 비가 올 것 같다.

🔍「残りは～」

【87】 正解 4

駐車場　parking lot　停车场　주차장
会場には駐車場がありません。バスか電車でお越しください。There is no parking lot at the hall. Please come either by bus or train.　会场没有停车场, 请坐巴士来。　회장에는 주차장이 없습니다. 버스나 전차로 와 주십시오.

🔍「駐車場に車を入れる」

選択肢のことば

1「道路」road　道路　도로
2「車庫」garage　车库　차고
3「停留所」bus stop　公共汽车站　정류소

🔍「〜がありません」「バスか電車で」

【88】 正解 3
断る turn down, refuse　拒絶　거절하다
人から頼まれたことは、断らないでやろうと思っている。I try not to turn down what people ask me to do. 別人委托的事, 不想拒絕, 想(好好)做。 사람에게 부탁받은 일은, 거절하지 않고 하려고 한다.

✏️「断らないで引き受ける」

選択肢のことば
1 「許す」 forgive, allow　原諒　용서하다
2 「やめる」 stop　停止, 阻止　그만두다
4 「引き止める」 keep a person from (doing...)　留, 挽留　만류하다

🔍「やろう《やる》」

第9回
【89】 正解 1
突然 suddenly　突然　갑자기
「すぐに来て」と突然母に呼ばれたので、どうしたのかと心配になった。When I was called suddenly by my mother saying, "Come right away," I was worried what was wrong. 因為母親叫我"馬上過來。", 不知發生了什麼很擔心。「당장 와」라고 갑자기 엄마가 불러서, 무슨일인가하고 걱정했다.

✏️「突然雨が降ってきた」「彼女は突然笑い出した」

選択肢のことば
2 「至急」 immediately　火急, 火速　시급　例:「ご連絡したいことがあります。至急、お電話をください」We have something we would like to let you know. Please call us immediately. 有事想和你聯繫。請火速打電話(給我)。 연락드리고 싶은 내용이 있습니다. 급히 전화주세요.
3 「ときどき」 sometimes, occasionally　有時候　때때로, 가끔　例:「ときどき頭が痛くなるので、病院へ行った」
4 「さっそく」 right away　馬上　즉시　例:「注文したパソコンが届いたので、さっそく使ってみた」Since the computer I ordered has been delivered, I tried it right away. 訂購的電腦來了, 馬上用一下看看。 주문했던 컴퓨터가 도착해서, 즉시 사용해 봤다.

🔍「呼ばれた」

【90】 正解 1
合図 signal　信號　신호
青の信号は「通ってもいい」という合図です。The green light is the signal for "Walk." 綠色信號是"可以通過"的信號。 파란 신호는「지나가도 된다」라는 신호입니다.

✏️「手をあげて合図をする」

選択肢のことば
2 「予報」 forecast　預報　예보
3 「案内」 information, notice　引導, 向導　안내
4 「報告」 report　報告　보고

🔍「信号」

【91】 正解 4
つもる〈積もる〉 accumulate　積　쌓이다
北の地方では雪が2メートルもつもっている。In the northern regions, they have two meters of accumulation of snow. 北方地区积了2米深的雪。 북 지방에는 눈이 2미터나 쌓여 있다.

✏️「雪が／ほこりが 積もる」

選択肢のことば
1 「つどう〈集う〉」 gather　聚集, 集中　모이다
2 「かさなる〈重なる〉」 pile up　重疊　거듭되다
3 「たまる」 accumulate, build up　積攢, 積存　쌓이다

🔍「雪が〜」

【92】 正解 4
中古 used　中古, 半旧　중고
初めて買う車は新車でなくてもいい。中古の車で十分だ。If you are going to buy a car for the first time, it doesn't have to be a new car. A used one is good enough. 最初买的车不是新车也可以。中古车就非常好了。 처음으로 사는 차는 신차가 아니어도 좋다. 중고차로 충분하다.

✏️「中古品」「中古車」「中古の家具／機械／パソコン」

選択肢のことば
1 「古風(な)」 classic, old-fashioned　古风(的)　고풍(스런)
2 「稽古」 practice, lesson　练习, 练功, 排练　연습
3 「古典」 classic　古典　고전

🔍「新車でなくてもいい」

【93】 正解 2
さかん(な) popular, widespread　盛行的　왕성한, 번성한
最近、主婦の間でボランティア活動がさかんです。Volunteer activities are popular among housewives recently. 最近, 在主妇之间, 盛行做义工。 요즘 주부들 사이에서 봉사활동이 유행하고 있습니다.

✏️「活動が／スポーツが さかんだ」

選択肢のことば
1 「主要(な)」 main, primary　主要(的)　주요(한)　例:「この国の主要な産業は農業です」
4 「熱心(な)」 actively, zealous　热心(的)　열심(인)　例:「主婦たちはボランティア活動を熱心にやっている」

🔍「活動が〜」

【94】 正解 3
書留 registered mail　挂号　등기
郵便で現金を送る場合は、書留で送ってください。When you send cash by mail, send it by registered mail. 在邮寄现金时, 要挂号邮寄。 우편으로 현금을 보낼 때는 등기로 보내십시오.

✏️「大切な書類を／お金を 書留で送る」

選択肢のことば
1 「特急」 special express　特急　특급　例:「特急電車」
2 「配達」 delivery　送, 投递　배달
4 「小包」 parcel, package　包裹, 邮包　소포

🔍「現金を送る」

【95】 正解 1
ちっとも not at all　一点儿也　조금도
よく勉強しているのに、ちっとも成績が上がらない。どうしてだろう。Even if I study so hard, my grades don't get better at all. I wonder why? 好好学习了, 但成绩一点都没提高。怎么回事呢? 공부를 잘 하고 있는데, 조금도 성적이 오르지 않는다. 이유를 모르겠다.

🔍「このゲームはちっともおもしろくない」

N3 解答

2「ざっと」 roughly　粗略地　대강　例:「朝、新聞をざっと読んでから出かける」
3「さらに」 even more　更　더욱　例:「11月に入って寒くなった。でも、これからさらに寒くなる」
4「おそらく」 probably　恐怕　아마도　例:「今降っている雨は、おそらく雪に変わるだろう」
🔍「(成績が) 上がらない」

【96】 正解 3
はえる〈生える〉 grow　长, 生　자라다
庭の草は、取ってもまたすぐにはえる。After I cut the grass in the garden, it grows again soon. 院子里的草, 拔了又马上长出来了。 정원의 난 풀은, 뽑아도 바로 자라난다.
🔑「草が／髪が／ひげが 生える」

選択肢のことば
1「みのる〈実る〉」 bear fruit　结果实, 成熟, 有成果　열매맺다, 결실맺다
2「さく〈咲く〉」 bloom　开(花)　피다
4「うえる〈植える〉」 plant　种　심다
🔍「草」「取っても」

【97】 正解 1
電池 battery　电池　전지
電子辞書の電池が切れてしまった。The battery for the electronic dictionary has run out. 电子词典的电池用完了。 전자사전의 전지가 떨어져 버렸다.
🔑「電池が切れる」

選択肢のことば
2「発電」 generating power　发电　발전　例:「原子力で発電する」 generate electricity via nuclear power　用原子能发电　원자력으로 발전하다
3「電力」 electricity　电力　전력　例:「電力が不足する」
4「運転」 drive　驾驶　운전　例:「自動車を運転する」
🔍「電子辞書の〜」「切れてしまった」

【98】 正解 4
ドラマ drama　戏剧, 戏　드라마
母は毎朝8時からのテレビドラマを見るのを楽しみにしている。My mother looks forward to watching a TV drama that begins at 8:00 every morning. 每天早上8点看电视剧是母亲的乐趣。 엄마는 매일 아침 8시부터 시작하는 텔레비전 드라마 보기를 낙으로 삼고 있다.
🔑「テレビドラマ」「ドラマを見る」

選択肢のことば
1「マスコミ」 mass communication　传媒　매스컴
2「ゲーム」 game　游戏　게임
3「リズム」 rhythm　节奏　리듬
🔍「テレビ」「〜を見る」

【99】 正解 4
めざす〈目指す〉 aim (at)　以〜为目标　목표로 하다
弟は国立大学の合格をめざして勉強している。My younger brother is studying hard wishing to pass an entrance exam for a national university. 弟弟以考取国立大学为目标而学习着。 남동생은 국립대학 합격을 목표로 공부하고 있다.
🔑「合格を目指す」「金メダルを目指して、がんばった」

選択肢のことば
1「ささえる〈支える〉」 support　支持　떠받치다, 지탱하다
2「かせぐ〈稼ぐ〉」 earn, make money　挣钱　벌다
3「めだつ〈目立つ〉」 stand out　显眼　눈에 띄다
🔍「合格を〜」

第10回

【100】 正解 1
にる〈似る〉 look like, resemble　像　닮다
姉の声は母の声によくにているので、電話だと間違えやすい。Because my older sister's voice sounds very much like my mother's, they are easily mistaken for each other on the phone. 姐姐的声音和妈妈很像, 打电话时很容易搞错。 언니 목소리는 엄마 목소리와 많이 닮아서, 전화로는 착각하기 쉽다.
🔑「あの親子は顔が似ている」「子どもは親に似る」

選択肢のことば
2「あう〈合う／会う〉」 be suited / meet　合适／见面　맞다／만나다
3「よる〈寄る／よる〉」 stop by / because of　靠近／由于　들르다／의하다　例:「仕事の帰りに店に寄る」「風邪による欠席者が多い」
「よう〈酔う〉」 get drunk　喝醉　취하다　例:「酒に酔う」
4「はる〈張る／貼る〉」 display/stick　张贴／贴　치다／붙이다
「はう〈這う〉」 crawl, creep　爬行　기다　例:「10か月の息子は家の中をはっている」
🔍「間違えやすい」

【101】 正解 1
見出し headline　标题　제목, 표제
新聞の見出しを見れば、記事のだいたいの内容がわかる。If you look at the newspaper headlines, you'll know the general contents of the article. 只看一下新闻标题, 就能知道大概的内容。 신문 표제를 보면, 기사의 대부분의 내용을 알 수 있다.
🔑「新聞の見出し」「記事の見出し」

選択肢のことば
2「宛名」 address　姓名　수신인명
3「題」 title　题目　제목
4「日記」 journal, diary　日记　일기
🔍「新聞の〜」「記事のだいたいの内容」

【102】 正解 4
ぜいたく(な) lavish, luxurious　奢侈(的)　분에 넘침, 사치(스럽)
お金がないから、ぜいたくな生活はできません。I can't live a lavish life because I don't have money. 因为没有钱, 不能过奢侈的生活。 돈이 없으니, 사치스러운 생활은 할 수 없습니다.
🔑「ぜいたくな生活」「ぜいたくに暮らす」

選択肢のことば
1「豊富(な)」 rich　丰富(的)　풍부(한)　例:「ビタミンの豊富な野菜は体にいい」
2「見事(な)」 excellent, beautiful　美丽(的), 卓越(的)　훌륭(한)　例:「山田さんが話す中国語は実に見事です」
3「有利(な)」 advantageous, profitable　有利(的)　유리(한)　例:「外国語ができると、就職に有利だ」If you can speak a foreign language, it's advantageous for employment. 会外语的话,

対就职有利。外国语가 가능하면, 취직이 유리하다.
🔍「お金がない」

【103】 正解 1
ぴかぴか shiny, glittering　閃亮　반짝반짝
この車、ぴかぴかですね。新車でしょう？ This car is shining brightly. It must be a brand-new car, isn't it? 这汽车闪闪发亮，是新车吧。 이 자동차 번쩍이네요. 신차죠?

📝「新しい、**ぴかぴか**の車」「くつが**ぴかぴか**だ」

選択肢のことば
2「ほかほか」 piping hot, nice and warm　热乎乎　따끈따끈
例：「お弁当を電子レンジで温めれば、**ほかほか**になる」 If you warm up your lunch box in the microwave, it will get nice and warm. 盒饭放在微波炉里加热的话，就变得热乎乎的。 도시락을 전자렌지로 덥히면, 따끈따끈해진다.
3「ぎりぎり」 barely, just before　最大限度，极限，刚刚　빠듯함
例：「遅くなったけれど、**ぎりぎり**間に合った」 I got late, but made it barely on time. 虽然迟了，刚刚来得及。 늦었지만, 가까스로 시간안에 맞췄다.
4「ぽかぽか(する)」 nice and warm, spring-like　暖和，温暖　포근포근
例：「今日は春みたいに**ぽかぽか**した一日だった」 It was nice and warm like spring today. 今天是像春天一样的温暖的一天。 오늘도 봄같이 포근한 하루였다.

🔍「新車」

【104】 正解 2
助かる be helpful　得救，脱险，省力，有帮助　목숨을 건지다, 도움이 되다
友だちに手伝ってもらって、とても助かった。 I got my friend to assist me and it was a great help. 让朋友来帮忙，很有帮助。 친구들이 거들어 줘서, 정말 도움이 되었다.

📝「あなたのおかげで**助かりました**。ありがとう」

選択肢のことば
1「喜ぶ」 be glad　高興　기뻐하다
3「敬う」 respect　敬，尊敬，敬重　존경하다
4「頼る」 depend　依賴　의지하다, 믿다

🔍「手伝ってもらって」

【105】 正解 3
サイン signature　签名　싸인
この書類のここに判子かサインをお願いします。 Please either stamp or sign here on this paper. 请在这份文件的这儿签名。 이 서류의 이곳에 도장이나 싸인을 부탁드립니다.

📝「**サイン**をする」「**サイン**が要る」

選択肢のことば
1「タイプ」 type　类型　타입
2「ページ」 page　页　페이지
4「センス」 sense　感覚，审美能力　센스

🔍「判子か〜」

【106】 正解 3
おととい〈一昨日〉 the day before yesterday　前天　그저께
おとといからずっと雨が降り続いている。 It has been raining since the day before yesterday. 从前天起一直在下雨。 그저께부터

계속 비가 내리고 있다.

📝「**おととい**⇒きのう⇒今日⇒明日⇒あさって」

選択肢のことば
1「翌日」 the next day　第二天　다음날

🔍「〜からずっと」

【107】 正解 4
いっせいに all at once　一下子，一齐　일제히
暖かくなって、庭の花がいっせいに咲き始めた。 As it's getting warmer, the garden flowers have started blooming all at once. 天起变暖和了，庭院里的话一下子都开了。 따뜻해져서, 정원의 꽃이 일제히 피기 시작했다.

📝「花が**いっせいに**咲き始めた」「生徒が**いっせいに**教室から出てきた」

選択肢のことば
1「自由に」 freely　自由　자유롭게　例：「お好きなものを**自由に**召し上がってください」
2「いっぱいに」 all over (a place)　很多　가득　例：「部屋**いっぱいに**山の写真がかざってある」
3「合わせて」 to (the piano, etc.)　配合，調和　맞추어　例：「子どもたちは先生がひくピアノに**合わせて**歌った」

🔍「咲き始めた」

【108】 正解 2
日帰り one-day trip　当天回来　일치기
今度の日曜日に日帰りで温泉に行きませんか。 How about going on a one-day trip to a hot spring this coming Sunday? 这个星期天，去不去当天回来的温泉？ 이번 일요일에 당일치기로 온천에 가지 않을래요?

📝「**日帰り**の遠足」

選択肢のことば
1「往復」 round-trip　来回　왕복
3「宿泊」 lodging　住宿　숙박
4「行き帰り」 to and from　往返，来回　오고 감, 왕복　例：「学校の**行き帰り**によく会う人がいる」 I often run into a person to and from school. 在往返学校途中，有经常遇见的人。 학교에 오갈 때 자주 만나는 사람이 있다.

🔍「日曜日に」「行きませんか《行く》」

【109】 正解 1
ふくむ〈含む〉 contain　包括，含有　포함하다
野菜や果物はビタミンを多く含んでいる。 Vegetables or fruits contain lots of vitamins. 蔬菜和水果中，含有很多维生素。 야채나 과일은 비타민을 많이 함유하고 있다.

📝「商品の値段には税金が**含まれている**」

選択肢のことば
2「はさむ〈挟む〉」 put ... between two things　隔，夹　끼우다, 참견하다
3「のべる〈述べる〉」 say, speak　陈述　진술하다
4「しまう」 put away, keep　收拾起来，放起来　치우다, 간수하다　例：「大事なものは引き出しに**しまう**」

🔍「野菜や果物」「ビタミンを〜」

【110】 正解 4

当番 duty　当番之日，值班　당번
私の学校では、週に1回掃除当番がまわってくる。 At my school we are on duty once a week to do the cleaning.　在我的学校，每周一次会轮到打扫卫生的值班。　우리 학교에서는 주 1 회 청소당번이 돌아온다.

🖉 「掃除**当番**」「食事**当番**」「**当番**で 掃除をする／食事を作る」

選択肢のことば
1 「担任」homeroom teacher　担任　담임
2 「受け持ち」assignment, job　主管，担任　담당
3 「順番」turn　順次序，轮班　순번

🔑 「週に1回」「まわってくる」

言い換え類義

第1回

【1】 正解1 会員
メンバー＝同じ集団に入っている人 people belonging to the same group 加入同一集団的人 같은 집단에 들어가 있는 사람
新しいスケジュールを会のメンバーに知らせた。I let the club members know about the new schedule. 新的日程表通知了会员。 새로운 스케줄을 모임 멤버에게 알렸다.

🖉「会のメンバー」club/group member 会员 모임 멤버
「では、サッカー日本チームのメンバーを発表します」Well, let me announce the members of the Japan soccer team. 那么，发表日本足球队的队员（名单）。 그럼 축구 일본팀 멤버를 발표하겠습니다.

選択肢のことば
2 「会長」president 会长 회장
3 「新会員」new member 新会员 신회원
4 「リーダー」leader 领导 리더

【2】 正解3 残念だ
おしい disappointing, sad, close 可惜 아깝다
もうちょっとだったのに。おしかったね。It was really close. What a shame! 就差一点点。可惜啊。 얼마 안남았었는데. 아까웠다. 쳇.

🖉「日本チームはあと1点で優勝できたのに。ほんとうにおしかったね」The Japan team could have won with just one more point. It was such a shame. 日本队只差一点就得冠军了。真可惜啊。 일본팀은 한점 더 넣으면 우승할 수 있었는데. 정말 아까웠다.

選択肢のことば
1 「びっくり（する）」be surprised 吃惊 놀라다

【3】 正解1 全部
残らず all, without exception 一个不剩 남김없이
今日の仕事は残らず片付けた。I've got all the work completely done for today. 今天的工作一点没剩地做完了。 오늘 업무는 남기지 않고 처리했다.

🖉「買っておいたビールをみんなで残らず飲んだ」We drank all the beer completely that we had previously bought. 买好的啤酒大家一点没剩地喝了。 사뒀던 맥주를 모두 함께 전부 마셨다.

選択肢のことば
2 「大部分」most of 大部分 대부분 例：「この高校では大部分の生徒が進学を希望している」
3 「だいたい」about, approximately 大概 대체로 例：「出席者はだいたい50名ぐらいです」
4 「一部」a part of 一部分 일부 例：「すみません。この資料の一部にミスがあります」

【4】 正解3 役人
公務員 public servant, government employee 公务员 공무원
彼は公務員になりたいそうだ。He says he wants to become a civil servant. 他好像想当公务员。 그는 공무원이 되고 싶다고 한다.

🖉「公務員は国民のため、地域の人々のために働く」Public servants work for the citizens of the nation and for the local citizens. 公务员为了国民，为了那个地方的人们而工作。 공무원은 국민을 위해, 지역 사람들을 위해 일한다.

選択肢のことば
1 「教師」＝学校の先生
2 「政治家」politician 政治家 정치가
3 「役人」public servant, government official 官员, 官吏, 公务员 관리인, 공무원
4 「学者」scholar 学者 학자

【5】 正解2 流行する
はやる be in fashion, be popular 流行 유행하다
来年はピンクがはやるらしい。It seems like pink will be popular next year. 明年好像流行粉红色。 내년에는 핑크가 유행한다고 한다.

🖉「インフルエンザがはやっているので気をつけてください」Take caution because Influenza is raging now. 因为流感流行, 请当心。 독감이 유행하고 있으니 조심하세요.

選択肢のことば
1 「売れる」sell 好卖, 卖得好 팔리다
3 「増える」increase 增加 늘다
4 「注目（する）」pay attention 注目 주목(하다) 例：「新入社員の西山さんは、美人なので男性社員から注目されている」Being pretty, Miss Nishiyama, the new employee, is attracting attention of male employees. 新职员西山因为很美丽，受到男性职员的注目。 신입사원인 니시야마씨는 미인이라서 남성사원들에게 주목받고 있다.

第2回

【6】 正解3 取り消す
キャンセル（する）cancel 取消 취소
今なら、まだキャンセルすることができる。Right now, we still can cancel it. 如果是现在, 还能取消。 지금이라면 아직 취소할 수 있다.

🖉「母が急に入院したので、旅行をキャンセルした」

選択肢のことば
1 「追加（する）」add (to) 追加 추가(하다)
2 「予約（する）」make a reservation 预约 예약(하다)
4 「申し込む」apply 申请 신청하다

【7】 正解3 この間
先日 the other day 前些日子 일전, 요전
彼女が先日言ったことはうそだった。What she said the other day was not true. 她前些日子说的话是谎话。 그녀가 요전에 한 말은 거짓말이었다.

🖉「先日はたいへんごちそうになり、ありがとうございました」

選択肢のことば
1 「翌日」the next day 第二天 다음 날 例：「翌～」＝その次の～ 「結婚した翌年に子どもが生まれました」
2 「さっき」earlier, a little while ago 刚才 아까, 좀전 例：「さっき昼ご飯を食べたばかりなのに、もうおなかがすいた」I am already hungry though I had lunch only a little while ago. 刚才刚吃了午饭，现在肚子就饿了。 아까 점심 먹은지 얼마 안됐는데, 벌써 배가 고프다.
4 「最近」recently 最近 최근 例：「最近、結婚したがらない若者が増えている」The number of young people who don't want to get married is increasing recently. 最近不想结婚的年轻人在增加。 요즘 결혼하고 싶지 않은 젊은이들이 늘고 있다.

N3 解答

【8】 正解 4　びっくりさせる
おどかす surprise, frighten, scare　恐吓，威胁，吓唬　협박하다，놀라게 하다
人をおどかすのはやめてください。Stop scaring me.　请不要威胁别人。사람 놀라게 하는 짓은 그만두세요.
🖉「鳥が果物を食べてしまわないように、鳥を**おどかす**方法はありませんか」Isn't there any way to scare away the birds so they won't eat the fruit?　为了不让鸟吃水果，有没有吓唬鸟的方法。새가 과일을 먹어버리지 않도록, 새를 놀라게 하는 방법은 없습니까?

選択肢のことば
1 「いじめる」bully　欺负　괴롭히다, 학대하다　例：「弱い者を**いじめて**はいけませんよ」Do not bully the weak.　不能欺负弱者。약자를 괴롭혀서는 안됩니다.
2 「泣かせる」make ... cry　使哭泣, 动人的　울리다　例：「兄は妹をたたいて、**泣かせて**しまった」The older brother hit his younger sister and made her cry.　哥哥拍着妹妹，她哭了。오빠는 여동생을 때려, 울리고 말았다.
3 「困らせる」give trouble　使为难　난처하게 하다, 괴롭히다　例：「私と弟はよくけんかをして親を**困らせた**」I and my younger brother used to fight often and gave trouble to our parents.　我经常和弟弟吵架, 让父母为难。나와 남동생은 자주 싸워서 부모를 난감하게 했다.

【9】 正解 4　よくない
いけない bad, wrong　不好, 不行　안된다, 좋지 않다
熱があるの? それはいけないね。You have a fever? That's too bad.　有热度吗? 那可不太好。열 있니? 그거 안 되는데.
🖉「ここでたばこを吸っては**いけません**」

【10】 正解 1　準備
用意 preparation　准备, 预备　용의, 준비
早く用意をしないと遅れますよ。You'll be late if you don't get ready soon.　不早一点准备的话要迟到了。빨리 준비하지 않으면 늦습니다.
🖉「食事の**用意**ができました。さあ、テーブルにどうぞ」Dinner is ready. Please come be seated at the table.　饭菜准备好了。来, 请上桌。식사 준비가 되었습니다. 자, 테이블로 와주세요.

選択肢のことば
2 「外出」=出かけること
3 「出発」start, departure　出发　출발
4 「出席」attendance　出席　출석

第3回

【11】 正解 2　なくした
うしなう〈失う〉 lose　失去　잃다
政治家のK氏は、その事件で国民の人気をうしなった。Politician K lost popularity of the citizens because of the incident.　政治家的K氏，因为那件事而失去了国民的人气。정치가인 K 씨는 그 사건으로 국민의 인기를 잃었다.
🖉「いつも夢を**失わない**ようにしたい」

選択肢のことば
1 「手に入れる」get, obtain　入手　손에 넣다
3 「減らす」decrease　减少　줄이다
4 「増やす」increase　增加　늘리다

【12】 正解 3　うるさい
さわがしい noisy　吵闹　시끄럽다
部屋の外がさわがしいから、見てきてください。There's a lot of noise outside the room. Please go check for me.　太吵闹了, 请安静一点。방이 시끄러우니, 보고 와 주세요.
🖉「**さわがしい**。少し静かにしなさい」Shut up. Be a little quiet.　屋外很吵闹, 请去看一下。시끄러워. 좀 조용히 해.

選択肢のことば
4 「変(な)」strange, weird　奇怪(的)　이상(한)

【13】 正解 4　外国
海外 overseas, abroad　海外　해외
将来は海外で仕事をしたいと思っています。I would like to work abroad in the future.　将来想去海外工作。장차 해외에서 일하고 싶습니다.
🖉「空港は、**海外**旅行に行く人でこんでいる」The airport is packed with people going on trips abroad.　机场里有很多去海外旅行的人, 很拥挤。공항은 해외여행을 가는 사람으로 혼잡하다.

選択肢のことば
1 「世界中」all over the world　世界上　전 세계　例：「インターネットを使うと**世界中**の情報が手に入る」You can get information from all over the world by using Internet.　用因特网把世界上的情报都收集到手。인터넷을 사용하면 전 세계의 정보를 얻을 수 있다.
2 「都会」(big) city　大城市　도회, 도시　例：「**都会**に出て働きたいという若者が減っているらしい」It is reported that the number of young people who want to work in big cities is decreasing.　想去大城市工作的年轻人在减少。도시로 나와 일하고 싶어하는 젊은이들이 줄었다고 한다.
3 「大企業」large corporation　大企业　대기업　例：「今は景気が悪いので**大企業**でも倒産する会社がある」Since the economy is bad now, some large corporations go bankrupt as well.　现在因为不景气, 即使是大企业也有倒闭的公司。지금은 경기가 나빠서 대기업이어도 도산하는 회사가 있다.

【14】 正解 3　最近
このごろ lately, recently　最近　요즘
A「このごろ鈴木さんを見かけないね。」B「そうだね。元気なのかな。」A:We haven't seen Mr. Suzuki lately, have we? B:No, we haven't. Wonder if he's doing all right.　A: 最近没看到铃木啊。B: 是啊, 不知他(她)好不好。A: 요즘 스즈끼씨를 보질 못했네. B: 그렇네. 건강히 잘 지내나?
🖉「このごろ野菜の値段が安いので、ありがたいです」

選択肢のことば
1 「今ごろ」=だいたい今の時間 about this time　大概在现在的时间　대략 이시간　例：「明日の**今ごろ**は飛行機の中にいるはずだ」I am supposed to be on the plane about this time tomorrow.　明天这个时候, 应该在飞机里吧。내일 이맘쯤은 비행기 안에 있을 것이다.
2 「日ごろ」=ふだん／いつも usually　平时, 总是　평소, 언제나　例：「地震が来てもあわてないように、**日ごろ**から準備をしておこう」Let us prepare ourselves always so we don't have to be in panic when we have an earthquake.　即使地震来了也不慌张, 平时就要做好准备。지진이 와도 당황하지 않도록, 평소에 준비해 두자.
4 「付近」=近く／近所 nearby　附近　부근　例：「私の家の**付近**には店がないので、買い物に不便です」

【15】正解2　入れる
加える add, have someone join　加上　보태다，더하다
会のメンバーに彼女を加えることになった。We have decided to have her join us as our club member.　会员中加上了她的名字。　모임 멤버에 그녀를 넣기로 했다．
🖉「肉と野菜を煮ます。肉がやわらかくなったらさとうを加えてください」You cook the vegetables and meat. When the meat gets tender, add some sugar.　肉和菜一起煮。肉酥软了以后加食糖。　고기와 야채를 끓입니다．고기가 부드러워지면 설탕을 넣어주세요．

選択肢のことば
1「誘う」ask, invite　约，劝诱　권하다，불러내다　例：「昨日は、友だちを誘って映画を見に行った」
3「除く」exclude　除了　빼다，제외하다　例：「この店は年末年始を除いて一年中やっている」This store is open all through the year except for the year-end and New Year holidays.　这家店除了年终年初以外，一年都开着。　이 가게는 연말연시를 제외하고 1년 내내 하고 있다．
4「選ぶ」choose, pick　选，选择　선택하다　例：「どうぞ、好きな飲み物を選んでください」

第4回

【16】正解4　いつも
年中 all the year round, all the time　一年中一直，总是，不停地　연중，항상，언제나
あの人は年中怒っている。He is angry about something all the time.　那个人总是在发怒。　저 사람은 항상 화내고 있다．
🖉「この島は年中天気がよくて、暖かい」「あの二人は年中けんかをしている」「この店は年中無休です」This store is open throughout the year.　这家店全年一直营业。　이 가게는 연중무휴입니다．

選択肢のことば
2「たまに」occasionally, only sometimes　有时候，偶尔　가끔
例：「彼女とはなかなか会えない。たまにしか会えない」It's hard to get to see her. I see her only once in a while.　和她很难见面。只是偶尔见面。　그녀와는 좀처럼 만날 수 없다．가끔씩밖에 만나지 못한다．
3「一年間」　例：「私はイギリスに一年間留学しました」I studied abroad in Britain for a year.　我在英国留学一年。　저는 영국에서 1년간 유학했습니다．

【17】正解3　短所
欠点 weak point, fault　缺点　결점
欠点のない人なんていません。No one is free from faults.　没有无缺点的人。　결점 없는 사람은 없습니다．
🖉「あの人は頭がいいけれど、すぐ怒るのが欠点だ」「このカメラはきれいな写真が撮れるが、重いのが欠点だ」

選択肢のことば
1「不安（な）」worried, nervous, anxious　不安（的）　불안（한）
2「苦労」hardship, suffering　辛苦，劳苦　고생
4「苦手（な）」unskillful, not good　难对付，棘手，不善于，不擅长　서투른　例：「私はスポーツが苦手なので、得意な人がうらやましい」I am envious of people who are good at sports because I am poor at them.　我不擅长运动，对擅长的人很羡慕。　나는 스포츠가 서툴러서，잘 하는 사람이 부럽다．

【18】正解1　入れて
つめる〈詰める〉fill, stuff　填，填塞　채우다
これを全部その容器につめてください。Fill all of this into the container.　把这些全部填塞在那个容器里。　이것을 전부 그 용기에 넣어 주세요．
🖉「母がふるさとの食べ物を箱につめて送ってくれた」My mother sent me a box stuffed with foods from my hometown.　妈妈把故乡的食品装在箱子里送来了。　엄마가 고향 음식을 상자에 넣어 보내 줬다．

選択肢のことば
4「つむ〈積む〉」load　堆积，装载　쌓다，싣다　例：「荷物を車に積む」

【19】正解2　終わり
おしまい＝最後
宿題は、このプリントでおしまいだ。This sheet is the last portion of my homework.　作业就是这个印刷就完了。　숙제는 이 프린트로 끝난다．
🖉「さあ、今日の仕事はこれでおしまいにして、飲みに行こう」Now let's be done with our work for today and go for a drink.　啊，今天的工作到这儿就完了，一起去喝一杯吧。　자，오늘 업무는 이것으로 끝내고，마시러 가자．

選択肢のことば
3「途中」midway, on the way　途中　도중

【20】正解4　会えて
お目にかかる〔謙譲語〕＝会う
今日はみなさまにお目にかかれて本当にうれしいです。I am so happy I can see you all today.　今天能见到大家真是高兴啊。　오늘은 여러분을 만나뵈어 정말 기쁩니다．
🖉「明日木村先生にお目にかかって、進学について相談するつもりだ」

選択肢のことば
1「お世話になる」receive help, kindness　受到了关照　신세지다　例：「先生にはいつもお世話になっています。ありがとうございます」

第5回

【21】正解4　変だ
おかしい strange　奇怪（的），不正常（的）　이상（한）
最近テレビの調子がおかしい。My TV isn't working good recently.　最近电视机的状态很不正常。　요즘 텔레비전 상태가 이상합니다．
🖉「最近、胃の調子がおかしい。病院に行ったほうがいいかもしれない」My stomach feels funny recently. I might need to see a doctor.　最近，胃有点不舒服，可能最好去医院看一下。　요즘 위 상태가 이상하다．병원에 가는게 좋을 것 같다．

【22】正解3　取った
うばう rob, steal　抢，抢夺　빼앗다
男は女性のかばんをうばった。The guy robbed the woman of her bag.　那男人抢了女士的包。　남자는 여성의 가방을 가로챘다．
🖉「戦争で命をうばわれた人がたくさんいる」

N3解答

【23】 正解 3　会社

企業 company, corporation　企业　기업

環境を守る活動を行う企業が増えている。More companies are engaged in activities to protect the environment.　实行保护环境的活动的企业增加了。　환경 지키기 활동을 하고 있는 기업이 늘고 있다．

💡「いくつかの**企業**の入社試験を受けたが、どこも不合格だった」I have taken employment exams for some companies, but failed all of them.　应试了几家公司的进公司的考试，都没有考取。　몇개 기업의 입사시험을 치뤘는데, 모두 불합격이었다．

【24】 正解 2　たびたび

しばしば often, frequently　屡次，每每，常常　자주，여러차례

彼はしばしば私の家に遊びに来る。He often comes to visit me at my house.　他常常来我家玩。　그는 자주 우리 집에 놀러 왔다．

💡「妹は頭が痛いと言って学校を**しばしば**休むので、母が心配している」My mother is worried about my younger sister because she often skips school saying she has a headache.　妹妹说头疼常常不去学校，母亲很担心。　여동생이 머리가 아프다고 하며 학교를 자주 쉬어인, 엄마가 걱정하고 있다．

選択肢のことば

3「たまに」occasionally, once in a while　偶尔　가끔　例：「いつも早く帰りますね。**たまに**はいっしょに飲みに行きませんか」

4「もうじき」soon　马上　이제 곧　例：「**もうじき**弟が20歳になるんです。何か記念になるものをあげようと思っています」

【25】 正解 1　疲れた

くたびれる　get tired　累，疲劳　지치다，피로하다

ああ、くたびれた。さあ、帰ろう。Oh, I'm tired. Let's go home now.　唉，累了。回家吧。　아, 피곤하다. 자 집에 가자．

💡「10時間も飛行機に乗っていたので、**くたびれた**」

第6回

【26】 正解 2　将来

先 future　将来, 未来　앞날, 장래

先のことはだれにもわからない。Nobody can tell what will happen in the future.　将来的事谁也不知道。　앞으로의 일은 아무도 모른다．

💡「社長が替わった。これから**先**、会社がどうなるか心配だ」We have a new company president. We are worried what's going to happen to our company in the future.　社长换了，真担心公司以后会怎么样。　사장이 바뀌었다．앞으로 회사가 어떻게 될지 걱정이다．

選択肢のことば

1「過去」past　过去　과거

3「予定」plan, schedule　预定　예정

4「直前」directly before　即将，眼看要　직전

【27】 正解 3　上手に

うまい＝上手（な）

前回に比べると、ずいぶんうまくなりましたね。You've done much better than last time.　和上次相比，好了很多阿。　지난번에 비해, 꽤 능숙해졌네요．

💡「彼はサッカーが**うまい**し、歌も**うまい**ので、クラスの人気者だ」Being a good soccer player and a good singer as well, he is popular in class.　他足球踢得好，歌也唱得好，是班级里的红人。　그는 축구를 잘하고, 노래도 잘해서, 클래스에서 인기가 많았다．

4「りっぱ（な）〈立派（な）〉」excellent, honorable　出色, 端庄　훌륭（한）　例：「ひさしぶりですね。自動車会社で働いているんですか。**りっぱ**になりましたね」It's been a long time. So you're working for a car company? You're such a fine man now.　好久不见。在汽车制造公司工作吗？真优秀啊。　오랜만이네요．자동차 회사에서 근무하고 있어요？훌륭해졌네요．

【28】 正解 4　だんだん

しだいに gradually　逐渐　점차

雨がしだいに強くなってきた。The rain is getting increasingly stronger.　雨也随之下大了。　비가 점차 강해졌다．

💡「アメリカに来て3か月たち、**しだいに**英語が聞き取れるようになってきた」

選択肢のことば

1「そろそろ」about time　就要，快要　슬슬　例：「あ、もう7時ですね。**そろそろ**帰りましょうか」

2「ますます」more and more　越来越　더욱더, 점점　例：「人気グループが出るドラマが始まった。グループの人気は**ますます**高くなるだろう」The drama in which the popular group appears has started. The group will be even more popular.　有人气的小组出演的电视剧开始了。那个小组的人气会越来越旺吧。　인기그룹이 나오는 드라마가 시작한다．그룹의 인기는 점점 높아져가겠지．

3「どんどん」a lot, freely　连续不断，接二连三　잇따라, 계속해서　例：「さあ、遠慮しないで**どんどん**食べてください」

【29】 正解 1　元の所に戻す

片付ける clean up　收拾　치우다

使ったものはちゃんと片付けること。Make sure to clean up what you have used.　用了的东西一定要收拾好。　쓴 물건은 제대로 치울 것．

💡「うちの息子は、**片付ける**のが下手で、彼の部屋はいつもちらかっている」Our son is poor at cleaning stuff up, so his room is always messy.　我家的儿子，不会收拾，他的房间总是弄得乱七八糟。　우리 아들은 치우는게 서툴러서, 그의 방은 항상 어지러져있다．

選択肢のことば

1「戻す」return　送回，放回，归还　되돌리다　例：「本を読んだら、**本棚**にちゃんと**戻して**ください」Make sure you return the books back to the shelf after you're done with them.　读了书后，一定要放回书架。　책을 다 읽으면，책장에 제대로 되돌려 놔 주세요．

【30】 正解 4　体の調子

健康 health　健康　건강

健康には十分気をつけてください。Take good care of your health.　请一定重视健康。　건강에는 충분히 조심해 주세요．

💡「父は**健康**にいいからと言って、毎日朝早く散歩をしている」

選択肢のことば

3「体力」physical strength　体力　체력　例：「退院したけれど、まだ**体力**が十分ではない」

第7回

【31】 正解1　よくない
まずい wrong, awkward　不好　좋지 않다
その話をここでするのは、ちょっとまずいよ。It's not a good idea to talk about it here.　在这里说那件事, 不太好啊。　그 얘기를 여기서 하는 것은 좀 난처해요．

🔖A「どうしたの？　元気がないね」B「うん。ちょっとまずいことがあってね」

【32】 正解3　スピーチ
演説 speech　演说　연설
彼の演説は見事だった。His speech was excellent.　他的演说非常精彩。　그의 연설은 훌륭했다．

🔖「知事選挙の候補者の演説を聞くために、たくさんの人が集まっている」A lot of people have gathered to hear the speech to be made by a candidate running for the governor.　为了听知事候补者的演说, 很多人都聚集在这里。　지사선거 후보자의 연설을 듣기 위해, 많은 사람들이 모여 있다．

選択肢のことば

1 「説明」explanation　说明　설명　例：「新しいコピー機の使い方を説明します」I will explain how to use the new copy machine.　来说明一下新复印机的使用方法。　새로운 복사기의 사용법을 설명하겠습니다．

2 「論文」thesis　论文　논문　例：「今年は大学の卒業論文を書かなければならない」I have to write a graduation thesis for my college this year.　今年必须写大学的毕业论文。　올해는 대학의 졸업논문을 쓰지 않으면 안된다．

【33】 正解1　だいたい
ほぼ almost　大略, 大体　거의
明日の会議の準備はほぼ終わった。The preparations for tomorrow's meeting have been almost finished.　明天会议的准备大概完成了。　내일 있을 회의 준비는 거의 끝났다．

🔖「レポートがほぼ書き終わったので、ほっとしています」I feel relieved because I have almost finished writing a report.　报告书大体完成了, 松了一口气。　리포트를 거의 다 써서, 마음이 편해졌습니다．

選択肢のことば

3 「やっと」finally　终于　겨우, 간신히　例：「三日も続いた雨がやっとやんだ」

【34】 正解1　目標にして
めざす〈目指す〉＝目標にする aim (at), have ... in one's mind　以…为目标　목표로 하다
あなたは何をめざしてこの仕事を始めたのですか。What did you have in your mind when you started this business?　你以什么为目标开始工作呢。　당신은 무엇을 목표로 이 일을 시작했습니까？

🔖「兄はA大学を目指して勉強している」

選択肢のことば

2 「参考にする」refer (to)　参考　참고하다　例：「インターネットで調べたことを参考にしてレポートを書いた」I wrote a report referring to what I checked on the Internet.　参考从因特网上搜索到的资料写了报告书。　인터넷에서 알아본 내용을 참고로 하여 리포트를 썼다．

3 「期待(する)」expect　期待　기대(하다)

4 「選択(する)」choose, select　选择　선택(하다)

【35】 正解2　反対
逆 opposite, reverse　相反　반대
A「すみません。この先に郵便局があると聞いたのですが…。」B「逆ですよ。郵便局はあっちです。」A:Excuse me, I've heard there is a post office ahead of here... B:It's on the opposite direction. The post office is that way.　A: 对不起。听说这前面有个邮局…。B: 相反方向。邮局在那边。　A: 실례합니다．이 앞에 우체국이 있다고 들었습니다만. B: 반대쪽이에요．우체국은 저쪽입니다．

🔖「あの人が言っていることは事実と逆です。信じないでください」What he is saying is not true. Don't believe it.　那个人说的话和事实相反。不要相信他。　저 사람이 하는 말은 사실과 반대입니다．믿지 마세요．

選択肢のことば

1 「向かい」across from　対面, 对过　맞은편

3 「さかさま」upside down　逆, 倒　거꾸로

4 「裏」back　背面　뒤, 뒷면

第8回

【36】 正解2　チャンス
機会 chance, opportunity　机会　기회
こんなよい機会はめったにない。There will hardly be such a good opportunity.　这样好的机会很难得啊。　이런 좋은 기회는 좀처럼 없다．

🔖「また東京に来る機会があったら、必ず連絡します」I will surely contact you when I have another chance to come to Tokyo again.　如果有再来东京的机会, 一定和你联系。　다시 동경 올 기회가 있으면, 꼭 연락하겠습니다．

選択肢のことば

1 「状況」situation　状况　상황

3 「出来事」happening, incident　发生的事　일어난 일, 사건

4 「チーム」team　小组, 团队　팀

【37】 正解3　静かな
おとなしい quiet, gentle, obedient　老实　얌전하다, 온순하다, 점잖다
妹はおとなしい性格だ。My younger sister is a person of a quiet character.　妹妹性格是很老实的。　여동생은 성격이 얌전하다．

🔖「この犬はおとなしいから、レストランに連れていってもだいじょうぶです」

選択肢のことば

4 「活発(な)」active, outgoing　活泼的　활발하다　例：「妹はおとなしい性格だが、姉は活発だ」

【38】 正解4　決まり
規則 rule　规则　규칙
ことばの使い方には規則がある。There are rules for how to use words.　词语的"使用方法"是有规则的。　말의 사용법에는 규칙이 있다．

🔖「規則は必ず守らなければならない」You must absolutely obey the rules.　规则一定要遵守。　규칙은 반드시 지켜야만 한다．

選択肢のことば

1 「例外」exception　例外　예외

3「変わり」change　変化　변화, 변함, 차이

【39】正解2　思ったより
案外 unexpectedly, surprisingly, more...than one thinks　意想不到, 出乎意外　이외로, 뜻밖에
田中教授の講義は**案外**おもしろかった。Professor Tanaka's lecture was more interesting than I thought it would be.　田中教授的讲义出乎以外地有意思。　다나까교수의 강의는 의외로 재밌었다.

✐「祖母が病気だと聞いて電話をしたら、**案外**元気な声だったので安心した」Learning that my grandmother was sick, I called her and was relieved because she sounded better than I thought.　听说祖母病了打了电话, 出乎意外声音听上去很健康, 安心了。　할머니가 병이라고 얘기를 들어 전화를 했더니, 의외로 건강한 목소리여서 안심했다.

選択肢のことば
1「思った通り」just as I thought　正如所想的那样　생각한 대로, 예상한대로　例：「田中教授の講義はおもしろそうだと思っていたが、**思った通り**、とてもおもしろかった」I had thought Professor Tanaka's lecture must be good, and it was very good just as I thought.　我想田中教授的讲义好像很有意思, 正如所想的那样, 非常有意思。　다나까교수의 강의는 재미있을거라 생각했는데, 예상한대로 정말 재미있었다.
3「非常に」very　非常　상당히, 매우　例：「今年の冬は**非常に**寒くて、雪も多い」
4「かなり」pretty, fairly, considerably　颇, 相当　꽤　例：「**かなり**日本語がわかるようになったけれど、まだまだです」

【40】正解4　直して
修理（する） repair, fix　修理　수리 (하다)
父に車を**修理**してもらった。I got my car repaired by my father.　让父亲修了汽车。　아버지가 차를 수리해 줬다.

✐「この時計、止まってしまいました。**修理**すれば**直る**でしょうか」

選択肢のことば
3「運転（する）」drive　驾驶　운전 (하다)

第9回

【41】正解4　大きすぎる
だぶだぶ baggy, loose, too big　又肥又大　헐렁헐렁
この服は**だぶだぶ**だ。This clothes is too big for me.　这衣服又肥又大。　이 옷은 헐렁헐렁하다.

✐「ダイエットをして5キロやせた。前に着ていた服が**だぶだぶ**になってしまった」

【42】正解2　具合
加減 physical condition, health　状态　조절함, 상태
お父様のお**加減**はいかがですか。How is your father feeling?　您父亲的状态怎么样？　아버님의 상태는 어떠세요?

✐「父は急に**加減**が悪くなって、入院した」

【43】正解3　強い
はげしい〈激しい〉 severe　激烈的　심하다, 격하다
今日は朝から**はげしい**雨が降っている。It has been raining hard since morning today.　今天从早上起就下着暴雨。　오늘은 아침부터 비가 심하게 내리고 있다.

✐「今回の選挙は、**はげしい**戦いになるだろう」This election will turn out to be a fierce battle.　这次选举竞争一定相当激烈。　이번 선거는 격렬한 싸움이 되겠지.

選択肢のことば
1「細かい」fine　细小的　작다, 상세하다　例：「年をとると、**細かい**字が見えにくくなる」You cannot read fine print well as you get old.　年纪大了, 细小的字很难看清。　나이를 먹으면 작은 글자가 보기 힘들어 진다.

【44】正解2　できるだけ
なるべく as ... as possible　尽量　되도록
子どもが小さい間は、母親は**なるべく**いっしょにいるべきだ。While their children are small, mothers should be with them as much as possible.　在孩子小的时候, 母亲应该尽量和他们在一起。　아이가 어릴 때는, 어머니는 되도록 같이 있어야 한다.

✐「この仕事、**なるべく**早くやってもらいたいんですが」I want you to finish this job as soon as possible.　这工作请尽量早一点完成。　이 일, 되도록 빨리 해줬으면 좋겠습니다만.

選択肢のことば
1「絶対に」definitely, for certain　绝对, 一定　절대로　例：「約束は**絶対に**守らなければいけないよ」You should definitely keep your promise, OK?　约定是绝对要遵守的。　약속은 절대로 지키지 않으면 안돼요.
3「必ず」例：「宿題は**必ず**やってください」

【45】正解3　急いで
あわてる be in a hurry, hasty　慌张　당황하다, 허둥거리다
彼は電話を切ったあと、**あわてて**部屋を出ていった。After hanging up the phone, he got out of his room hastily.　他挂了电话之后, 慌慌张张地走出了屋子。　그는 전화를 끊은 후, 허둥거리며 방을 나갔다.

✐「今朝**あわてて**家を出たので、携帯電話を持ってくるのを忘れてしまった」I forgot to bring my cellphone because I left home in a hurry this morning.　因为早晨慌忙地离开家, 忘了把手机带出来了。　오늘 아침에 허둥지둥 집을 나와서, 휴대폰 갖고 나오는 것을 잊어 버렸다.

選択肢のことば
2「だまる」keep silent, shut up　不说话, 沉默　입을 다물다, 말없이 있다

第10回

【46】正解2　総理大臣
首相 prime minister　首相　수상
新しい**首相**が決まった。The new prime minister has been elected.　新首相決定了。　새로운 수상이 정해졌다.

✐「**首相**は来週アメリカのホワイトハウスを訪問する」The prime minister will visit the White House in the US next week.　首相下周去美国白宫访问。　수상은 다음주에 미국 백악관을 방문한다.

選択肢のことば
1「大統領」president　总统　대통령
3「議長」chairman　议长　의장　例：「会議の**議長**が選挙で選ばれた」The chairman for the meeting has been selected by voting.　会议的议长是通过选举而选出来的。　회의 의장이 선거로 뽑혔다.

4 「委員」 committee member　委員　위원

【47】 正解3　終わったら
済む finish　完了，終了，结束　끝나다，완료되다
用事が済んだら、連絡してください。Let me know when you are done with your business.　办完事后，请和我联系。　볼일이 끝나면，연락해 주세요．

🖊️子「お母さん、遊びに行っていい？」 母「宿題が済んでから行きなさい」

選択肢のことば
2 「決まる」 be decided, be set　決定　정해지다，결정되다　例：「結婚式の日が決まりましたので、お知らせします」Since our wedding day has been set, we would like to let you know.　婚礼的时间决定了，现在通知您。　결혼식 날이 정해져서, 알려드리겠습니다．

【48】 正解3　とても悪かった
ひどい terrible, awful　残酷，无情，糟糕　심하다
今回のテストの結果はひどかった。The result of the test for this time was awful.　这次考试的结果很糟糕。　이번 테스트 결과는 심했다．

🖊️「妹が料理を作ってくれたが、味がひどくて食べられなかった」Though my younger sister cooked something for me, it tasted so bad I couldn't eat it.　妹妹做的菜味道太糟糕，不能吃。　여동생이 요리를 만들어 줬는데, 맛이 너무 없어서 먹을 수 없었다．「ひどい風邪をひいて、1週間会社を休んだ」I caught a bad cold and took a week of sick days.　得了重感冒，休息了一个星期没去公司。　심한 감기에 걸려서, 1주일간 회사를 쉬었다．

【49】 正解1　全部
すっかり completely　完全　완전히
昨日勉強したことをすっかり忘れてしまった。I have completely forgotten what I studied yesterday.　昨天学的东西完全忘了。　어제 공부한 내용을 완전히 잊어 버렸다．

🖊️「おかげさまですっかり元気になりました。もうだいじょうぶです」Thank God I have got completely fine. I am all right now.　托您的福，完全恢复了。现在没问题了。　덕분에 완전히 건강해 졌습니다．이제 괜찮습니다．

選択肢のことば
2 「ほとんど」 almost　几乎都　거의　例：「中国語を半年勉強して中国へ行ったが、はじめは何を言われてもほとんどわからなかった」Though I had studied Chinese for half a year before going to China, I could understand almost nothing of whatever was said to me at first.　学了半年中文后去了中国，最初别人对我说的话几乎都不明白。　중국어를 반년간 공부해서 중국에 갔는데, 처음에는 무슨 말을 들어도 거의 알아듣질 못했다．

【50】 正解4　話していた
しゃべる talk, chat　说话，聊天　수다떨다，말하다
ゆうべは友だちと一晩中しゃべっていた。I was chatting with my friend all night yesterday.　昨晚和朋友谈了一夜。　어젯밤 친구와 밤새도록 수다를 떨었다．

🖊️「今はテスト中ですから、しゃべらないでください」

選択肢のことば
1 「楽しむ」 enjoy　享受，欣赏　즐기다

第11回
【51】 正解1　布
生地 cloth, fabric　质地，布料　옷감，천
このシーツは柔らかい生地でできている。This sheet is made out of soft fabric.　这床单很柔软，布料很好。　이 시트는 부드러운 천으로 되어 있다．

🖊️「スカートを作った生地が残ったので、子どものズボンを作った」I had some left-over fabric after making a skirt, so made a pair of pants for my kid with it.　因为做裙子的布料有多余，做了孩子们的裤子。　스커트를 만든 옷감이 남아 있어서, 아이의 바지를 만들었다．

【52】 正解2　忙しい
あわただしい busy, rushed　慌张，匆忙　분주하다，경황없다
今日はあわただしい一日だった。I was on the go all day today.　今天度过了匆忙的一天。　오늘은 분주한 하루였다．

🖊️「年末はあわただしいので、次の打ち合わせは1月にしましょう」Because we will be in hustle and bustle at the year-end, let's have our next meeting in January.　年末很匆忙，下次见面就定在一月吧。　연말은 분주하니, 다음 회의는 1월에 합시다．

【53】 正解3　景色
ながめ〈眺め〉 view　眺望　전망
ここからのながめはすばらしい。There's a nice view from here.　从这儿眺望的风景美极了。　이곳에서 보이는 전망은 굉장하다．

🖊️「山に登るのは大変だったが、山の上からのながめはすばらしかった」

選択肢のことば
1 「見かけ」＝見た感じ／見た様子　例：「あの方は、見かけは若いけれど、もう60歳だそうだ」
2 「方角」＝方向 direction　方向　방향　例：「山の中を歩いているうちに、方角がわからなくなってしまった」I got lost for directions while walking in the mountain.　在山里走着，迷失了方向。　산 속을 걷고 있는 동안에, 방향을 잃어버렸다．
3 「景色」 scenery, view　景色　경치
4 「雰囲気」 atmosphere　气氛，氛围　분위기

【54】 正解4　たぶん
おそらく probably, maybe　恐怕，大概　아마，어쩌면
次の社長になるのはおそらく本田さんだろう。The next president will probably be Mr./Ms. Honda.　下一届成为社长的人恐怕是本田先生（女士）吧。　다음 사장은 아마도 혼다씨이겠지．

🖊️「おそらく二人は来年結婚するだろう」

選択肢のことば
1 「やはり」 after all, just as expected　果然　역시　例：「次の社長は、やはり本田さんに決まった。予想通りだった」They have decided on Mr./Ms. Honda as our next president after all. It turned out just as we had expected.　下一任社长，果然决定是本田先生（女士）。和预想的一致。　다음 사장은 역시 혼다씨로 정해졌다．예상대로였다．
2 「もしかしたら」＝可能性は低いけれど〜かもしれない There is little possibility, but 〜 might 〜　可能性很低，但是说不定是〜　가능성은 적지만〜할지도 모른다　例：「父の病気は、もしかしたらガンかもしれないと心配したが、ガンではなかった」

We were worried that our father's illness might be cancer, but it wasn't. 担心父亲的病说不定是癌症，但不是的。 아버지의 병은 어쩌면 암일지도 모른다고 생각되어 걱정했지만, 암은 아니었다.

【55】 正解 1　守らなかった
規則を破る　break/violate a rule　违反规则　규칙을 어기다
規則を破ったのは、あの人です。 It's that guy who broke the rule. 违反规则的是那个人。 규칙을 어긴 것은 저 사람입니다.
✍「規則を破った兵士が軍隊をやめさせられた」A soldier who violated a rule was fired from the military. 违反规则的士兵被迫离开了军队。 규칙을 어긴 병사는 군대에서 제명당했다.

選択肢のことば
1「規則を守る」follow, observe, obey a rule　遵守规则　규칙을 지키다

第12回

【56】 正解 2　やむ
あがる　stop, quit　停，一直在持续的动作停了　다 되다, 끝나다, 마치다
今日は午後になると雨があがるでしょう。 Today the rain will stop in the afternoon. 今天下午雨会停吧。 오늘은 오후가 되면 비가 그치겠죠.
✍「夕立があがって、空にきれいなにじが出た」The shower stopped and a beautiful rainbow appeared in the sky. 阵雨停了，在天空中出现了美丽的彩虹。 소나기가 그쳐, 하늘에 예쁜 무지개가 떴다.

【57】 正解 3　容器
入れ物　container　容器　용기, 그릇
残った料理はその入れ物に入れておいてください。Please keep the left-over in that container. 剩下的菜请放在那个容器里。 남은 요리는 그 용기에 넣어 두세요.
✍「これをしまっておく入れ物、何かありませんか」

選択肢のことば
2「皿」plate　碟子　그릇
4「鍋」pot　锅　냄비

【58】 正解 1　自由に
勝手（な）　freely, without permission　不经允许而自由地　멋대로, 마음대로
これが必要なときは、勝手に使っていいですよ。Feel free to use this whenever necessary. 有必要时候，请自由地使用这个。 이것이 필요할 때는, 마음대로 사용해도 좋습니다.
✍「私の部屋に勝手に入らないで」

【59】 正解 4　もう一度
あらためて　another time, again　重新，再　딴 기회에, 다시 한번
この新製品の使い方について、あらためてご説明いたします。Let me explain to you one more time how to use this new product. 对于这个新商品的"使用方法"，再说明一下。 이 신제품의 사용법에 대해, 다시 설명드리겠습니다.
✍「部長さんはお留守ですか。では、またあらためてお電話いたします」So the department head is out? OK, then, I will call again later. 部长不在吗？那么，（过一会儿）再打电话。 부장님은 안 계신가요? 그럼, 또 다시 전화드리겠습니다.

【60】 正解 3　反対に
さかさま　reversed, upside-down　倒，反　거꾸로
このプリント、裏と表がさかさまにコピーされているよ。The front and back of this sheet are copied backwards. 这印刷，正面和背面反过来复印了。 이 프린트, 앞면과 뒷면이 반대로 복사되어 있어요.
✍「『田』、『日』は、上下をさかさまにしても同じ漢字になる」The kanji characters 田 and 日 look the same if turned upside down. "田""日"上下反过来写也是一样的汉字。「田」、「日」는 상하를 거꾸로 해도 같은 한자다.

選択肢のことば
1「順番に」in order, in turn　依次地　차례대로
2「正確に」accurately, precisely　正确地　정확하게

第13回

【61】 正解 2　開いて使いながら
かさをさす　put up an umbrella　撑伞　우산을 쓰다
かさをさして自転車に乗ってはいけません。Don't ride a bicycle and put up an umbrella. 不能撑着伞骑自行车。 우산을 쓰면서 자전거를 타서는 안됩니다.
✍「かさをさしている人がいる。雨が降り出したようだ」

選択肢のことば
3「抱える」hold, carry　抱　안다, 껴안다　例：「母が大きな荷物を抱えて帰ってきた」

【62】 正解 2　外出
おでかけ〈お出かけ〉 = 出かけること
今日はすっきりと晴れて、おでかけにぴったりですね。 It is beautiful weather today and is perfect for an outing, isn't it? 今天是大晴天，外出正合适。 오늘은 말끔히 날씨가 개어있어, 외출하기에 딱 좋네요.
✍「午後から雨が降るでしょう。お出かけのときはかさをお持ちください」

【63】 正解 1　はっきりしている
あきらか（な）〈明らか（な）〉 clear, obvious　明显(的)，清楚(的)　분명(한), 명백(한)
あの男が犯人だということはあきらかだ。 It is obvious that the man is the culprit. 很明显，那个男人就是犯人。 저 남자가 범인임에 틀림없다.
✍「事故の原因を明らかにしなければならない」We need to find out the cause of the accident. 事故的原因一定要查清楚。 사고 원인을 명백히 해야한다.

【64】 正解 1　行きと帰り
往復　going to and from, both ways　来回　왕복
新宿まで、往復で3時間かかった。 It took three hours to get to and from Shinjuku. 到新宿, 来回要3小时。 신주쿠까지 왕복 3시간 걸렸다.
✍「このツアー料金には、ホテル代と往復の航空券の代金が入っています」The fee for the tour includes the hotel and the round-trip air fares. 这个旅行费用，包括住宿饭店和来回机票的费用。 이 투어 요금에는 호텔비와 왕복항공권대금이 포함되어 있습니다.

選択肢のことば
2「行き」outward journey　去　(목적지를 향해) 감, 행

3 「帰り」 return　回　돌아감, 귀로
4 「片道」 one way　单程　편도

【65】 正解 4　少し前に
さきほど〈先ほど〉＝さっき　earlier　刚才　조금전
課長にはさきほど連絡しました。I contacted the section chief a while ago.　刚才和科长联系了。　과장님께는 조금전에 연락했습니다.

✏️「先ほど田中様からお電話がありました。後でまたかけるとおっしゃっていました」You had a phone call earlier from Mr. Tanaka. He said he'd call again later.　刚才接到了田中的电话。说过一会儿再打来。　조금전에 다나까씨에게서 전화가 왔습니다. 나중에 다시 전화하겠다고 하셨습니다.

選択肢のことば
1 「先日」 the other day　前些日子　일전, 요전날　例:「先日は、旅行のおみやげをいただき、ありがとうございました」

第14回

【66】 正解 2　準備
支度 preparation, getting ready　预备, 准备　준비, 채비
支度はもうできましたか。Are you ready yet?　准备好了吗?　준비는 이제 되었습니까?

✏️「食事の支度ができたら、呼びます」I will call you when dinner is ready.　饭菜准备好的时候, 会来叫你们的。　식사 준비가 되면, 부르겠습니다.

選択肢のことば
1 「修理」 repair　修理　수리
3 「片付け」 cleaning up　收拾　정리정돈
4 「予約」 reservation　预约　예약

【67】 正解 1　反対に
かえって rather, instead　反而, 反倒　오히려, 반대로
運動は、やり方に気をつけないと、かえって体をこわします。If you do exercise carelessly, you could rather do harm on your body.　运动如果不注意方法, 反而会伤了身体。　운동은 하는 방법을 조심하지 않으면, 오히려 건강을 해치게 됩니다.

✏️「入院した課長をお見舞いに行ったら、『仕事はだいじょうぶか』と言われた。かえって心配させてしまった」When we went to see our section chief at the hospital, he said "Is everything OK at the office?" We rather made him worried.　去看望住院的科长, 被问:"工作有问题吗?"反而让他担心了。　입원한 과장님께 병문안 갔더니, "일은 괜찮은가" 라는 말을 들었다. 오히려 걱정끼쳐드리게 했다.

選択肢のことば
3 「わりあいに」 comparatively, rather　相对, 比较　비교적　例:「この島は北にあるが、冬でもわりあいに暖かい」
4 「案外」 unexpectedly　意料之外　이외로　例:「試験は難しいだろうと思っていたが、案外かんたんだった」I thought the exam would be difficult, but was easier than I thought it would be.　我想考试一定很难, 出乎意料之外, 很容易。　시험은 어려울거라 생각했는데, 이외로 간단했다.

【68】 正解 1　静かだ
おだやか(な)〈穏やか(な)〉 mild, calm, moderate　平稳　평온한, 온화한

今日は海がおだやかだ。The sea is calm today.　今天的海很平稳。　오늘은 바다가 평온하다.

✏️「川田さんは明るくておだやかな人なので、みんなに好かれている」

選択肢のことば
3 「はげしい〈激しい〉」 violent, strong, fierce　激烈的　격렬하다, 심하다
4 「危険(な)」 dangerous　危险(的)　위험(한)

【69】 正解 4　服装
かっこう dress, appearance, outfit　服装, 装束, 外形　모습, 겉모습, 차림새, 복장
その人はどんなかっこうをしていましたか。What kind of outfit did he wear?　那个人穿着什么服装?　그 사람은 어떤 차림새를 하고 있습니까?

✏️「そんな汚いかっこうで出かけるのは、やめなさい」Don't go out in such a messy outfit.　不要穿着那么脏的衣服出门。　그런 더러운 차림새로 나가지 말아라.

選択肢のことば
2 「表情」 expression, look　表情　표정
4 「服装」 dress, clothes, outfit　服装　복장

【70】 正解 4　家まで届けて
配達(する) deliver　投递, 送　배달(하다)
これ、配達していただきたいんですが。I want you to deliver this, please.　这个, 想请你送一下。　이거, 배달해주셨으면 좋겠습니다만.

✏️「その店はピザを注文すると、30分ぐらいで配達してくれる」If you order a pizza at that shop, they will deliver it to you in about 30 minutes.　在那个店叫比萨饼, 30分钟后可以送来。　그 가게는 피자를 주문하면, 30분정도로 배달해 준다.

選択肢のことば
1 「取り寄せる」 order, have something sent　订购　주문해 들여오다　例:「テレビで紹介されたケーキを取り寄せた」I got the cake reported on TV sent to me.　订购了在电视上介绍的蛋糕。　텔레비전에서 소개된 케잌을 주문배달시켰다.
2 「取り換える」 change　换　교환하다　例:「洗面所のタオルが汚れていたから、取り換えた」The towel at the toilet was dirty, so I changed it.　因为盥洗室的毛巾脏了, 换掉了。　세면장 타올이 더러워져서, 교환했다.
3 「配る」 deliver, distribute　分配, 分给　배포하다, 나누어주다

第15回

【71】 正解 2　無料
ただ free, no charge　免费　공짜, 무료
この店ではコーヒーがただで飲める。You can have coffee for free at this shop.　这家店能喝免费的咖啡。　이 가게에서는 커피를 무료로 마실 수 있다.

✏️「このシャツを3枚買うと4枚目がただになりますよ。いかがですか」

選択肢のことば
1 「割引」 discount　折扣　할인
4 「自動」 automatic　自动　자동

【72】 正解 4　助けた

救う save, rescue, help　救，救助，拯救　구하다
勇気ある彼の行動が世界を救った。His brave action has saved the world.　充満勇気的他的行動拯救了世界。　용기있는 그의 행동이 세계를 구했다.

📝「会社で大きな失敗をして、どうしようかと思ったが、『だいじょうぶ。またがんばればいい』という母の言葉に救われた」I was at a loss making a huge error at my company, but felt relieved when my mother said to me, "You'll be fine. All you need to do is work hard again."　在公司遭受了重大的失敗，不知怎么办时，因为母亲一句"没关系，再努力就行了。"而得救了。　회사에서 큰 실패를 하여, 어떻게 해야하나 생각했었는데,「괜찮아. 다시 노력하면 돼」라고 말해 준 엄마의 말에 구제받았다.

選択肢のことば

1 「驚かせる」〔「驚く」の使役形〕surprise〔causative of "be surprised"〕　使吃惊〔"吃惊"的使役式〕　놀라게 하다
2 「喜ばせる」〔「喜ぶ」の使役形〕make a person happy〔causative of "be happy"〕　使高兴〔"高兴"的使役式〕　기쁘게 하다
3 「楽しませる」〔「楽しむ」の使役形〕make a person enjoy〔causative of "enjoy"〕　使快乐〔"快乐"的使役式〕　즐겁게 하다

【73】 正解 3　間違いない

確実(な) sure, certain, secure　确实(的)　확실(한)
もっと確実な方法を選んだほうがいい。You'd better choose a more secure method.　应该选择更确实（可靠）的方法。　좀더 확실한 방법을 선택하는 것이 좋다.

📝「その情報は、確実かどうかわかりません」

選択肢のことば

1 「可能(な)」possible　可能(的)　가능(한)
2 「やりやすい」easy to do, handle　容易做的　하기 쉽다

【74】 正解 4　静かに

そっと quietly　轻轻地　살짝, 가만히, 조용히
私はそこにいた犬にそっと近づいた。I quietly approached the dog that was over there.　我轻轻地靠近了那里的狗。　나는 거기 있던 개한테 살그머니 다가갔다.

📝「もう授業が始まっていたので、そっとドアを開けて中に入った」As the class had already started, I quietly opened the door and went in.　课已经开始了，轻轻地推开门进去了。　이미 수업이 시작되어서, 조용히 문을 열고 안에 들어갔다.

選択肢のことば

2 「いきなり」suddenly　一下子　갑자기　例：「後ろからいきなり肩をたたかれて、びっくりした」I was startled when I was patted on the shoulder suddenly from behind.　一下子被从后面拍了一下肩膀，吓了一跳。　뒤에서 갑자기 등을 두드려서 깜짝 놀랐다.

【75】 正解 2　座っている

こしかける sit down　坐下，坐着　걸터앉다
あそこでこしかけている人が、田中さんです。That gentleman sitting over there is Mr. Tanaka.　在那里坐着的人是田中。　저기에 걸터앉아 있는 사람이 다나까씨입니다.

📝「どうぞ、こちらにこしかけてお待ちください」

用法

第1回

【1】 正解2
枯(か)れる die, wither (away)　凋零, 枯, 枯萎　시들다, 마르다
雨(あめ)がぜんぜん降(ふ)らないので、畑(はたけ)の野菜(やさい)が枯れてしまった。
Because it didn't rain at all, the vegetables in the field have died.　因为完全不下雨, 田里的蔬菜都枯萎了。　비가 전혀 안 와서, 밭에 있는 야채가 시들어 버렸다.
使い方　「美(うつく)しい花(はな)も必(かなら)ず枯れてしまうのは、残念(ざんねん)だ」It is a shame that pretty flowers also die away inevitably.　美丽的花也必然会枯萎, 真遗憾。　아름다운 꽃도 반드시 시들어 버리는 것은, 안타깝다.
正しいことば　1「洗濯物(せんたくもの)がよく乾(かわ)いた」 3「すぐにしぼんでしまった」 4「急(きゅう)にやせた」

【2】 正解4
期限(きげん) deadline　期限　기한
入学金(にゅうがくきん)の支払(しはら)いの期限が近(ちか)づいている。We are nearing the payment deadline for the entrance fee.　入学费的支付期限接近了。　입학금 지불 기한이 가까워 졌다.
使い方　「パスポートの期限が切(き)れてしまった」My passport has expired.　护照期限已经过了。　여권 기한이 끝나 버렸다.
正しいことば　1「1回(かい)に引(ひ)き出(だ)せるお金(かね)の限度(げんど)」 2「時刻(じこく)／時間(じかん) 通(とお)りに」 3「雨(あめ)が降(ふ)り続(つづ)く 時期(じき)／期間(きかん)」

【3】 正解4
うんと a lot　多, 用力, 使劲　훨씬, 많이, 매우
さあ、遠慮(えんりょ)しないでうんと食(た)べてね。Help yourself and eat as much as you want.　来, 不要客气, 多吃点。　자, 사양하지 말고 많이 먹어라.
使い方　「あの人はお金をうんともっているんだって。うらやましいね」I hear he has a huge fortune. How I envy him!　那个人有很多钱。好羨慕啊。　저 사람은 돈을 엄청 갖고 있대. 부럽네.
正しいことば　1「ちょうど12時(じ)に」 2「そっと／こっそり 教室(きょうしつ)に入(はい)った」 3「今(いま)にも／もうすぐ 倒(たお)れそうだ」

【4】 正解1
レジャー leisure　娱乐　레저
冬(ふゆ)のレジャーといえば、やっぱりスキーですね。Speaking of winter leisure, skiing is the best after all.　要说冬天的娱乐, 当然是滑雪。　겨울 레저라 하면, 역시 스키죠.
使い方　「仕事(しごと)の合間(あいま)にレジャーを楽(たの)しむ人(ひと)が増(ふ)えています」
正しいことば　2「ジャー／ポット に入(い)れておけば」 3「メニューを見(み)ながら」 4「レジでもらったレシートは」

【5】 正解1
もったいない wasteful　可惜, 浪费　아깝다
え？ それ、捨(す)てるの？ まだ使(つか)えるのに、もったいない。Oh, you're going to throw it? It's wasteful to throw it when you can still use it.　啊? 那个, 要扔掉吗? 还能用呢, 太可惜了。　어? 그거 버릴꺼니? 아직 쓸 수 있는데, 아까워.
使い方　「このバナナ、早(はや)く食(た)べたほうがいいよ。腐(くさ)ってしまったら、もったいないから」You'd better eat these bananas soon. It's wasteful if they go bad.　这香蕉, 要快点吃啊。如果烂掉了, 就太可惜了。　이 바나나 빨리 먹는게 좋아. 상해 버리면, 아까우니까.
正しいことば　2「遅刻(ちこく)したのも、しかたがない／やむをえない」 3「そんなことは ありえない／信(しん)じられない」 4「申(もう)しわけないのですが」

第2回

【6】 正解3
多少(たしょう) a little, a few　多少, 稍微　다소
まちがいが多少あるが、これはなかなか上手(じょうず)な作文(さくぶん)だ。Though there are a few mistakes, this is a pretty good composition.　错误多少有一些, 但这是相当不错的作文。　틀린 부분이 다소 있지만, 이것은 꽤 훌륭한 작품이다.
使い方　「景気(けいき)は多少よくなっているようだが、まだまだ安心(あんしん)できない」It seems like the economy is slightly getting better, but we cannot be relieved as yet.　景气多少好一点了, 但是还是不能安心。　경기는 다소 좋아진 것같지만, 아직 안심할 수 없다.
正しいことば　1「絶対(ぜったい)に言(い)ってはいけない」 2「席(せき)は十分(じゅうぶん)あるから」 4「かなり 多(おお)くの／多額(たがく)の お金(かね)が必要(ひつよう)だ」

【7】 正解1
居眠(いねむ)り napping, dozing off　打盹　앉아서 좀
講義(こうぎ)を聞(き)きながら居眠りをしてしまった。I fell asleep while listening to a lecture.　听着讲义打瞌睡了。　강의를 들으며 졸아 버렸다.
使い方　「電車(でんしゃ)の中(なか)で居眠りをする人(ひと)が多(おお)い」
正しいことば　2「睡眠時間(すいみんじかん)」 3「寝坊(ねぼう)をしてしまった」 4「徹夜(てつや)をして準備(じゅんび)した」

【8】 正解4
傾(かたむ)く lean over　倾, 倾斜, 偏　기울다
地震(じしん)で家(いえ)が傾いてしまった。The house has leaned over due to the earthquake.　由于地震我家倾斜了。　지진으로 집이 기울어져 버렸다.
使い方　「イタリアのピサにある塔(とう)は少(すこ)し傾いている」The tower in Pisa in Italy is leaning over a little.　在意大利的比萨, 有一座微微倾斜的塔。　이탈리아 피사에 있는 탑은 조금 기울어져 있다.
正しいことば　1「道路(どうろ)の右(みぎ)に寄(よ)って」 2「栄養(えいよう)バランスが偏(かたよ)らないように」 3「坂(さか)を 下(くだ)った／下(お)りた ところに」

【9】 正解2
おしまい end　完了, 结束　끝, 마침
今日(きょう)の作業(さぎょう)はそろそろおしまいにしよう。Let's be done with our work for today.　今天的工作就做到这儿结束吧。　오늘 작업은 슬슬 끝내기로 하자.
使い方　「もうおしまいですか。早(はや)く終(お)わってよかったですね」
正しいことば　1「レポートの 締(し)め切(き)り／期限(きげん)」 3「今月(こんげつ)の末(すえ)ごろ」 4「この電車(でんしゃ)の終点(しゅうてん)」

【10】 正解4
きつい hard, tough, tight　强烈, 苛刻, 艰苦, 累人　빡빡하다, 심하다, 엄하다
楽(らく)な仕事(しごと)ならいいですが、きつい仕事はいやです。I'm happy to do easy jobs, but not tough ones.　如果是轻松的工作就做, 艰苦

的工作就不做。 수월한 일은 하겠습니다만, 고된 일은 싫습니다.
使い方 ①きつい＝窮屈（な）「この靴はきつくて、足に合わない」These shoes are too tight and don't fit my feet. 这鞋很紧，不合脚。 이 구두는 꼭 끼어서, 발에 맞지않습니다. ②きつい＝きびしい／大変な「父は息子をきつい言葉でしかった」The father scolded his son with harsh words. 父亲用严厉的话斥责儿子。 아버지는 아들을 엄한 말로 혼냈다.
正しいことば 1「遅れて来るなんて、珍しいことだ」 2「彼は厚かましい／ずうずうしい 人だ」 3「それは よかった／すごい」

第3回

【11】**正解 4**
豊富（な）rich, abundant 丰富(的) 풍부（한）
あの人は知識が豊富で、いろいろなことをよく知っている。 He is very knowledgeable and knows about various things well. 那个人知识丰富，知道各种事情。 저 사람은 지식이 풍부하여, 여러가지를 잘 알고 있다.
使い方「この地方では豊富な水を利用した水力発電が行われている」They do water-power generation making use of their plentiful of water available in this region. 这地方利用丰富的水资源进行水力发电。 이 지방에서는 풍부한 물을 이용한 수력발전이 이뤄지고 있다.
正しいことば 1「この問題はとても 複雑で／難しくて」 2「人気が ある／高い」 3「スポーツが 得意です」

【12】**正解 4**
ながめ〔眺め〕view 眺望，景色 전망, 경치
どこかながめのいいところで写真を撮りましょう。Let's take a picture somewhere with a nice view. 在景色美丽的什么地方拍照吧。 어딘가 전망 좋은 곳에서 사진을 찍읍시다.
使い方「うちの前に 10 階建てのビルができて、私の部屋の窓からのながめが悪くなってしまった」A ten-story building was built in front of our house, and the view from the windows of my room has been ruined. 我家的前面筑起了10层的大楼，我的房间的眺望变得不好了。 우리 집 앞에 10층 건물이 생겨서, 내방 창문에서 보이는 전망이 나빠졌다.
正しいことば 1「目が悪くなって」 2「スタイルがいい」 3「このりんごは 見た目／見かけ は悪いが」

【13】**正解 3**
感心（する）be impressed 感动 감탄（하다）
この学校の生徒のマナーの良さには感心する。I'm impressed with the good manners of the students of this school. 我被这个学校的学生的良好的礼貌感动了。 이 학교 학생들의 예절 바른데에는 감탄하게 된다.
使い方「課長は彼の能力の高さに感心して、彼に仕事を任せることにした」Being impressed with his high ability, the section manager has decided to leave the work up to him. 科长被他的优秀的能力感动了，把工作委托给他。 과장은 그의 높은 능력에 감탄하여, 그에게 일을 맡기기로 했다.
正しいことば 1「失敗したことをいつまでも気にして」 2「観客は感動して涙を流した」 4「環境問題に関心を持つ」

【14】**正解 1**
～ずつ each, per person, per item 每，各 ～씩
このみかん、一人2個ずつ食べていいよ。You can have two of these tangerines per person. 这枯子，每个人可以吃两。 이 귤 한사람당 2개씩 먹어도 돼.
使い方「毎日漢字を10字ずつ覚える」learn 10 kanji characters per day 每天记十个单词 매일 한자를 10 글자씩 외우다
正しいことば 2「6時間 おきに／ごとに」 3「一人 きり／だけ で過ごした」 4「日曜日ごとに」

【15】**正解 2**
めざす〔目指す〕aim (at) 以 目標 목표로 하다
彼は大学合格をめざして勉強している。He is studying to fulfill his goal to pass a college entrance exam. 他以考取大学为目标学习着。 그는 대학합격을 목표로 공부하고 있다.
使い方「私たちのチームは、優勝をめざして毎日練習をしています」Our team is practicing every day to fulfill our goal to win a championship. 我们小组以夺取冠军为目标练习着。 우리팀은 우승을 목표로 매일 연습하고 있습니다.
正しいことば 1「社員を 探して／求めて いる」 3「どっちにしようかずいぶん迷って」 4「ピアノを習っているんでしょう？」

第4回

【16】**正解 2**
思いつく come up with 相出，想起，想到 생각이 떠오르다, 생각나다
新しい商品の良いアイデアを思いついた。I've come up with a good idea for our new product. 我想到了（开发）新商品的好主意。 새로운 상품의 좋은 아이디어가 떠올랐다.
使い方「問題解決の方法を何か思いついたら、教えてください」Let me know if you come up with some solution to the problem. 如果想出了解决问题的方法，请告诉我。 문제해결 방법에 대해 뭔가 생각나면 가르쳐 주세요.
正しいことば 1「用事を思い出した」 3「試験は来週だと思い込んでいた」 4「思いがけない人に会って」

【17】**正解 4**
留守 not home 看家, 看门, 不在家 부재중, 집을 비움
友人の家を訪ねたが、留守だった。I visited my friend at his house but he was not home. 我访问了朋友家，但没人。 친구 집을 방문했는데, 부재중이었다.
使い方「となりの家は夜になっても電気がつかないので、留守らしい」The next-door neighbors seem to be out because their lights are not on after dark. 邻家到了夜里也没有灯火，好像没有人。 옆집은 밤이 되어도 전기가 커지지 않으니, 부재중인가보다.
正しいことば 1「アメリカの大学への留学」 2「結婚式への招待」 3「家で留守番をしていた」

【18】**正解 3**
ラッシュアワー rush hour 高峰时间 러시아워
ラッシュアワーなので、電車がこんでいる。Since we are in the rush hour, the trains are packed. 因为是高峰时间，所以很拥挤。 러시아워라서, 전차가 붐빈다.

使い方 「朝夕のラッシュアワーには駅がひどく混雑する」 During morning and evening rush hours, the train stations are extremely crowded. 早晨的高峰时间车站非常拥挤。 아침저녁 러시 아워에는 역이 심하게 혼잡하다.
正しいことば 1「3日間の連休／休み／休暇」 2「昼休みには、会社で弁当を食べる」 4「ホテルのチェックイン」

【19】 正解 1
きびしい〈厳しい〉 strict, severe 严格, 严重 엄하다
私の父はきびしい人で、姉も私も怒られてばかりいる。 My father is a very strict person, and so both my older sister and I get scolded by him all the time. 因为我父亲是个严格的人，总是对我和姐姐发怒。 우리 아버지는 엄한 사람이어서, 누나도 나도 혼나기만 한다.
使い方 「北国の冬はきびしい」 The winter in northern areas is severe. 北国的冬天很严寒。 북쪽 지방의 겨울은 매섭다. 「この学校の規則はとてもきびしいので、生徒は大変だ」 The rules of this school are very strict and harsh for the students. 这个学校的规则很严厉, 学生很苦。 이 학교 규칙은 매우 엄해서, 학생들은 힘들어 한다.
正しいことば 2「ひどいせきが出る」 3「生活に不便だ」 4「ちょっとさびしい」

【20】 正解 2
たえず constantly 不停地 끊임없이
牛や羊はたえず草を食べています。 Cows or sheep graze all the time. 牛和羊不停地吃草。 소와 양은 끊임없이 풀을 먹고 있습니다.
使い方 「姉はたえず職場の不満を言っている」 My older sister complains about her workplace all the time. 姐姐不停地说着对公司的不满。 언니는 항상 직장 불만을 얘기하고 있다.
正しいことば 1「ただちに／すぐに 火を消しなさい」 3「残らず／全部／みんな 食べてしまった」 4「以前と変わらず」

第5回
【21】 正解 3
面倒(な) trouble(some) 麻烦(的) 성가심, 폐, 보살핌
このクラブに入る手続きは非常に面倒だ。 The application procedure for entering this club is very bothersome. 加入这个俱乐部的手续非常麻烦。 이 클럽에 들어가기 위한 수속은 매우 번거롭다.
使い方 「彼女は面倒な仕事もいやがらないでする」 She is willing to do hassles without reluctance. 即使是非常麻烦的工作, 她也从不嫌弃地投入。 그녀는 귀찮은 일도 싫어하지 않고 한다.
正しいことば 1「ストーリーが複雑でわかりにくい」 2「残念だが」 4「じゃまだから、どけよう」

【22】 正解 4
ほぼ almost 大略, 大体, 大致 거의
スピーチの原稿はほぼ完成した。あとは題を決めるだけだ。 The speech draft is almost complete. All I have to do now is to decide on the title. 演讲稿大体完成了。然后只是决定题目的问题。 스피치 원고는 거의 완성되었다. 나머지는 제목을 정하기만 하면 된다.
使い方 「このレストランは、昼はほぼ満員になる」 This restaurant gets almost full at lunch time. 这家餐厅白天大体是客满的。 이 레스토랑은 점심에는 거의 만원이 된다.
正しいことば 1「たぶん／おそらく／きっと 間に合うでしょ

う」 2「ちょうど6人」 3「せめて／最低でも 70点は取りたい」

【23】 正解 1
リード(する) be ahead 领导, 领先 리드(하다)
商品の売り上げの額では、A社が他社をリードしている。 Regarding the sales of the product, Company A is ahead of others. 关于商品的销售额，A公司比其他公司领先。 상품 매출액으로는 A사가 타사를 리드하고 있다.
使い方 「トップの走者が2番めの走者を100メートルほどリードして走っています」 The top runner is running about 100 meters ahead of the second. 最领先的赛跑运动员比第二名领先100米跑着。 톱주자가 2번째 주자를 100미터정도 리드하며 달리고 있습니다.
正しいことば 2「犬を連れて」 3「急行電車に追い越される」 4「家事を手伝ってくれない」

【24】 正解 3
道順 directions 路线 가는 순서, 코스
駅からホテルまでの道順は、この地図をごらんください。 Please look at this map to get the directions from the train station to our hotel. 从车站到饭店的路线请看这张地图。 역에서 호텔까지 가는 길은 이 지도를 봐 주세요.
使い方 「その店に行く道順をインターネットで調べた」 I checked on the Internet the directions to get to the store. 到这家店的路线, 在网上查了。 그 가게까지 가는 길을 인터넷으로 알아봤다.
正しいことば 1「順番に並んで」 2「学校から帰る途中で」 4「どういう手順で作るのですか」

【25】 正解 2
気になる be bothered/anxious/worried 担心, 心烦 걱정되다, 염려되다, 신경쓰이다
ゆうべは、となりの部屋の話し声が気になって眠れなかった。 I couldn't sleep last night being bothered by my next-door neighbor's talking. 昨晚, 隔壁房间的说话声让人心烦, 没睡着。 어젯밤은 옆방 말소리가 신경쓰여 잠을 잘 수 없었다.
使い方 「来週わかる病院の検査の結果が気になる」 I am anxious about the result of my physical exam sent to me next week from the hospital. 很担心下周将知晓的医院检查的结果。 다음주에 알게될 병원 검사결과가 염려된다.
正しいことば 1「セーターが気に入ってくれたようだ」 3「とても気が合うらしい」 4「どうぞ気をつかわないでください」

第6回
【26】 正解 3
講演 lecture 讲演 강연
新発見をしたA教授の講演に世界中が注目している。 People all over the world are paying attention to the lecture of Professor A who has made a new discovery. 有新发现的A教授的演讲受到世界各地的注目。 신발견한 A 교수의 강연을 전세계가 주목하고 있다.
使い方 「歌手のBさんが『歌と心』という題で講演をした」 Singer B gave a lecture under the title "Song and Heart." B歌手以"歌曲和心"为题作了演讲。 가수 B씨가「노래와 마음」이란 제목으로 강연을 했다.

N3 解答

正しいことば 1「商品について<u>説明</u>をしてもらった」 2「こちらから<u>あいさつ</u>をしたほうがいい」 4「歌とダンスの<u>練習</u>」

【27】 正解 1
わざと on purpose　故意，特意　일부러
子どもとゲームをするときは、<u>わざと</u>負けてやることが多い。 When I play a game with my kid, I often get beaten for him on purpose.　和孩子玩游戏的时候，大多都是故意输掉。　아이와 게임을 할 때는 일부러 져줄 때가 많다.

使い方「たかしは、ふざけて<u>わざと</u>まちがった答えを言った」Takashi playfully gave a wrong answer on purpose.　隆〔人名〕故意说了错误的答案。　다카시는 장난으로 일부러 틀린 답을 대답했다.

正しいことば 2「<u>わざわざ</u>荷物を届けてくれて」 3「池や林が<u>人工的に</u>作られている」 4「<u>ぜひ</u>来てください」

【28】 正解 2
見事(な) wonderful, excellent, marvelous　非常卓越，非常漂亮，精彩　멋짐，훌륭(한)
彼の<u>見事な</u>スピーチは人々を感動させた。 His beautiful speech greatly moved the audience.　他精彩的演讲感动了人们。　그의 멋진 스피치는 사람들을 감동시켰다.

使い方「今日のコンサートの演奏は<u>見事</u>だった」Today's concert performance was excellent.　今天的音乐会的演奏非常精彩。　오늘 콘서트 연주는 훌륭했다。「A選手の<u>見事な</u>ゴールで日本チームが勝った」With the beautiful goal made by Player A, the Japan team won.　A选手漂亮的进球让日本队获得了冠军。　A 선수의 멋진 골로 일본팀이 우승했다.

正しいことば 1「<u>激しい／強い</u>雨が降っている」 3「<u>えらい</u>ね」 4「<u>派手な</u>服」

【29】 正解 3
きっかけ motive, reason, cause　起首，开端，机会　계기
子どもができたのを<u>きっかけ</u>に、たばこをやめることにした。 With my baby's arrival, I decided to quit smoking.　以怀上孩子为开端，决定戒烟。　아이가 생길 것을 계기로, 담배를 그만두기로 했다.

使い方「中国語を習い始めた<u>きっかけ</u>は、中国人の友だちができたことです」The reason I started learning Chinese is because I made friends with a Chinese person.　学习中文的开端是有了中国的朋友。　중국어를 배우기 시작한 계기는 중국인 친구가 생겼기 때문입니다.

正しいことば 1「事故が<u>原因</u>で」 2「授業のはじめに、まず発音練習をする」 4「昨日授業を欠席した<u>理由</u>」

【30】 正解 2
出会う meet, get to know　相遇　만나다，마주치다
私が彼と<u>出会った</u>のは、高校生のときだった。 It was when I was a high school student that I first met him.　我和他相遇是在高中的时候。　내가 그를 만난 것은 고등학생 때였다.

使い方「私たちが<u>出会った</u>のは旅先で、まったくの偶然でした」It was during our trip that we met each other by mere chance.　我们相遇时在旅行中，完全是偶然。　우리들이 만난 것은 여행지로 완전한 우연이었다.

正しいことば 1「オリンピックに<u>出る／出場する</u>」 3「入院した先生を<u>見舞う</u>」 4「駅の前で<u>会う</u>約束をした」

第7回

【31】 正解 3
すっかり already, totally　完全　완전히, 온통
友だちと話しているうちに、外は<u>すっかり</u>暗くなっていた。 While I was talking with my friend, it was already dark outside.　和朋友说话期间，外面已经完全变黑了。　친구와 얘기하고 있는 사이에 밖은 완전히 어두워졌다.

使い方「準備は<u>すっかり</u>できたから、いつでも出発できる」Our preparations all done, we are ready to leave any time.　完全准备好了，什么时候都能出发。　준비는 전부 되었으니, 언제든 출발할 수 있다.

正しいことば 1「<u>しっかり</u>勉強しなきゃだめだよ」 2「<u>ぼんやり</u>して、よく見えない」 4「<u>たくさん／十分</u>ありますから」

【32】 正解 1
お嬢さん (somebody's) daughter　令爱，女儿，小姐，姑娘　아가씨，따님
今度<u>お嬢さん</u>がご結婚なさるそうですね。おめでとうございます。 I've heard your daughter is getting married. Congratulations.　这次令爱好像要结婚了。祝贺您。　이번에 따님이 결혼하신다면서요。축하드립니다.

使い方「お宅の<u>お嬢さん</u>はお元気ですか」

正しいことば 2「<u>私の娘</u>」 3「<u>女子学生</u>」 4「<u>子ども服／婦人服</u>」

【33】 正解 4
渋滞(する) have bumper-to-bumper traffic　塞车，拥塞　밀리다, 정체(하다)
連休の間は高速道路が<u>渋滞する</u>。 The highways will have bumper-to-bumper traffic during the consecutive holidays.　连休期间高速公路塞车。　연휴동안은 고속도로가 막힌다.

使い方「車が／道路が／交通が<u>渋滞する</u>」cars/roads/traffic get(s) jammed up　车/道路/交通 堵塞　차가/도로가/교통이 막히다「交通<u>渋滞</u>のせいで遅刻してしまった」I was late due to the traffic jam.　由于交通堵塞，迟到了。　교통체증때문에 지각해 버렸다.

正しいことば 1「駅が<u>混雑して</u>」 2「川の水が<u>あふれて</u>しまった」 3「タクシーが<u>並んで</u>いる」

【34】 正解 4
無事(な) safe　平安，健康　무사(한)
一人で旅行していた妹が<u>無事</u>に帰ってきた。 My younger sister who was traveling alone came home safely.　一个人旅行的妹妹安全地回来了。　혼자서 여행하던 딸이 무사히 돌아 왔다.

使い方「毎日が<u>無事</u>に過ごせれば、もうそれでいい」All I want is to live my life safely every day.　每天都平安地生活着，这就可以了。　매일 무사히 지낼 수 있다면, 이제 그것으로 좋다.

正しいことば 1「この辺は<u>安全</u>なので」 2「<u>平和な</u>世界になってほしい」 3「祖父はとても<u>元気／健康</u>だ」

【35】 正解 1
ぬる〈塗る〉 apply (ointment), dab, paint　涂　칠하다, 바르다
虫にさされてかゆいので、薬を<u>ぬった</u>。 Feeling itchy from a bug bite, I applied some ointment on it.　被虫咬了很痒，涂了药。　벌레한테 물려서 가려워, 약을 발랐다.

使い方「絵の具をぬる」paint 涂颜料 물감을 칠하다 「壁にペンキをぬる」paint a wall 在墙上涂油漆 벽에 페인트를 칠하다 「パンにバターとジャムをぬって食べる」eat bread spread with butter and jam 在面包上涂上黄油和果酱食用 빵에 버터와 잼을 발라 먹었다

正しいことば 2「髪を茶色に染めた」 3「革靴をピカピカに磨いた」 4「ポスターを壁にはった」

第8回

【36】 正解 3
過ごす spend (time) 过（日子）, 生活 지내다
夏休みには、いなかの祖父の家でのんびり過ごした。I relaxed at my grandfather's house in the countryside during my summer vacation. 暑假在乡下的祖父家悠闲地度过. 여름방학은 시골 할아버지 집에서 느긋하게 보냈다.

使い方「クリスマスは、家族で楽しい時を過ごしました」I spent Christmas holidays with my family and had a fun time. 圣诞节和家里人一起度过了愉快的时间. 크리스마스는 가족과 함께 즐거운 시간을 보냈습니다.

正しいことば 1「6時を過ぎても」 2「横断歩道を渡ってください」 4「車がたくさん通るので」

【37】 正解 2
テーマ theme, title 題、目 주제
この二つの小説のテーマは同じです。The theme of these two novels is the same. 这两篇小说的主题是一样的. 이 두 소설의 테마는 같습니다.

使い方「明治時代の文学をテーマに、論文を書いた」I wrote a thesis on the theme of the Meiji era literature. 以明治时代的文学为主题, 写了论文. 메이지시대의 문학을 테마로, 논문을 썼다.

正しいことば 1「ドラマ／映画 に出ている俳優」 3「マナー／作法／礼儀 を知らない人だ」 4「駅のホーム」

【38】 正解 1
おおざっぱ(な)〈大ざっぱ(な)〉rough, approximate, random 粗略, 大略 대략적임, 엉성함
旅行の費用はおおざっぱに計算して、5万円です。Roughly estimated, the expense for the trip will be around 50,000 yen. 粗略计算旅行费用，是5万日元. 여행경비는 대충 계산해서 5만엔입니다.

使い方「時間がないので、今はおおざっぱな説明しかできません」I can only give you a rough explanation right now because I don't have much time. 因为没有时间, 现在只能作简短的说明. 시간이 없으니, 지금은 대략적인 설명밖에 못합니다.

正しいことば 2「あわてて／急いで／大急ぎで 家を出ていった」 3「とても立派だ」 4「心が 広い／大きい」

【39】 正解 1
いきいき lively, alive, full of life 充满活力, 活泼, 生气勃勃 생기발랄, 생생함
ゲームをしているとき、彼はいきいきして、すごく楽しそうだ。He looks so animated and happy while he plays games. 玩着游戏, 他生气勃勃, 非常高兴的样子. 게임을 할때, 그는 생기넘치며 매우 즐거워 보인다.

使い方「新しい職場で、彼はいきいきと働いている」He is working happily at his new workplace. 在新的工作岗位, 他生气勃勃地工作着. 새로운 직장에서 그는 활기차게 일하고 있다. 「この花は枯れそうだったが、水をやったら、またいきいきしてきた」This flower was dying, but after I watered it, it has become alive again. 这花好像要枯萎了, 浇了水, 又变得生气勃勃的了. 이 꽃은 시들듯 같았는데, 물을 주니, 다시 생생해졌다.

正しいことば 2「車がのろのろ動いている」 3「ぐずぐずしないで、早く準備をしなさい」 4「どんどん売れて」

【40】 正解 4
手間 trouble 劳力和时间, 手续 수고, 노력
いつも忙しいので、手間のかかる料理は作らない。I don't bother to fix elaborate dishes because I'm always busy. 因为总是很忙, 花工夫的菜不能做. 항상 바쁘니, 손이 많이 가는 요리는 만들지 않는다.

使い方「この仕事は手間がかかって、面倒だ」This job takes too much trouble and is a hassle. 这工作很花工夫, 麻烦. 이 일은 손이 많이 가서 귀찮다. 「手間をかけて丁寧に作られた家具」furniture made through taking much effort and careful work 花了很多功夫精工细作的家具 시간을 들여 공들여 만든 가구

正しいことば 1「部屋／居間 のカーテンとソファー」 2「長い時間がかかった」 3「だれかの 手伝い／助け」

第9回

【41】 正解 2
ひどい awful, terrible, disastrous 糟糕, 残酷, 激烈, 厉害 심하다, 참혹하다
今度の試験の成績はひどかった。すっかり自信がなくなってしまった。The grades for the exams were terrible this time. I totally lost my self-confidence. 这次考试的成绩很糟糕。完全没有了自信。이번 시험 성적은 참혹했다. 완전히 자신을 잃어 버리고 말았다.

使い方「けががひどいので、救急車を呼んだ」The injury was serious, so we called an ambulance. 伤得很厉害, 叫了救护车. 부상이 심해서, 응급차를 불렀다. 「雨と風がやまない。ひどい天気だ」The rain and wind don't go away. What awful weather! 雨和风一直不停. 糟糕的天气. 비와 바람이 멈추질 않는다. 심한 날씨다.

正しいことば 1「オリンピックに出るなんてすごいね」 3「だらしない人だと思われている」 4「強い者がリーダーになる」

【42】 正解 4
申し込む apply 申请 신청하다
テニスクラブに入会を申し込んだ。I applied for membership to the tennis club. 向网球俱乐部申请了入会. 테니스 클럽에 입회를 신청했다.

使い方「参加を／結婚を／予約を／出場を 申し込む」sign up for participation / propose / make a reservation / sign up for entry 申请参加／结婚／预约／出场 참가를／결혼을／예약을／출장을 신청하다 「スピーチコンテストへの出場を申し込んだ。なんとか賞を取りたいなあ」I applied for an entry to a speech contest. Hopefully I can manage to win a prize. 申请了演讲比赛的出场. 真想得奖啊. 스피치 콘테스트 출장을 신청했다. 어떻게든 상을 타고 싶네.

正しいことば 1「料理を 注文した」 2「意見を 言った／述べた」 3「先生にお礼を 申し上げたい」

【43】正解 4

少なくとも at least　至少　적어도
そのテストに合格するためには**少なくとも**70点必要だ。You need to get at least 70 points to pass the test.　那个考试要合格的话，至少要70分。　이 테스트에 합격하기 위해서는 적어도 70점은 필요하다.

使い方「この車は高級車ですから、**少なくとも**500万円はするでしょう」Because this is a high-class car, it should cost at least five million yen.　这辆车是高级车，至少要500万日元。　이 차는 고급차이니, 적어도 500만엔은 하겠죠.

正しいことば 1「休みの日は ふつう／ふだん／たいてい うちにいます」 2「ビールを少しでも飲むと」 3「少なめ／少し でけっこうです」

【44】正解 1

油断 negligence, carelessness　疏忽大意, 麻痹大意　방심, 부주의
一瞬の**油断**で試合に負けてしまった。They got beaten due to their momentary carelessness.　因为一瞬间的疏忽，比赛输了。　일순간의 유단으로 시합에 져버렸다.

使い方「熱が下がっても**油断**をしないで、大事にしなさい」After the temperature goes down, don't stop taking caution and keep watching out.　即使烧退了也不能大意，多保重。　열이 내려도 유단하지 말고, 몸을 잘 돌봐라.

正しいことば 2「注意が必要です」 3「もう だいじょうぶ／安心 だ」 4「私一人では判断ができなかった」

【45】正解 3

ゆずる〈譲る〉 give up (a seat)　让, 礼让　양보하다
電車の中でお年寄りに席を**ゆずった**。I gave up my seat to an elderly person on the train.　在电车里，把座位让给了老年人。　전차 안에서 노령자께 자리를 양보했다.

使い方「親が子どもに財産を**ゆずる**」a parent hands over his property to his child　父母把财产让给了孩子　부모가 자식에게 재산을 물려주다　「社長は副社長に地位を**ゆずって**引退した」The company president resigned his post in favor of the vice president and retired.　社长把职位让给了副社长，自己引退了。　사장은 부사장에게 지위를 양보하고 은퇴했다.

正しいことば 1「建物が激しくゆれた」 2「声をかけてくれる」 4「駅まで送ってくれた」

第10回

【46】正解 1

ひとりでに of itself, automatically　自己, 自行, 自动地　자연히, 저절로
だれも乗っていないのに、**ひとりでに**車が動き出した。The car with nobody inside started moving of itself.　谁也没有坐在那辆车上，那车自动地开动了。　아무도 타지 않았는데, 저절로 차가 움직이기 시작했다.

使い方「ダンスが好きな人は、音楽を聞くと体が**ひとりでに**動き出すらしい」It seems like the body of a dance-lover starts moving of itself at the sound of music.　喜欢跳舞的人，听了音乐好像会自己跳舞。　댄스를 좋아하는 사람은 음악을 들으면 몸이 저절로 움직이기 시작한다고 한다.

正しいことば 2「全員がいっせいに走り出した」 3「代わりに私が会議に出た」 4「許可なしに、勝手に」

【47】正解 3

明け方 dawn　黎明, 拂晓　새벽녘
受験生の姉は毎日**明け方**まで勉強している。My older sister who is going to take an entrance exam studies till dawn every day.　妹妹作为应考生，每天学习到黎明。　수험생인 언니는 매일 새벽녘까지 공부하고 있다.

使い方「早朝の飛行機に乗るために、**明け方**に空港へ行った」

正しいことば 1「夕方になると、商店街には晩御飯のための買い物をする人がやってくる」 2「今朝の新聞によると」 4「朝と夕方」

【48】正解 4

ゆでる boil　煮　삶다
野菜を、やわらかくなるまで**ゆでて**ください。Boil the vegetable till it gets soft.　蔬菜要煮到柔软。　야채를 부드러워질때까지 삶아 주세요.

使い方「卵を**ゆでる**」boil eggs　煮蛋　달걀을 삶다　「スパゲティは、ゆですぎないように注意しよう」Be careful not to boil spaghetti too long.　意大利面注意不要煮过头。　스파게티는 너무 삶지 않도록 주의합시다.

正しいことば 1「お湯をわかした」 2「魚を煮て食べた」 3「油であげて」

【49】正解 2

そっくり(な) resemble, look alike　相像, 像　꼭 닮음
兄は父と顔が**そっくり**だ。My older brother really looks like my father.　哥哥和父亲脸长得很相像。　형은 아버지와 얼굴이 꼭 닮았다.

使い方「あの人、犯人の写真に**そっくり**だ。犯人かもしれない」That guy really looks like the culprit in the photo. He may be the criminal.　那个人，和犯人的照片很相像，说不定是犯人。　저 사람 범인 얼굴과 꼭닮았다. 범인일지도 모른다.

正しいことば 1「はっきり答えなさい」 3「クラスの代表にぴったりだ」 4「さっぱりします」

【50】正解 2

預かる keep　存放　맡다, 보관하다
しばらくの間、この荷物を**預かって**もらえませんか。Would you mind keeping this luggage for a while?　把这个行李存放在这儿一段时间行吗?　잠시동안 이 짐을 보관해 주시겠습니까?

使い方「『旅行中、子どもを預けてもいい?』と姉に頼まれて、私が姪を**預かる**ことになった」

正しいことば 1「友だちから借りた」 3「半分は使わずに貯金しよう」 4「切手を 集める／収集する」